EINZIMMER-
FAHRTWIND

Irgendwo immer zu Hause

#VanlifeDiaries

Inhaltsverzeichnis

1. Vorwort

Willkommen zu unseren Einzimmerfahrtwind-Geschichten!

Wir sind Jerry und Yve und wir haben uns 2017 den großen Traum vom selbst umgebauten Transporter erfüllt und sind damit nun unterwegs zu Hause. Unser Modell ist ein Citroën Jumper Superhochdach und wurde auf den Namen „Trie" getauft. Mit ihm brechen wir in jeder freien Minute in die wunderschöne weite Welt auf.

Jerry konzentriert sich hauptberuflich auf seine Musik und ich weiterhin auf das Schauspielern. Wir nehmen jeden, der Fernweh oder Lust hat, zu träumen, auf unseren Social-Media-Accounts mit auf unsere Reisen. Meistens haben wir die Touren vorher kaum geplant, jedoch hat es trotzdem immer irgendwie funktioniert und wir wurden von ganz großartigen unerwarteten Orten überrascht. Ob wir einen Lieblingsplatz haben? Nein, denn alles ist sehenswert und wunderschön. Beim Reisen mit dem Van solltest du

versuchen, immer etwas Platz für die spontanen schönen Dinge zu finden. Lass dich also einfach treiben und vertraue darauf, dass alles gut wird.

In diesem Werk findest du eine Übersicht unserer Highlights – bestehend aus Surfspots, Aktivitäten, Aussichtspunkten und Übernachtungsplätzen; zudem DIYs, Informationen bezogen auf den Vanumbau, Packlisten und alle möglichen Tipps und Tricks zum Vanlife.

Du siehst, an welchen Orten unsere Instagram-Bilder entstanden sind, und es ist unser Ziel, deine Reise durch die Welt zu verschönern. Hab keine Angst und starte einfach jederzeit dein eigenes Abenteuer. Mit dieser Lektüre bist du optimal dafür vorbereitet!

Manche Bilder kennst du bestimmt schon von Instagram – viele allerdings sind neu, wurden also nicht veröffentlicht. Wir werden hauptsächlich die Orte aufführen, an denen wir selbst waren und mit denen wir ganz persönliche Erinnerungen verbinden, die wir mit dir teilen möchten. Nimm das Buch mit auf deine nächste Reise, lass dich inspirieren. Vermerke dir für dich Wichtiges zu den einzelnen Ländern und denke daran, dass schon einzelne Wochenendtrips Freude bereiten können. Falls du in einem festen Job steckst, lohnt sich ein Van umso mehr, denn auch wir waren meistens nur für ca. zwei Wochen unterwegs.

Wenn du einen Van einmal vor der Tür stehen hast, wird dir deutlich werden, wie viel unbeschwerter du damit deine freie Zeit und deinen Urlaub gestalten kannst. Eine lange Anreise ist nicht unbedingt nötig, denn auch schon Deutschland oder die Länder drum herum sind eine Reise wert. Das Unterwegssein im Van kann supergünstig sein, ebenso seine Anschaffung und sein Ausbau (verschiedene Varianten findest du im Kapitel „Umbau"), also sollte es eigentlich keine Ausreden mehr geben, diese Variante nicht in Erwägung zu ziehen.

Ich leite dich mit persönlichen Tipps und Tricks durch diese Neuerscheinung, sodass du am Ende bestens aufgeklärt sein solltest – mein Ziel ist es nämlich, all deine Fragen zum Thema Vanlife zu beantworten! Ich hoffe sehr, dass es mir gelingt.

Falls dir das Buch gefällt und die Liebe der Umsetzung und der Texte bei dir ankommt, würde ich mich natürlich über eine positive Resonanz freuen.

Teile das Werk mit all deinen Freunden und Familienmitgliedern, die ebenfalls abenteuerlustig sind und einen Ausgleich zum „ganz normalen Alltag" brauchen. Die Liebe zur Natur steht dabei im Vordergrund. Lass dich verzaubern und spüre, wie glücklich du mit äußerst wenig sein kannst.

Peace & Love
Yvonne Pferrer

WHAT'S STOPPING YOU?

Buchinhalt
Schritt-für-Schritt-Anleitung zum Umrüsten eines Transporters: Worauf musst du beim Kauf deines Fahrzeugs achten. Welches Mobil passt zu dir? Die schönsten Reiseziele, Low-Budgets-Tipps, Rezepte, Packlisten, Infos zu einem nachhaltigen und harmonischen Leben sowie Inspirationen zur Einrichtung.

Hier werden auch andere Reisende vorgestellt, wie beispielsweise eine Familie mit Kind und Hund, ein Mädchen ganz allein unterwegs oder das Reisen mit einem Geländewagen.

2. Einleitung

Reiseführer?

Nein, wir wollen keine Art Reiseführer sein. Sämtliche Informationen dienen ausschließlich als grobe Inspiration. All die Leute, die in den letzten Jahren unsere Roadtrips verfolgt haben, können damit besser nachvollziehen, wo wir die schönen Augenblicke genießen konnten.

Du findest hier hauptsächlich die Orte, die wir wirklich bereist haben, und wir möchten dir mit diesem Buch unsere persönlichen Erfahrungen weitertragen. Wir haben nicht viele Dinge unternommen, die etwas kosten. Wir waren beispielsweise nicht in Museen und selten an Orten, die mit einem Eintrittsgeld verbunden sind. Wir versuchen dir hiermit Mut zu machen, die nächste Reise zu starten und dich grob auf das vorzubereiten, was dich erwarten wird und worauf du dich freuen kannst.

Wir bitten dich darum, uns nicht mit anderen Reiseguides zu vergleichen, denn wir bieten dir hier absichtlich nur eine kleine Auswahl an Spots und Informationen. Wir sind Reisende und immer auf der Suche nach Gegenden, die nicht jeder kennt, fernab von den touristischen „Reiseführer-Empfehlungen". Sei also auch offen für neue und unbeschriebene Abenteuer mit einem Van. Nimm das Buch auf deine nächste Tour mit und mache dir gerne direkt hier im Buch Notizen.

LET'S GO!

Hier geht's zum Intro

Planung

Wir planen mittlerweile kaum noch einen Trip! Wir informieren uns kurz über die wichtigsten Gegebenheiten und Besonderheiten des jeweiligen Reiseziels und dann geht es einfach los. Das „einfach los" habe ich auf all unseren Reisen gelernt und es lässt mich viel freier und entspannter leben: voller Tatendrang und ohne einen genauen Plan, was als Nächstes passiert. Du bist immer offen für alles! Nur so wirst du von den schönsten Geschehnissen überrascht – also tollen Begegnungen, einem unglaublich schönen Stellplatz oder einem spontanen Bungee-Jumping von einer befahrenen Brücke.

Die meisten Dinge, die wir erlebt haben, hätten wir vorher nicht besser planen können. Meistens ist Jerry der Fahrer, während ich mich um die Navigation kümmere und während der Reise das Land besser kennenlerne. Ich nutze die Fahrtzeit, um zu schauen, welche spannenden Orte in der Umgebung zu finden sind oder wo wir übernachten könnten.

Ich halte es für schwer, unsere kommenden Aufenthalte vorher festzulegen, denn wir wissen ja nie ganz genau, wie lange wir tatsächlich fahren möchten oder ob wir nicht zufällig an einen schönen Ort geraten, an dem wir länger bleiben wollen – auf der Vanreise sind feste Planungen oder gar „Termine" tabu. Wir versuchen eher, uns einen groben Tagesplan zu machen, oder legen fest, was wir in dem Land unbedingt unternehmen und sehen wollen. Auf diese Art können wir immer spontan schauen, welche Unternehmung wann am besten in die Reise passt.

Das Reisen mit dem Van lässt dich unabhängig sein, da du dein Zuhause überall dabeihast. Du wirst schnell merken, dass du dich mehr und mehr von einer strikten Planung trennen wirst. Lass dich treiben – darauf kommt es im Van an.

Einzimmerfahrtwind | Irgendwo immer zu Hause | #VanlifeDiaries

SPONTAN UND GEPLANT!
Wie man auch ohne Plan perfekt vorbereitet ist

1. **Fahr mit dem richtigen Mindset los!**

2. **Deine innere Einstellung ist die halbe Miete.**
Camping ist immer eine Überraschung. Erwarte nicht zu viel – so wirst du nicht enttäuscht.

3. **Plane weniger!**
Es ist nämlich einfach das Beste, wenn du mal nicht genau weißt, was dich als Nächstes erwartet. Die Ungewissheit macht so eine Reise erst richtig interessant.

4. **Bleib offen für alles!**
Du hattest dir den Kiefernwald irgendwie anders vorgestellt? Wer von Unerwartetem schlechte Laune bekommt, hat Adventure nicht verstanden. Lass dich von Kleinigkeiten nicht runterziehen!

5. **Mach Kompromisse!**
Unterwegs ist es manchmal schwierig, mehrere Interessen unter einen Hut zu bringen. Sind alle Mitreisenden kompromissbereit, findet ihr sicher eine Lösung, mit der alle glücklich sind.

Wo soll's hingehen?

Die wichtigste Frage, die du dir vor deiner Reise stellst, ist: „Wo soll's hingehen?"

Atemberaubende Landschaften, neue Tierwelten, fremde Kulturen und interessante Geschichten verspricht nahezu jedes Land. Du solltest dir darüber im Klaren sein, welcher Typ du bist, bevor du dich für ein Land entscheidest. In den afrikanischen Staaten geht es etwas ungeordneter zu, in Italien bist du auf engen Straßen und Gassen unterwegs, und wenn du in nordische Länder vordringen möchtest, solltest du dich dem rauen Wetter anpassen können. Die Wahl des Landes hängt meistens mit den verfügbaren finanziellen Mitteln zusammen und je mehr Mühe du dir bei der richtigen Recherche vorab gibst, desto weniger negative Überraschungen begleiten dich auf deiner Reise.

Weiche immer mal von der geplanten Route ab und lass dich von deiner Intuition treiben. Das Reisen macht viel mehr Spaß, wenn du nicht immer ein direktes Ziel verfolgst. Gönne dir Pausen und vergiss nicht, dass der Weg das Ziel ist. Du solltest auch stets genug Zeit für den Rückweg einplanen, damit du nicht gestresster von deinem Trip zurückkommst, als du gestartet bist.

Setze dir kleinere Etappenziele und übernimm dich nicht mit dem Fahren allzu langer Strecken. Jerry und ich versuchen, nicht länger als drei bis vier Stunden am Stück und pro Tag zu fahren. Bleibe zudem kommunikativ und tritt in Kontakt mit Einheimischen oder anderen Reisenden. Diese können dir oft die besten Tipps geben und dadurch haben sich bei uns oft auch schöne, unerwartete Momente ergeben.

Reisezeiten

Lieblings-Reisezeit:

Ende März bis Anfang Juni

Wenn die ersten Bäume in Deutschland anfangen zu blühen, herrschen in den südlichen Ländern bereits fröhliche „summer vibes" – es ist schön warm, jedoch nicht zu heiß und alle Menschen stimmen sich so langsam auf die tobende Hauptsaison ein. Die erste Tour fürs Jahr haben wir meistens um die Ostertage herum gestartet und konnten die Sonnenstrahlen nach der langen Winterpause sehr genießen.

TIPP

Hauptreisezeit in Europa:

Juni bis August: In dieser Zeit reisen wir nicht so gerne in den Süden, denn wir meiden generell touristische Gegenden und Städte. Unsere Empfehlung daher: entweder der Norden oder ein Trip in eben weniger touristische Länder.

Herbst: In südlichen Regionen findet sich in diesen Monaten (September bis Anfang November) die perfekte Lufttemperatur. Das Meer konnte sich über den Sommer aufwärmen und am Tag sowie in der Nacht sind die Außentemperaturen äußerst angenehm.

Übernachten:

Auf der sicheren Seite bist du immer, wenn du auf einem Campingplatz übernachtest. Uns persönlich gefällt leider nicht das Flair eines Campingplatzes, verzichten können wir darauf jedoch auch nicht immer, da wir hier meistens Wäsche waschen, Wassertanks auffüllen, unseren Müll entsorgen und/oder eine heiße Dusche nehmen. Gehe nicht davon aus, dass du in den touristischen Gegenden gut und entspannt abseits von einem Campingplatz stehen kannst. Da touristische Orte oft überlaufen sind, gibt es dort auch zunehmend Kontrollen und der freie Platz ist begrenzt.

Halte dich an die Regeln und versuche nicht, negativ in die Natur einzugreifen. Verhalte dich am besten unauffällig. Wenn du nicht auf Campingplätzen übernachten möchtest, wirf einen Blick auf meine dazu aufgelisteten Apps, sie bieten Alternativen an. Stell dich nicht einfach so irgendwohin, sondern frage beispielsweise den Besitzer der Fläche um Erlaubnis. In manchen Orten wird das freie Übernachten etwa auf Parkplätzen von der Polizei und den Bewohnern geduldet. Informiere dich in den jeweiligen Regionen auch über die Gesetze des „Wildcampens" oder spare dir den Stress und die Arbeit und nächtige einfach auf einem ausgewiesenen Stell- oder Campingplatz.

Grundsätzlich gilt:
- Übernachten in Naturschutzgebieten ist verboten.
- Es darf nur mit Erlaubnis auf privater Fläche übernachtet werden.
- Falls du frei irgendwo stehen möchtest, verlasse den Ort nach einer Nacht, und zwar sauber!

Campingplatz

Nicht jeder Campingplatz bietet kostenfreie Duschen an oder verfügt über eine Waschmaschine oder einen Trockner. Um hier eine eventuell lange Anreise zu sparen, informierst du dich besser über den jeweiligen Platz im Internet oder telefonisch. Zudem haben wir es oft erlebt, dass die Plätze schon ausgebucht waren. Das passiert des Öfteren in der Hauptsaison oder am Wochenende. Auch hier lohnt es sich also, die grobe Route ein paar Tage vorher zu planen und eine Reservierung aufzugeben. Falls du auf Campingplätzen deine Wäsche waschen möchtest, hab auf jeden Fall dein eigenes Waschmittel und eine Wäscheleine dabei.

Auf großen Campingplätzen solltest du ein Fortbewegungsmittel, beispielsweise ein Skateboard oder ein Klappfahrrad, dabeihaben, da der Weg zur Rezeption oder zur Toilette unter Umständen recht weit sein kann.

Must-haves auf jeder Vanreise

29 ESSENTIALS

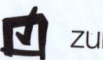 zum Abhaken

- ☐ **Toilettenpapier**
- ☐ **Wasser**
- ☐ **scharfes Messer**
- ☐ **Straßenkarten oder Navigationssystem** (falls du kein Handyempfang hast)
- ☐ **Papier/Kugelschreiber**
- ☐ **Schraubendreherset**
- ☐ **Stirnlampe**
- ☐ **Handfeger** (etwas Sand liegt immer im Van)
- ☐ **Feuerzeug/Streichhölzer**
- ☐ **Hand- und Waschseife**
- ☐ **Deo und einen Waschlappen**
- ☐ **Trockenshampoo**
- ☐ **bequeme Kleidung**
- ☐ **Wärmflasche** (für kalte Nächte – falls man nicht genug Platz für Decken hat)
- ☐ **Thermosflasche** (heiße oder kalte Getränke lernt man im Van noch mehr zu schätzen)

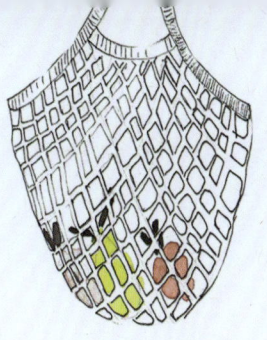
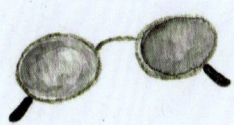

- **Panzertape/Gaffatape** (damit bekommt man fast alles provisorisch und schnell repariert)
- **Kopfhörer** (damit jeder nach Bedarf seine Privatsphäre hat)
- **Regenjacke** und mindestens einen warmen Pulli (damit du auf jedes Wetter vorbereitet bist)
- **Reiseapotheke**
- **Sonnencreme und -brille**
- **Mülltüten**
- **Tragetaschen/Rucksack**
- **Korkenzieher**
- **Fernglas**
- **Küchenreibe**
- **Föhn** (mit Batterien)
- **Lufterfrischer** (auf engem Raum kann es schnell unangenehm riechen – obwohl oft gelüftet wird)
- **Gartenschlauch** mit passenden Anschlüssen zum Befüllen des Frischwassertanks
- **Fußmatte** (damit der Dreck draußen bleibt)

Low-Budget-Tipps

UNTERWEGS SO GÜNSTIG WIE MÖGLICH

1. **Meide Mautstrecken:** Du bist zwar meistens etwas länger unterwegs, jedoch zählt immer das Motto „Der Weg ist das Ziel" – und du sparst Geld.

2. **Bereise die Länder, in denen der Lebensunterhalt günstig ist,** wie beispielsweise Kroatien oder Polen. In Ländern wie Norwegen und Schweden ist das Reisen für uns im Vergleich sehr teuer.

3. **Am teuersten ist der Sprit, also schaffe dir ein spar-sames Fahrzeug an.** Eine lange Anreise bis zum Reiseziel kann teuer sein und lohnt sich finanziell nur, wenn du entsprechend auch längere Zeit unterwegs bist.

4. **Übernachtungen auf Campingplätzen können teuer sein,** also weiche auf Alternativen aus. Hier empfehle ich beispielsweise **„park4night"** oder **„Landvergnügen"**. Mehr dazu findest du im Kapitel Apps.

5. **Meide zu viele Ortswechsel** und fahre nicht so viele Kilometer an einem Tag.

6. **Fixkosten können bereits zu Hause gespart werden:**
   Abos kündigen
   Heizungen ausschalten
   Steckdosen ausschalten
   Lebensmittelvorräte aufbrauchen oder einpacken

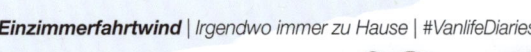

SO KANNST DU DEINEN KRAFTSTOFF-VERBRAUCH SENKEN

Ein bisschen öko schadet nie.

1. **Fahre vorausschauend** und lass z. B. vor Ampeln oder Kreuzungen den Van im Gang langsam ausrollen.

2. **Meide Höchstgeschwindigkeiten:** Je niedriger die Drehzahl ist, desto weniger Kraftstoff wirst du verbrauchen.

3. **Verzichte** beim Umbau deines Vans **auf unnötige Konstruktionen,** auf Massivholz oder andere schwere Materialien.

4. **Miste unnötige Beladung aus:** Vor jeder Reise packen wir den Van neu und überprüfen, was wir für die jeweilige Reise benötigen.

5. **Setze die Klimaanlage nur punktuell ein.**

6. **Meide Kurzstrecken:** Packe dir immer ein Fortbewegungsmittel in den Van, damit du für kurze Strecken den Camper stehen lassen kannst.

7. **Verringere deinen Reifenwiderstand:** Gut gefüllte Reifen sorgen nicht nur für mehr Sicherheit, sondern auch für einen geringeren Spritverbrauch.

Selbstliebe

Gib den Orten oder den Lebewesen vor Ort etwas zurück.

Als kleines Dankeschön für die schönen Erlebnisse kannst du in allen Ländern versuchen, etwas Gutes zu tun und etwas Positives zu hinterlassen, indem du beispielsweise die Orte, an denen du dich befindest, von Müll befreist oder vielleicht sogar einen Straßenhund aus dem Tierheim aufnimmst.

Oder du spendest für gute Zwecke an das Land oder gibst dem Parkwächter oder der Frau am Obststand ein saftiges Trinkgeld. **Versprühe gute Laune** und sorge dafür, dass die Einheimischen uns deutsche Touristen positiv in Erinnerung behalten.

Selbstliebe
Das Reisen mit dem Van lässt uns lockerer mit dem Thema Nacktheit umgehen. Vielleicht liegt es daran, dass wir uns auf jeder Reise so naturnah fühlen. Vielleicht sind wir aber auch einfach auf den Geschmack gekommen, ein sorgenloses und unabhängiges Leben zu führen. Wir stehen an abgeschiedenen Orten mitten in der Natur und fühlen uns komplett frei. Wir baden in kalten Seen oder Bächen, wir können jeden Tag dorthin fahren, wo wir hinmöchten, und wir bleiben kaum für zwei Nächte am selben Ort. Wir haben beim Reisen mit dem Van nämlich auch gelernt, uns selbst zu akzeptieren. Wir fühlen uns körperlich gut so, wie wir sind. „Perfekt ist langweilig, jedoch Selbstbewusstsein umso attraktiver."

Die Zeit im Van hat uns verändert. Wir leben simpler und sind mit weniger Dingen zufrieden. Wir geben das meiste Geld für die An- und Abreise aus. Dazu gehören beispielsweise Mautgebühren und Spritkosten. Wir kochen übrigens fast immer selbst. Im Van kannst du auch mit wenigen finanziellen Mitteln gut leben. Kleinere Workouts, Wanderungen oder das Surfen im Meer sind ebenfalls kostenfrei. Bei all unseren Reisen haben wir immer versucht, so günstig wie möglich zu leben; das Teuerste hier war das Übernachten auf Campingplätzen und die Anreise.

Goldene
Vanlife-Regeln:

- auf das eigene Bauchgefühl hören
- sich treiben lassen
- den Van zum Übernachten ebenerdig abstellen
- keine negativen Spuren hinterlassen
- materielle Dinge reduzieren und sich aufs Wesentliche beschränken
- Auswahl der Kleidung ebenfalls reduzieren
- teilen – egal ob Lebensmittel oder Klopapier
- die verstreichende Zeit in vollen Zügen genießen
- offene Kommunikation – alles muss klar abgesprochen werden
- den Partner akzeptieren und respektieren
- sich jeden Tag der neuen Umgebung anpassen
- allen Dingen einen festen Platz im Van zuteilen
- täglich Geschirr spülen
- den Raum bestmöglich nutzen
- täglich aufräumen und immer alles dort verstauen, wo es hingehört
- auf den Straßen (besonders mit einem großen Fahrzeug) achtsam und vorsichtig fahren
- gute Playlists und Hörbücher
- den Tipps der Einheimischen folgen
- regional auf Märkten einkaufen
- ganz nach dem eigenen Rhythmus leben
- glücklich sein!

3. Packliste

FOTOEQUIPMENT

- ☐ **GoPro 7**

- ☐ **Olympus OM-D E-M10:** die perfekte Allrounderkamera für alle Einsteiger und Fotoliebhaber. Die Kamera ist klein, handlich und sieht auch noch superstylish aus. Die Fotos und Videos sind extrem scharf und die Kamera ist einfach zu bedienen. Ich empfehle diese zwei Objektive: 14–42 mm für Landschaftsaufnahmen und das 45-mm-Objektiv für Porträtaufnahmen.

- ☐ **Unterwasserkuppel** (Fotos sowohl über als auch unter dem Wasser gleichzeitig erstellen – auf einem Bild hat man zu einer Hälfte das Wasser und zur anderen den Himmel)

- ☐ **Drohne DJI Mavic Pro 2**

- ☐ **Stativ Manfrotto 290 xtra**

- ☐ **Handystativ**

- ☐ **SD-Karten** mit 64 GB oder 128 GB Speicher

- ☐ **Instax-Sofortbildkamera**

- ☐ **Kamerarucksack**

- ☐ **zwei externe Festplatten** mit 1 TB Speicher

- ☐ **Powerbank**

- ☐ **USB-Stick**

ELEKTRONIK

- **Navigationsgerät**

- **Spannungswandler 12 V zu 230 V** (damit du während der Fahrt über den Zigarettenanzünder alles laden kannst)

- **Reisehaartrockner** von Brunner Campingartikel, 800 Watt

- **kleine Musikbox**

- **Beats-Kopfhörer mit Geräuschunterdrückung**

- **HP Chromebook x360 12b:** Das Chromebook ist mein perfekter Begleiter im Van. Lange Akkulaufzeit (bis zu zwölf Stunden), sehr handlich und klein und damit superpraktisch, um von überall auf der Welt zu arbeiten.

- **zwei CEE-Camping-Stromadapter** (Verbindung zur Stromsäule beispielsweise auf einem Campingplatz)

- **25-Meter-Kabeltrommel (mind.)**

- **Minibeamer** (Apeman M4)

SPORTEQUIPMENT

- Surfboards Torq 7.6
- Neoprenanzüge 4/3 mm der Marke Hurley
- TRX-Bänder
- Yogamatte
- Fitnessbänder

Neoprenanzug
In tropischen Ländern ist der Neopren-anzug zu dick, dafür verwenden wir einen Shorty der Marke Billabong, beispiels-weise 2 mm. Für das Surfen in kalten Regionen solltest du dir einen dickeren Neoprenanzug zulegen, z. B. 5/6 mm

HOBBY UND FREIZEIT

- ☐ **Hängematte**
- ☐ **Strandmuschel**
- ☐ **Hängesessel**
- ☐ **Taucherbrille und Flossen**
- ☐ **Badeschlappen**
- ☐ **Poncho-Handtuch**
- ☐ **Markise** (dort auch lieber etwas mehr investieren und eine Markise nehmen, die nicht nur Sonnenschutz bietet, sondern auch Wasser abweisend ist)
- ☐ **Campingstühle oder Sitzkissen und Klapptisch**
- ☐ **Teppich oder Unterlage für draußen** (so hast du immer einen schönen und wohnlichen Untergrund)
- ☐ **Luftkissen**
- ☐ **Minigrill**
- ☐ **weiteres Outdoorspielzeug**

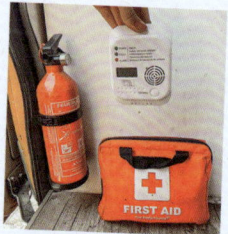

SICHERHEIT

- **Notfallhammer fürs Fahrzeug**

- **Kohlenmonoxidmelder** (dieser ist vor allem wichtig, wenn du einen Ofen hast)

- **Rauchmelder**

- **Pfefferspray**

- **Taschenmesser**

- **Erste-Hilfe-Set** mit Kühlakkus, Augenspülung und Rettungsdecke

- **ABUS-Schlüsseltresor KeyGarage mit Bügel** (damit der Schlüssel während des Surfens sicher verstaut ist), siehe Bild Seite 29.

- **Lenkradschloss:** (eines geht vom Pedal zum Lenkrad, das andere ist direkt für die Lenkung.)

- **Schneeketten** (für das sichere Winterabenteuer)

- **Mücken-/Zeckenspray** (das jeweils wirksamste Spray findest du oft in den Supermärkten oder Apotheken der jeweiligen Länder)

- **Ersatzrad**

- **Schaumlöscher,** z. B. FireAngel FE-F600-DE

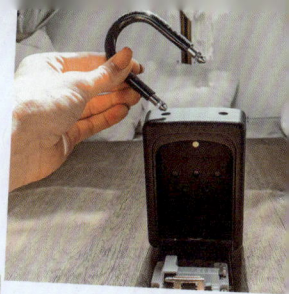

HILFREICHES

- ☐ **Handyhalterung fürs Auto**
- ☐ **12-V-Ladekabel und Kfz-Anschluss**
- ☐ **Stromgenerator**
- ☐ **Thermo-Scheibenabdeckung**
- ☐ **Kanister Benzin** (20 l reichen)
- ☐ **kleines Nähset**
- ☐ **Kaëll FALTENFREI**
- ☐ **Anti-Falten-Spray und Textilerfrischer** (einmal draufsprühen und alle Falten sind weg – funktioniert wirklich gut!)
- ☐ **Wärme für kalte Nächte: Mr Heater** – Gasheizstrahler für ca. 160 €
- ☐ **warme Decken:** Wir haben immer eine dicke Lammfelldecke dabei, die uns in jeder kalten Nacht wärmt.
- ☐ **Waterbag** (wasserdichter Rucksack)
- ☐ **Mückennetz**
- ☐ **Klebeband**
- ☐ **Sonnenbrille**
- ☐ **Kerzen**
- ☐ **Lampen, die mit Batterien funktionieren,** damit du diese nicht auch noch über den begrenzten Strom laden musst
- ☐ **waterdrop®** – das Wasser mit aufgelösten Drops schmeckt superlecker! Im Van die perfekte Alternative zu süßen Getränken in Flaschen, da der Platz begrenzt ist. Eine Packung reicht für zwölf Getränke (viele Geschmackssorten!).

waterdrop® sammelt für jede verkaufte Packung eine Plastikflasche aus der Umwelt und ist dadurch ein „plastikpositives" Unternehmen.

WERKZEUG

Wichtig ist eine gut ausgestattete Werkzeugbox mit vielen unterschiedlichen Ersatzteilen, Schrauben etc.:

- **Rohrzange**
- **Inbusschlüsselset**
- **Akkuschrauber**
- **Maulschlüsselset**
- **Hammer**
- **Seil**
- **Gaffatape**
- **Kneifzange**
- **Kreuz- und Schlitzschraubendreher**

PACKLISTE, WENN DU VIEL OFFROAD FAHREN WILLST

- **Schaufel**
- **Abschleppseil**
- **Seilwinde**
- **Kompressor:** Wenn du in bestimmte Gebiete wie z. B. nach Südamerika fährst, können die Straßen sehr schlecht/uneben sein, weshalb das Luftablassen und Wiederauffüllen der Räder für deine Fahrt wichtig werden könnte. (Bei unseren bisherigen Reisen haben wir noch keinen Kompressor gebraucht.)

FORTBEWEGUNG, WENN DER VAN PAUSE HAT

- ☐ **Fahrradgepäckträger mit Fahrrädern**
(alternativ: Klappfahrräder)
- ☐ **Longboards**
- ☐ **Stand-up-Paddel**
- ☐ **Surfbretter**

Fahrradgepäckträger
Den Gepäckträger kannst du nach hinten wegklappen, sodass du trotzdem noch die hinteren Türen aufbekommst, ohne den ganzen Träger abzunehmen. Er kostet zwischen 35 und 500 €. Eine Anhängerkupplung dafür haben wir nachträglich angebracht. Die Kosten für deren Nachrüstung liegen ebenfalls bei ca. 350 bis 500 €; Marke: Atera.

44°0'59.782"N 15°2'44.592"E

LEBENSNOTWENDIGER GRUNDVORRAT

Die folgenden Produkte konsumieren wir am meisten
und aus diesem Grund dürfen sie bei uns im Van auf keinen Fall fehlen:

- **Kaffee**
- **Tee**
- **Honig**
- **Zwiebeln**
- **Knoblauch**
- **Proteinriegel**
- **Erdnussbutter**
- **Tomaten**
- **Reis**
- **Nudeln**
- **Kichererbsen**
- **Kartoffeln**
- **Bananen**
- **Zitronen**
- **Müsli**
- **Milch**
- **Orangensaft**
- **Trockenfrüchte** wie Datteln und Feigen
- **Nüsse**
- **Sojasoße**
- **Pinienkerne**
- **Parmesan**

Schnelle Mahlzeiten, die wir unterwegs zaubern:
Pancakes, Porridge, gefüllte Tortillas, Wraps – egal ob süß oder salzig

TiPP

Lass keine Lebensmittel oder Essensreste um deinen Van liegen, das zieht Ungeziefer und Tiere an, die du nicht unbedingt gerne bei dir hast.

Wir legen ansonsten großen Wert auf heimische und saisonale Produkte, die wir an Marktständen oder am Straßenrand erwerben. Die meisten Lebensmittel lagern bei uns in einem sonnengeschützten Schrank oder im Kühlschrank. Wir haben uns nachträglich ein Obst-und-Gemüse-Fach mit einer großen Schale eingerichtet, damit alle Lebensmittel möglichst frisch bleiben oder vor Sonneneinstrahlung geschützt sind.

REISEAPOTHEKE

- ☐ **Sinupret extract** – bei Schnupfen, verstopfter Nase und/oder Kopfschmerzen
- ☐ **Ibuprofen-Schmerztabletten**
- ☐ **Pflaster, Mullbinden, Bandagen**
- ☐ **Elotrans** – zur oralen Elektrolyt- und Flüssigkeitszufuhr (Ausgleich von Salz- und Wasserverlusten) bei Durchfallerkrankungen
- ☐ **Fenistil-Gel** – lindert Juckreiz und Brennen bei Insektenstichen und bei leichtem Sonnenbrand
- ☐ **Mucosolvan** – bei verschleimtem Husten
- ☐ **Iberogast** – kann verschiedene Magen-Darm-Beschwerden lindern
- ☐ **Nasenspray von nasic+** – zum Abschwellen der Nasenschleimhaut bei Schnupfen und zur unterstützenden Behandlung der Heilung von Haut- und Schleimhautschäden
- ☐ **Tannacomp** – zur Behandlung von akuten unspezifischen Durchfällen
- ☐ **Tiger Balm** – zur Förderung der Hautdurchblutung z. B. bei Rücken-, Muskel- oder Gelenkschmerzen
- ☐ **Teebaumöl** – wirkt Bakterien entgegen und hilft sehr effektiv bei einigen Hautproblemen
- ☐ **Wick-Sulagil-Halsspray** – wirkt in Sekunden punktgenau gegen Halsschmerzen
- ☐ **Dolobene Ratiopharm Sport-Gel** – schnelle Abhilfe bei Verletzungen von Muskeln
- ☐ **Lefax** – gegen Blähungen
- ☐ **Desinfektionsmittel**
- ☐ **Blasenpflaster**
- ☐ **Pinzette**
- ☐ **Voltaren-Schmerzgel** – gegen Prellungen
- ☐ **Cool-Gel-Pads**
- ☐ **Zeckenzange**
- ☐ **Cederroth Burn Gel** – gegen Verbrennungen

Ein einzigartiges Lebensgefühl

Reisen bedeutet nicht gleich Urlaub machen!

Urlaub bedeutet für mich absolut nichts tun – Reisen dagegen ist ein einzigartiges Lebensgefühl!

Jemand, der reist ... ist ständig in Bewegung, offen für fremde Kulturen und anpassungsfähig; ... kann seine Neugier kaum stoppen; ... trotzt auch anstrengenden oder unangenehmen Situationen: um am Ende des Tages mit der Schönheit unserer Erde belohnt zu werden.

Reisen kann wirklich anstrengend sein, denn natürlich läuft nicht immer alles nach Plan. Jedoch erfüllt mich diese Art von Reisen viel mehr, als mir einfach alles in einem All-inclusive-Hotel hinterhertragen zu lassen. Einfach muss nicht unbedingt besser sein.

Ich habe mich oft ganz bewusst für den „schwereren" Weg entschieden, der mir am Schluss jedoch unbezahlbare Glücksmomente beschert hat.

4. Let's go! Die große Reise kann beginnen

EINLEITUNG ZU UNSEREN REISEN

Zu Beginn unserer gemeinsamen Reise möchte ich dir einen wichtigen Hinweis mit auf den Weg geben: Ich versuche dir mit meinen Beschreibungen und Einblicken in Jerrys und meine Van Diaries eine grobe Richtung zu zeigen, in welche deine Reise gehen könnte. Selbstverständlich solltest du selbst nach schönen und spannenden Orten Ausschau halten. Siehe meine Berichte also nur als kleine Inspiration und lass weiterhin genug Platz für den Zufall. Das Ziel soll dein eigener individueller Roadtrip sein und nicht eine Kopie unserer Spots. Viel Spaß dabei!

Der Song zum Buch

Große Freiheit
und kleinster Raum

WIE MAN VIEL FREIHEIT AUF LIMITIERTEM RAUM GENIESST

1. Halte Ordnung!
Je weniger Platz du hast, desto wichtiger ist es, genau zu wissen, wo sich was befindet. Halte deswegen immer Ordnung und weise bestimmten Sachen einen festen Platz zu.

2. Pack die Karte ein und lass das Handy mal zu Hause (oder wenigstens im Gepäck!)
Das Erfolgserlebnis, nachdem du das Ziel auch ohne Technik erreicht hast, ist dann nämlich ziemlich groß und fühlt sich auch verdammt gut an. Außerdem kannst du jeden Augenblick noch viel intensiver wahrnehmen, wenn du nicht ständig von deinem Smartphone abgelenkt wirst.

3. Sei spontan!
Manchmal ist der beste Plan, einfach gar keinen zu haben! Ein weiterer Vorteil: Du wirst fast immer mit irgendetwas überrascht, was du zu Hause mit geregelten Strukturen und Arbeitszeiten nur selten erlebst.

4. Nur Klamotten einpacken, die du brauchst!
Achte schon beim Packen darauf, dass sich viel miteinander kombinieren lässt. Im Urlaub brauchst du keinen zehnfachen Outfitwechsel am Tag und Platz gibt es dafür auch nicht!

Beachte: Wir haben die Hauptsaison, also die Monate von Ende Juni bis Ende August, immer gemieden. Daher wissen wir leider nicht, wie überlaufen die Orte in diesem Zeitraum sind. Generell können sich Orte und Routen im Laufe der Zeit verändert haben. Das Buch dient also nur zur groben Orientierung.

Infos zu unserem Van

Unser Van

Wenn wir Kosten angeben, dann sind diese natürlich auf unseren „Trie" gemünzt. Wir möchten dir noch mal die genauen Daten zu unserem Van auflisten, da die Preise bei deinem Camper natürlich von den hier angegebenen stark abweichen können:

Modell: **Citroën Jumper Superhochdach L4H4**
Kraftstoffart: **Diesel**
Verbrauch: **Auf 100 km verbraucht er ca. 10,5 l.**
Breite: **2,20 m**
Länge: **6,50 m**
Höhe: **2,80 m**

Gekauft haben wir „Trie" bei einem Kilometerstand von 65.000. Nach nun dreieinhalb Jahren sind wir bei 195.000.

Der Preis lag bei 10.000 € – ohne Klimaanlage, Standheizung oder sonstige hochwertige Ausstattung.

TiPP

Wenn dein Fahrzeug mit Diesel fährt und du damit beispielsweise nach Südamerika reisen möchtest, nimm dir einen Filteraufsatz oder ein Kaffeesieb mit. In vielen Ländern hat der Diesel eine schlechte Qualität.

Eine Tankfüllung kostet bei uns zwischen 100 und 115 € und wir kommen damit ca. 500 bis 600 Kilometer weit. Das hängt natürlich immer von den aktuellen Dieselpreisen ab und von den Gegebenheiten der Straßen.

In all den folgenden Ländern gibt es noch viel, viel mehr zu sehen. Wir wurden bisher von keinem Reiseziel enttäuscht und es werden hier nur die Orte aufgelistet, die wir auch bereist haben. Bei allen Touren haben wir einen sehr engen Bezug zur Natur gesucht und wir meiden grundsätzlich touristische Gegenden und Städte. Wir haben keine Museen besucht und auch sonst nichts dergleichen unternommen, bei dem ein Eintritt zu zahlen war. Wenn du so etwas suchst, kannst du gerne zusätzlich in einen klassischen Reiseführer schauen. Es braucht nicht viel, um glücklich zu sein, und genau von diesem Motto haben wir uns bei unseren Touren leiten lassen.

Unser Ziel auf den Reisen war es immer, so wenig Geld wie möglich auszugeben. Daher waren wir auch nur selten in Restaurants. Restauranttipps werdet ihr folglich leider ebenfalls vergeblich suchen. Wir können jedoch mit großartigen einfachen Rezepten dienen, die Jerry liebevoll in seinem Taschenkochbuch festgehalten hat. Eine kleine Inspiration findet ihr weiter hinten im Buch. Also lasst euch gerne verzaubern und von unseren echten und ganz nahbaren Momenten anstecken.

Erklärung der Symbole

Zeitraum und Reisedauer richten sich nach dem Zeitraum und der Dauer, in dem wir im jeweiligen Land unterwegs waren. Die Orte und Stellplätze können sich saisonbedingt ändern. Plane genug Zeit ein, um einen groben Einblick in das Land gewinnen zu können und damit sich die oftmals mehrstündige Anreise lohnt.

Die Preisklasse richtet sich ungefähr nach den Preisen, die wir in Deutschland gewohnt sind.
günstig = günstiger als in Deutschland
medium = ähnliche Preise wie in Deutschland
teuer = teurer als in Deutschland

Preise: Alle Preise sind auf zwei Personen und unseren Van berechnet. Preise können natürlich stark variieren und das Ganze dient nur als grobe Orientierung.

Schwierigkeitslevel: Was das Thema betrifft, hat wahrscheinlich jeder eine etwas andere Wahrnehmung. Dennoch haben wir Unterschiede beim Reisen in den verschiedenen Ländern wahrgenommen: In manchen Ländern findest du beispielsweise leichter Stellplätze, in anderen solltest du dahin gehend doch etwas vorsichtiger sein. Außerdem denken wir, es ist einfacher, wenn das Land mehr freie Fläche zu bieten hat, auf der wir entspannt stehen können.

Mautgebühr:
Die Mautgebühr wird immer pro Person und „gewöhnlichen Pkw" gerechnet. Besitzt du ein anderes Fahrzeug und bist mit mehreren Personen unterwegs, kann sich der Preis schnell ändern.

Gefahrene Kilometer: Die gefahrenen Kilometer richten sich nach den Spots, die wir in den jeweiligen Ländern angefahren sind. Die Anreise fand immer aus unserem Wohnort in Köln statt.

iNFo

Ich markiere euch die meisten Orte als Stellplatz und nicht als öffentlich-rechtlich erlaubten Schlafplatz, da ich dafür keine Verantwortung übernehmen möchte.

Nur Orte, bei denen ich mir sicher bin, dass dort das Übernachten zu unserer Zeit geduldet wurde, kennzeichne ich dir auch als solche. An manchen Stellplätzen wird vor allem in der Hauptsaison eine kleine Gebühr verlangt. Stellplatz bedeutet also nicht automatisch, dass du hier ein riesiges Lager für mehrere Tage aufbauen kannst.
– *Auf einem Stellplatz kannst du tagsüber parken.*
– *Auf einem Schlafplatz ist es öffentlich erlaubt,
  zu übernachten.*

Um einige Orte und deren Einwohner zu schützen, verzichte ich auf genauere Angaben und Geotags. Ich hoffe auf euer Verständnis dafür.

PREISE UND KOSTEN

Wir haben versucht, immer so wenig Geld wie möglich auszugeben. Natürlich ist das Tanken nicht zu vermeiden, weswegen sich lange Strecken erst lohnen, wenn genug Zeit vor Ort eingeplant werden kann, z. B. für zu umfahrende Mautstrecken. Verpflegen kannst du dich wie zu Hause auch, indem du deinen Van vor der Reise mit allen notwendigen Lebensmitteln ausstattest und immer selbst kochst. Wer auf gut ausgestattete Campingplätze nicht verzichten möchte, muss mehr finanzielle Mittel einsetzen. Ansonsten kannst du sehr, sehr günstig im Van leben und reisen. Wir brauchen kaum Geld für Freizeitaktivitäten oder Eintritte in Kultureinrichtungen, da wir es bevorzugen, uns von touristischen Städtchen und Orten fernzuhalten. Wir verbringen unsere Zeit meistens am Strand, in Wäldern, an Klippen oder mit Surfen im Meer. Die Tage gehen schnell rum und da wir im Van alles dabeihaben, sind wir unabhängig und flexibel.

Natürlich kannst du dir schon für 300 € ein All-inclusive-Hotel in der Türkei oder in Ägypten buchen, aber das ist wirklich in keiner Weise zu vergleichen. **Das Reisen im Van bedeutet: Sei mutig – sei frei. Finde deine eigenen traumhaften und einsamen Orte und erlebe Momente, die mit keinem Geld der Welt zu bezahlen sind.** Schlussendlich bleibt es jedem selbst überlassen, wie viel Geld auf einer Tour oder bei einem Ausbau seines Vans zu veranschlagen ist. Jeder, der sich auf dieses Abenteuer einlassen will, kann es auch finanziell stemmen.

Was wir für unsere Reisen in die unterschiedlichen Länder bezahlt haben, ist auf den entsprechenden Seiten gelistet. Jegliche Kosten, auch für den Schritt-für-Schritt-Umbau unseres Gefährts, findest du im Kapitel „Vanausbau".

Camping und Komfort

CAMPING UND KOMFORT

Eine gute Vorbereitung ist enorm wichtig.

1. **Hab immer viel Wasser dabei!** Leitungswasser kannst du meistens in anderen Ländern nicht trinken. Zu Hause kommt das Wasser ganz selbstverständlich aus der Leitung. Unterwegs musst du sparsam und bewusst mit jedem Tropfen umgehen.

2. **Wenn du es liebst, an einsamen Traumorten zu übernachten, dann teile dir deine Lebensmittel bewusst ein.** Manchmal ist der nächste Supermarkt weit entfernt. Deshalb ist es wichtig, immer genug Essen und Getränke dabeizuhaben.

3. **Pack eine Wärmflasche ein!** Wenn es mal kühl wird, wärmt die nämlich fantastisch und ersetzt fast eine richtige Heizung. Bis dahin nimmt sie im Gepäck kaum Platz weg. Kälte kann die Laune nämlich schnell runterziehen.

4. **Kontrolliere regelmäßig den Zustand deines Fahrzeugs,** denn ein funktionstüchtiges Fahrzeug ist die Grundlage für alles. Wenn dein Fahrzeug nicht mehr mitmacht, musst du deinen Roadtrip im schlimmsten Fall abbrechen.

Wildcampen

Was meint Wildcampen?
Der Begriff „Wildcampen" beschreibt das Zelten oder Kampieren an Orten, die nicht dafür ausgewiesen sind; sozusagen **das Zelten oder Übernachten im Van in der freien Wildnis.**

In vielen Ländern unterliegt das Wildcampen strengen Reglementierungen oder ist gar nicht erst erlaubt. In Europa existiert keine einheitliche Regelung, weshalb du schnell Gefahr läufst, Ärger mit den örtlichen Ordnungshütern zu bekommen. Daher gebe ich dir ein paar Tipps zu Regelungen des Wildcampings in den einzelnen Ländern. Hinzu kommt, dass verschiedene Kommunen, Gemeinden oder Regionen innerhalb eines Landes zusätzlich individuelle Regelungen festsetzen. So beruht die folgende Liste keinesfalls auf Vollständigkeit, weshalb ich dir empfehle, dich vor deiner Reise über die jeweiligen Bestimmungen vor Ort im Detail zu informieren.

Grundregeln und Tipps

Jedes Land hat seine eigenen regionalen Rechtsgrundlagen, die du beim Wildcampen beachten solltest. In vielen Ländern kannst du nicht einfach dein Lager aufschlagen, wo du möchtest.

Für manche bedeutet Wildcampen völlige Freiheit und Unabhängigkeit: seinen Van in einer kleinen Bucht am Meer oder Waldrand parken und das Leben mit und in der Natur erfahren; dabei das Gedränge auf Campingplätzen vermeiden und sich an einem romantischen Lagerfeuer wärmen; abends das Rauschen der Wellen genießen, anstatt Gespräche von Campnachbarn mitzubekommen.

Trotz des Gefühls von Freiheit und scheinbarer Sorglosigkeit solltest du beim wilden Kampieren nicht gedankenlos vorgehen. Als Erstes ist es ratsam, sich zu erkundigen, ob Wildcamping in dem Land, in dem du dich bewegst, überhaupt legal ist.

Campingplätze

Wir haben festgestellt, dass kleinere Campingplätze, die im Internet nicht so gut bewertet sind, für unseren Geschmack am besten waren. Außerdem machten wir nur gute Erfahrungen mit den Campingplätzen, die nicht im Internet zu finden sind. Das Beste ist es, unterwegs die Augen offen zu halten und so spontan die schönsten Plätze zum Campen zu finden. Diese Orte sind meistens am naturbelassensten und du kannst dem Massencamping entgehen. Wir mögen besondere Orte mit Charme und Charakter.

Oftmals sind wir sogar auf Stellplätzen von privaten Personen gekommen, die für uns gekocht haben und mit denen wir sehr nette und persönliche Gespräche führen konnten.

Tipp: Alternative Stellplätze findest du mit der App **„park4night"** oder **„Landvergnügen".**

68°4'30.705"N 13°12'23.982"E

Einzimmerfahrtwind | Irgendwo immer zu Hause | #VanlifeDiaries

FALLS DAS WILDCAMPEN IN DEM GEBIET ERLAUBT IST, FINDEST DU HIER EIN PAAR GRUNDREGELN UND TIPPS, DIE DU BEIM WILDEN ZELTEN DER UMWELT ZULIEBE BEACHTEN SOLLTEST:

1. Zu Gast in der Natur

Du bist nur ein Gast in der Natur, weshalb du dich auch beim Wildcampen entsprechend verhalten solltest. Versuche die Lebensgrundlage von Wildtieren sowie Pflanzenarten so weit wie möglich zu erhalten. Die meisten Wildtiere sind während der Dämmerungszeit aktiv und sehr störanfällig, weshalb du dich in dieser Zeit ruhig verhalten solltest.

2. Achtung bei der Platzwahl

Gehe bei der Wahl deines Nachtlagers sorgfältig vor und vermeide Bereiche mit strauch-reichen Weiden, lockeren Baumbeständen, Moorlandschaften oder Flussauen. Darüber hinaus solltest du dein Lager nicht an Orten aufschlagen, die viele Wildspuren aufweisen.

3. „Leave no trace"

Das Motto „Keine Spuren hinterlassen" gehört zu den wichtigsten Grundregeln des Wild-campings.

Im Klartext bedeutet das, dass du deinen Übernachtungsplatz so verlassen solltest, wie du ihn vorgefunden hast. Eine Selbstverständlichkeit sollte dabei sein, dass du deinen Müll und allen Kram, den du dabeihast, wieder mitnimmst. Vor allem in hohen Gebirgsla-gen verrotten kompostierbare Speisereste nur sehr langsam. Gib bitte beim Einsammeln deines eigenen Unrats der Umwelt etwas zurück und lass auch den liegen gebliebenen Müll anderer nicht zurück.

4. Offene Feuerstellen

Ein gemütliches Lagerfeuer wärmt und macht den Abend gemütlich. Allerdings solltest du ein offenes Feuer nur an dafür ausgewiesenen Stellen entzünden. Achte auf die re-gionalen Vorschriften, denn gerade in Wäldern und Schutzgebieten sind diese offenen Feuer meist verboten. Trotz einer Erlaubnis solltest du dein Feuer stets klein halten und dich bei akuter Trockenheit über mögliche Waldbrandgefahren informieren. Mit einem Campingkocher an Bord bist du stets auf der sicheren Seite.

5. Eine gute Vorbereitung ist das A und O

Bereite dich gut auf das Wildcamping vor. Neben Regenschutz, Erste-Hilfe-Set, Kla-motten zum Wechseln sowie ausreichend zu essen und zu trinken solltest du dir re-cycelbares Toilettenpapier und Müllbeutel besorgen. Hast du einen optimalen Platz für deine Outdoortoilette gefunden, nimm Toilettenpapier und Beutel wieder mit.

17 Länder von Süd nach Nord

1) Marokko
2) Portugal
3) Spanien
4) Frankreich

5) Korsika
6) Italien
7) Kroatien

Einzimmerfahrtwind | *Irgendwo immer zu Hause* | *#VanlifeDiaries*

8) Schweiz

9) Österreich

10) Deutschland

11) Holland

12) Irland

13) + 14) Vereinigtes Königreich

(England und Schottland)

15) Dänemark

16) Schweden

17) Norwegen

17 Länder
von Süd nach Nord

insgesamt über 233 Spots

Marokko

Tausendundeine Nacht

29°26'20.8"N 10°07'19.8"W

MAROKKO

Zeitraum: April 2019
Reisedauer: 5 Wochen
Preisklasse: GÜNSTIG
Level: FORTGESCHRITTEN
gefahrene Kilometer: ca. 10.000
Highlight: das Surfstädtchen Imsouane
und die Sanddünen der Sahara
Spots: 24

Tausendundeine Nacht! Im April 2019 sind wir zu unserer längsten, kraftraubendsten und beeindruckendsten Vantour aufgebrochen. Allein für die Anreise haben wir eine Woche gebraucht. Angekommen in Marokko, wurde uns schnell klar, dass wir auf einem anderen Kontinent waren – willkommen in Afrika.

Übernachtet haben wir fast immer auf Campingplätzen, die ein tolles Flair hatten und kaum besucht waren. Unterschiedlichste Erfahrungen machten wir mit den Menschen in den vielen Regionen. Während uns im Atlasgebirge bettelnde Kinder die Türen während der Fahrt aufgerissen haben, wurde in der Sahara unser Van bespuckt, und im Norden wurden wir in einer Stadt abgezogen. Das soll euch jetzt aber alles nicht die Lust auf Marokko nehmen, denn neben den negativen Erlebnissen haben wir ebenso die mit allerschönsten haben dürfen.

Für Surfer ist **Imsouane mit der längsten Welle ganz Marokkos** ein reines Paradies, das Essen ist superlecker und der Lebensunterhalt so günstig wie sonst fast nirgendwo. Im Inland haben wir den bisher imposantesten Wasserfall gesehen und einen traumhaft schönen Ort namens Paradies Valley, bei dem der Name Programm ist. Jerry und ich hätten niemals gedacht, dass Marokko so unglaublich vielseitig, interessant und mystisch ist. Diese vier Wochen haben uns stark geprägt und verändert.

WILDCAMPING MAROKKO

Das Wildcamping mit dem Van ist in Marokko grundsätzlich verboten. Allerdings sind die Regelungen für das Wildcampen von der Region abhängig. Hierbei gelten die jeweiligen Camping- und Naturschutzgesetze. Daher hast du in Marokko nur eine Chance auf eine legale und idyllische Nacht inmitten der Natur – wenn du mit Zustimmung des Eigentümers auf dessen Privatgrundstück stehst.

Unsere Reisezeit: 5 Wochen

Anreise mit der Fähre von Spanien/Algeciras
nach Marokko/Tanger (ca. 1,5 Stunden)
Kosten (eine Strecke): 180 €

Rückreise mit der Fähre von Marokko/Tanger
nach Spanien/Barcelona (ca. 34 Stunden)
Kosten (eine Strecke): 400 €

An- und Abreise
Sprit: 690 €
Maut: 410 €

Sonstige Kosten
Lebensmittel: 360 €
Wäsche waschen: 18 €
Maut: 15 €
Campingplätze: 155 €
Prepaid-SIM-Karten* (für Internet): 100 €
Sprit: 470 €

Total (pro Person): 1.399 €

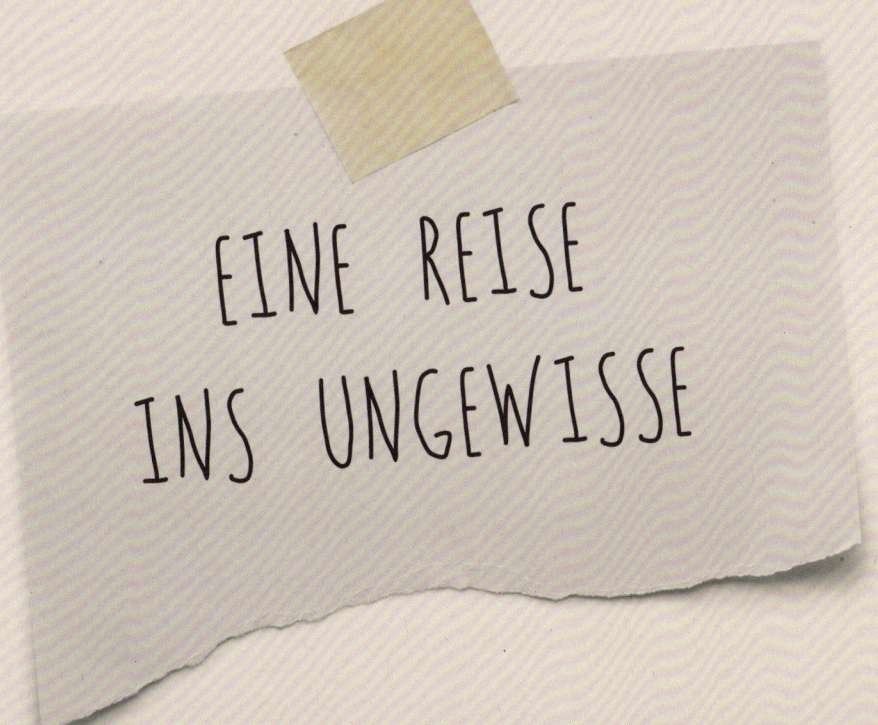

EINE REISE
INS UNGEWISSE

Marokko

5 Wochen Reisezeit

Anreise: Fähre von Spanien/Algeciras nach Marokko/Tanger

Von Tarifa (Spanien) aus ist es ebenfalls möglich, nach Marokko zu fahren. Die Fahrzeit ist etwas kürzer, jedoch auch teurer. Tickets für die Hin- und Rückreise sind direkt am Hafen von Algeciras in einem der Shops erhältlich und flexibel einsetzbar. Man kann sich also spontan entscheiden, wann das Ticket genutzt werden soll.

Rückfahrt: Fähre von Marokko/Tanger nach Spanien/Barcelona

Wir hatten zwar schon das Rückfahrticket, haben uns aber doch dazu entschlossen, die Fähre direkt nach Barcelona zu nehmen. In dieser Zeit erhielt ich eine spontane Castinganfrage für die Serie „Der Lehrer", daher mussten wir rechtzeitig zurück in Köln sein. Um uns die lange Fahrt durch Spanien zu sparen, haben wir die Strecke über das Wasser abgekürzt und waren innerhalb von 34 Stunden in Barcelona. Eine Alternative ist es, die Fähre Frankreich–Genua zu nehmen.

* Prepaid-SIM-Karten

Für 10 GB zahlst du nur ein paar Euro und wir haben über fünf Wochen auf Youtube Videos und täglich unsere Instagram-Storys und -Bilder hochgeladen – für gerade mal 100 €. Wer also nicht beruflich auf das Internet angewiesen ist, sollte hier deutlich weniger zahlen.

Von den vielen Anbietern favorisieren wir Maroc Telecom (also bester Empfang). Überall in kleinen Geschäften am Straßenrand ist es möglich, sich neues Guthaben auf die Prepaid-SIM-Karten zu laden. Das Personal vor Ort richtet dir meistens auch direkt alles ein, sodass du keine Probleme bei der Nutzung oder Aktivierung haben solltest.

Ein
Grenzübergang
der besonderen Art

Zum Navigieren durch das Land empfehle ich die App „Google Maps", denn diese ist in Marokko deutlich genauer und umfangreicher als beispielsweise die iPhone-App „Karten".

Tanger Med Port
Hafen
Ave Mohammed VI, Tangier, Marokko

Hierbei handelt es sich um einen Grenzübergang der besonderen Art. Bisher waren wir nur die Ländergrenzen in Europa gewöhnt und diese sind bekanntermaßen eher unspektakulär. Dieser Grenzübergang – zu einem anderen Kontinent – ist jedoch speziell.

Wir brauchten eine gesonderte Bescheinigung der Versicherung für den Van. Auch eine Auslandskrankenversicherung ist bei solchen Reisen zu empfehlen, zudem Impfungen und Nachweise zu Hepatitis A und Tollwut.

Unser Van wurde bei der Einreise und bei der Ausreise komplett durchsucht; Drohnen dürfen z. B. nicht in das Land eingeführt werden. Die ganze Prozedur der Kontrolle kann sich über mehrere Stunden erstrecken.

Marokkanisches Flair in der blauen Stadt

Chefchaouen
Stadt

TIPP!

Diese Stadt ist absolut sehenswert. Es macht Spaß, durch die ganzen blauen Gässchen zu schlendern sowie Souvenirs für Freunde und Familie einzukaufen, eventuell etwas Leckeres zu essen und sich von dem marokkanischen Flair verzaubern zu lassen. Chefchaouen liegt nur zwei Stunden von der Fähre entfernt und ist somit **ein super Einstieg in die marokkanische Kultur.**

In der Nähe der Stadt sollen sich riesige Marihuanaplantagen befinden, was wir uns wirklich sehr gut vorstellen können, denn bisher wurden wir nirgendwo so oft gefragt, ob wir etwas Gras kaufen wollen. Die Dealer stehen an jeder Ecke und jeder verspricht dir den „besten Stoff zu kleinem Preis". **Es ist illegal, in Marokko Gras zu konsumieren, zu kaufen oder zu verkaufen.** Ebenso wie der Anbau. Und trotzdem zählt das Land zu dem größten Cannabisexporteur der Welt und viele Einheimische rauchen das Gras.

Camping Azila
Campingplatz

Der Campingplatz wird in der blauen Stadt ausgeschildert, liegt oberhalb des Städtchens und ist nur ein paar Minuten vom Zentrum entfernt. Er bietet nichts Besonderes und die Duschen/Toiletten sind auch nicht sonderlich sauber. Dennoch erfüllt alles seinen Zweck, und für eine Nacht, um sich die Stadt in Ruhe anzuschauen, ist das eine absolut akzeptable Lösung. Wenn du gerne abends mal ein Bier oder einen Wein trinkst, besorge dir den Alkohol für den Aufenthalt in Marokko vorher, denn in dem muslimischen Land spielt Alkohol im öffentlichen Leben keine Rolle.

Hinweis zu Alkohol

Rund 98,7 Prozent der Bevölkerung sind Muslime. Wegen ihres Glaubens trinken sie keinen Alkohol. Dennoch befanden sich überall zerbrochene Bier- oder Schnapsflaschen, was darauf hindeutet, dass viele heimlich trinken. In Gesprächen mit Einheimischen haben wir erfahren, dass das Verbot den Konsum nicht verhindert und dass sie sehr genau wissen, wo alkoholische Getränke herzubekommen sind.

In einem der größeren europäischen Hotels haben wir uns mit einem kleinen Biervorrat eingedeckt, denn auch in Supermärkten findest du keinen Tropfen Alkohol.

Einzimmerfahrtwind | *Irgendwo immer zu Hause* | *#VanlifeDiaries*

Campingplatz an einer Lagune

 Moulay Bousselham
Lagune
Camping Atlantis Gate A Moulay Bousselham

In Marokko haben wir uns die meisten Campingplätze am jeweiligen Tag per Zufall ausgesucht. Im Nachhinein ist mir aufgefallen, dass viele dieser Campingstätten ganz anders aussehen als auf den Fotos im Internet. Es werden oft Bilder der gesamten Umgebung genommen und weniger Eindrücke der eigentlichen Stellplätze. Nichtsdestotrotz kann ich euch diesen Campingplatz empfehlen. Er befindet sich **direkt an einer Lagune** und bietet damit eine schöne und weite Aussicht. Hier standen wir eine Nacht und haben etwas Leckeres gekocht. Jerry hat versucht, uns einen Fisch zu fangen, und frisches Obst und Gemüse von den einheimischen Kindern für ein paar Cent gekauft, die mit einem Traktor über den Platz gefahren sind, um ihre Ware anzubieten.

Die Preise für eine Übernachtung auf einem Campingplatz liegen normalerweise zwischen 5 und 10 €.

An einer wunderschönen
Lagune

 Oualidia
Fischerdorf, Meeresfrüchte
Marokko

Oualidia ist **ein kleines Fischerstädtchen an einer wunderschönen Lagune,** umgeben von kleinen Restaurants und Hotels. Hier habe ich meine erste Erfahrung mit drei verschiedenen Muschelarten gemacht, die wir an einem kleinen Stand am Meer probiert haben. Es hat mir zwar gut geschmeckt, jedoch brauche ich Austern und sonstige Meerestiere nicht jeden Tag.

Teilweise waren die Muscheln noch am Leben, was wohl Tradition im Ort ist; aus diesem Grund wurde mein Interesse erst geweckt. Die Resonanz auf Instagram auf meinen Muscheltest war leider überwiegend negativ. Das Business will ich nicht unterstützen, jedoch möchte ich mir mein eigenes Bild von den Dingen auf unserer Welt machen. Im Nachgang kann ich von meinen Erfahrungen berichten und damit auf das ein oder andere Problem aufmerksam machen.

 **Laguna Park**
Campingplatz

Laguna Park ist ein **schöner, moderner Campingplatz,** der sich nur fünf Minuten vom Fischerort entfernt befindet. Der Platz ist sehr gepflegt, bietet eine traumhafte Aussicht über das Meer und hat sogar einen Pool zum Abkühlen. Die Besitzerin sprach gutes Englisch, was in Marokko immer noch zu einer Seltenheit gehört, und wir haben einen kleinen Einblick in die Rechte der marokkanischen Frauen erhalten.

Wir versuchen übrigens oft, uns vorher nicht allzu viel über die unterschiedlichen Länder zu informieren, die wir bereisen, sondern suchen vor Ort den persönlichen Austausch mit den Einheimischen.

32°24'11.5"N 9°15'29.5"W

Café Lalla Fatna
Einsamer Strand
Plage Lalla Fatna
R301, Had Hrara 46006

In Marokko haben wir die meiste Zeit auf Campingplätzen verbracht, jedoch standen wir an diesem wunderschönen einsamen Strand zwei Nächte. Tagsüber
kamen nur ein paar Einheimische dorthin, ansonsten
haben wir weit und breit niemanden gesehen. Nachdem
wir eine Weile drei Surfer im Wasser beobachtet hatten,
haben wir uns ebenfalls mit den Surfbrettern ins Meer
getraut – uns aber leider vollkommen über- und die Kraft
des Ozeans unterschätzt. Die Strömung war enorm
stark und die Wellen um einiges größer, als sie von
außerhalb wirkten. Wir haben also relativ schnell wieder
versucht, an Land zu kommen, was uns viel Kraft und
Zeit gekostet und uns zudem aus unserer Komfortzone
geholt hat. Es war ein höchst unangenehmes Gefühl, zu
merken, wie man die Kontrolle im Wasser verlieren und
kaum etwas dagegen tun kann!

Am Abend wurde uns hier zum ersten Mal von einem
Marokkaner Marihuana angeboten. Es schien, als würden sich viele an diesem einsamen Strandabschnitt treffen, um das ein oder andere Geschäft abzuschließen.
Was genau dahintersteckt, wissen wir bis heute nicht.

Da wir uns nach den zwei Nächten nicht mehr wohlgefühlt haben, sind wir an der Küste entlang weiter in
Richtung Süden gefahren.

Safi
Stadt
Schlechte Erfahrung, Abzocke

Unsere erste wirklich schlechte Erfahrung in Marokko haben wir in Safi gemacht – und das nach nur drei Nächten im Land. Safi wurde uns im Reiseführer als unglaublich schön und sehenswert beschrieben. Das mag zwar sein, jedoch war die Ausstrahlung der Menschen etwas eigenartig. Es fing mit dem Parkwächter an, der viel zu viel Geld haben wollte, und ging weiter mit den neugierigen Blicken in unseren Van. Wir hatten bereits direkt nach Ankunft in dieser Stadt ein schlechtes Gefühl, unser Gefährt allein zu lassen. Eigentlich wollten wir in Safi nur schnell etwas essen, allerdings gestaltete sich die Suche nach einem Restaurant schwierig, da alles geschlossen hatte.

Zum krönenden Abschluss haben wir dann auch noch einen Anfängerfehler begangen und sind auf die typische Masche der Restaurants hereingefallen. Ein Mann sprach uns an und wollte uns unbedingt das „beste Restaurant" der Stadt zeigen. Nichts ahnend sind wir ihm gefolgt. Das Essen war wirklich sehr lecker, der Schock kam erst mit der saftigen Rechnung. Es war eindeutig, dass wir abgezockt worden waren.

Der Mann war äußerst nett gewesen und hatte uns während des Essens tolle Dinge über die Stadt und über die traditionelle Töpferei im Ort erzählt. Doch als wir uns am Ende des Abends gegen die hohe Rechnung wehrten, verlor er umgehend sein „nettes" Gesicht. Wir mussten den Preis am Ende natürlich bezahlen und wurden auch noch beleidigt. Ziemlich schnell sind wir dann gegangen, denn seine Freunde wurden bereits aufmerksam – die Situation wurde wirklich bedrohlich.

Natürlich kann so etwas in ganz vielen Ländern dieser Welt passieren und von uns war es naiv, zu glauben, dass der Mann das alles einfach nur aus Freundlichkeit tat. Vielleicht lag es auch daran, dass wir für welchen Ort auch immer offen sein und ganz unvoreingenommen von allem unsere eigenen Erfahrungen machen wollten.

An diesem Tag haben wir dann fast noch einen Unfall gebaut: Uns ist in der Dämmerung ein riesiges Wildschwein vor unseren Van gelaufen. Ich habe in diesen Millisekunden auf den Knall und das Ende unserer Reise gewartet, zum Glück ist aber nichts passiert. Trotzdem war ich natürlich erschrocken und zudem enttäuscht von den negativen Ereignissen des Tages, sodass ich direkt in Tränen ausgebrochen bin. Wir wussten beide für einen kurzen Moment nicht weiter.

Kamele am Strand

Sidi Kaouki
Kamelstrand
Campingplatz: Area Sosta Camper

Das Gesetz in Marokko bestimmt, dass die Ein- und Ausreise mit demselben Fahrzeug geschehen muss – uns wurde damit bewusst, dass wir unseren Van mehr denn je wie unsere Augäpfel hüten mussten.

In Sidi Kaouki kamen wir am Abend an und stellten uns auf den erstbesten Campingplatz. Die Tore waren bereits geschlossen, aber wir haben die Erfahrung gemacht, dass meistens nach ein paar Minuten doch jemand kommt. Der Stellplatz war gepflegt und es gab sogar einen Pool. Hier waren wir duschen und haben alle Wassertanks aufgefüllt. Um dem Stress beim Verhandeln über den Preis von Lebensmitteln zu entgehen, sind wir bei der Anfahrt noch in einen Supermarkt gefahren, in dem es eine große Auswahl an jeglichen europäischen Lebensmitteln gab, mit denen wir uns für die nächsten Wochen eingedeckt haben. Dies war Luxus pur!

Am Strand standen einige Kamele, leider jedoch nicht freiwillig, sondern in Gefangenschaft ihrer Besitzer, die Kameltouren am Strand anboten. Außerdem war es möglich, Sonnenliegen und Massagen zu buchen, wie eben in einem typischen Urlaubsgebiet.

Da diese Aktionen nicht unserer Art, zu reisen, entsprechen, haben wir stattdessen die Zeit im Wasser mit Surfen verbracht.

Camping auf einem freien Feld

Paradis Aicha Sidi Kaouki
Günstiger Stellplatz

Die zweite Nacht kampierten wir auf einem Stellplatz, der eigentlich keiner war. Wir konnten uns auf einem freien Feld einen Platz aussuchen und es gab weder eine Rezeption noch Sanitäranlagen. Am Abend kam dann der Besitzer des Grundstücks vorbei, der das Geld für die Übernachtung einsammelte. Es war supergünstig und für uns abenteuerlicher und cooler als auf einem gut ausgebauten Campingplatz. Wir mögen es halt lieber natürlich.

Den Abend und all die erlebten Momente haben wir mit unserem eigenen „Open-Air-Kino" ausklingen lassen und den Morgen mit einem Wüstennomaden gestartet, der von Camper zu Camper lief, um seinen selbst gemachten Schmuck aus der Sahara zu präsentieren.

Nach diesen Erlebnissen beschlossen wir, weiter in den Süden zu fahren. In vielen Foren und im Reiseführer hatten wir gelesen, dass es hier anders sein soll als das, was wir bisher vom Norden Marokkos gehen haben. Und tatsächlich war dem so!

Kleines
abgeschiedenes Surferdörfchen

Imsouane
Camping Imsouane
Campingplatz
Hippieort und Surfen (Afrikas längste Welle)

Das kleine abgeschiedene Surferdörfchen Imsouane war **unser Ankerpunkt der kompletten Tour.** Dort haben wir mehrere Tage am Stück verbracht und uns so wohlgefühlt, dass wir gar nicht mehr wegwollten.

Für Surfer, gleich ob Anfänger oder Fortgeschrittene, ist der Spot einfach nur ein Traum! Besonders auf den weichen und sanften Wellen in Imsouane Bay funktioniert ein Longboard super und auch das multikulturelle Flair der Stadt hat unsere positiven Gefühle verstärkt. Wir standen auf einem kleinen Campingplatz mit Blick direkt auf das Meer und konnten von dort zu Fuß zum Surfen oder zum Einkaufen in das kleine Hippiestädtchen gehen.

Es war Liebe auf den ersten Blick, wir haben viele nette Bekanntschaften gemacht und wollen unbedingt noch mal zum Surfen hierher.

Einzimmerfahrtwind | Irgendwo immer zu Hause | #VanlifeDiaries

YOU GET WHAT YOU GIVE.

Einzimmerfahrtwind | *Irgendwo immer zu Hause* | #VanlifeDiaries

Love is in the
DETAILS

78/79 Marokko

Tipp:
Ocean Point Maroc
Übernachten in alten Booten

An diesem Spot ist es möglich, in kleinen restaurierten Fischerbooten mit Kajüte zu übernachten. Vom Flughafen Agadir kostet ein Taxi nur um die 50 €. Dieser Ort bietet sich also auch super für ein paar Tage Surfurlaub an (auch ohne Van).

Tipp:
Essaouira – Agadir
In diesem Abschnitt hat es uns im Hinblick auf die Landschaft und auf die entspannte Mentalität der Einheimischen gegenüber den Touristen am besten gefallen.

Agadir
Stadt

In Agadir waren wir im Postamt, um beruflich bedingt eine Sendung abzuholen, die ich einige Tage zuvor erhielt. Reisen und Arbeiten lässt sich tatsächlich kombinieren, auch wenn es manchmal einer genaueren Planung bedarf.

In Agadir gibt es übrigens ein Riesenrad direkt am Strand.

 Tifnite
Campingplatz BAKANOU
Sanddünen am Meer

In Tifnite hängen einige Plakate mit Freizeitangeboten in der Wüste. Dazu gehören z. B. Sandboarden, Quadfahren oder Kameltrekking mit einer Übernachtung im Wüstenlager. 2017 hatten wir bereits eine mehrtägige Reise durch Marokko mit anschließender Übernachtung in der Wüste (über „Urlaubsguru") gebucht. Die komplette Tour wurde organisiert, inklusive der Verpflegung. Wir verbrachten die Tage mit zwei Mädels, einem Pärchen aus Holland und unserem Guide Abdullah. Es war ein höchst angenehmes Miteinander und eine tolle Zeit in Nordafrika! Für uns war dies damals der erste Einblick in die Kultur und der Anreiz, mehr sehen zu wollen.

Straßenhunde – nichts für weiche Tierherzen

Für uns war der Anblick der zahlreichen Straßenhunde in Marokko wirklich sehr emotional. Die meisten Tiere sind verwahrlost und unterernährt und viele Einheimische gehen leider nicht gut mit den treuen Vierbeinern um. Wir haben miterlebt, wie Hunde verjagt oder geschlagen und getreten wurden. Selbst wenn die Hunde einen Besitzer haben, kann ein gebrochenes Bein zum Tode des Tieres führen, da die Familien oftmals kein Geld besitzen, um die Arztkosten bezahlen zu können. Schon ganz junge Kinder schlagen mit Stöcken auf die Hunde ein oder bewerfen sie mit Steinen. Die meisten Streuner haben auf uns einen ängstlichen Eindruck gemacht, kein Hund hat uns bedroht oder ist uns gegenüber aggressiv geworden.

Zwei gigantische
Steintore

 Highlight:
Legzira Beach

Faszinierende Gesteinsformationen am einsamen Küstenort Legzira gehören zu den spektakulärsten Sehenswürdigkeiten, die Marokko zu bieten hat. Zwei gigantische Steintore über einem verlassenen Strand, der wie fast jeder andere Ort voller Müll ist. In ganz Marokko treffen große Kontraste und Widersprüche aufeinander.

 Camping Sidi Ifni
Campingplatz

Hohe Mauern und dicke Metallgitter vor den Fenstern – auf diesem Campingplatz haben wir uns wie in einem Gefängnis gefühlt. Erneut ein Widerspruch, der uns in der kompletten Zeit verunsichert hat. Viele Einheimische erklärten uns, ihr Land sei äußerst sicher und Wildcamping überall ohne Probleme möglich. Daher haben wir uns gefragt, warum dann auf allen Campingplätzen diese hohen Mauern oder Zäune notwendig sind. Die Besitzer der Stellplätze sind im Hinblick auf die Sicherheit natürlich ganz anderer Meinung und empfahlen uns, die Nächte immer auf sicherem und bewachtem Gelände zu verbringen.

Wir haben in Marokko die meisten Nächte auf Campingplätzen verbracht, würden das auch wieder so machen und dir das ebenso empfehlen.

TIPP!

82/83 Marokko

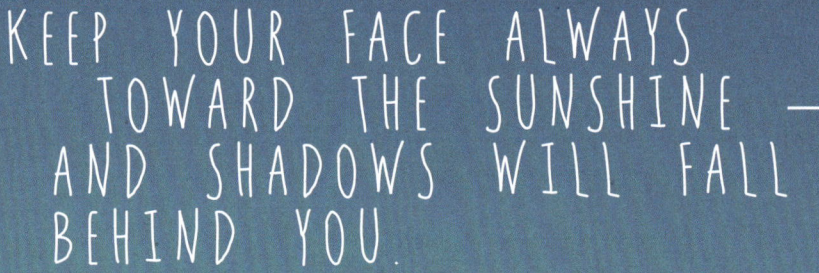

KEEP YOUR FACE ALWAYS
TOWARD THE SUNSHINE —
AND SHADOWS WILL FALL
BEHIND YOU.

Günstig einkaufen und verhandeln
Markt: Zitronenminze für 9 Cent

In Marokko ist das Einkaufen zwar sehr günstig, als Tourist kannst du aber ganz schön abgezockt werden. Im Atlasgebirge wollte uns jemand ein kleines Glas Honig für über 35 € andrehen. Wir unterstützen gerne die Einheimischen und Bauern vor Ort und haben als Touristen sowieso stets mehr bezahlen müssen, jedoch fühlt sich das bei so großen Preisunterschieden schon etwas unfair an. Wir wollen uns schließlich auch nicht komplett übers Ohr hauen lassen. Um solche Erfahrungen einzuschränken bzw. zu vermeiden, empfehlen wir einen angepassten Auftritt in der Öffentlichkeit: Als Frau verdeckst du am besten die Haare und zeigst so wenig Haut wie möglich. In Marokko sind außerdem Tattoos nicht so „normal" und anerkannt wie bei uns in Deutschland, daher ist Jerry mit seinem tätowierten Arm und Bein anfangs aufgefallen – was er dann umgehend durch das Bedecken dieser Hautpartien änderte. Damit nämlich wurde uns deutlich weniger angedreht und wir konnten uns mehr oder weniger ungestört in den Städtchen oder auf Märkten bewegen.

Beim Verhandeln solltest du freundlich, aber bestimmt bleiben. Setze dir vorher dein persönliches preisliches Limit und fange beim Handeln deutlich geringer an, damit beim Abschluss des Geschäfts für beide Parteien das Gefühl bleibt, einen guten Deal gemacht zu haben.

Geweckt von einem kleinen Esel

Es geht wieder weiter nördlich …

Mirleft Camping Normale
Campingplatz
13 Quartier d'Aftas, Mirleft 85352

Zwar gibt es im Innenhof dieses Campingplatzes und Apartments keinen Ausblick über das Meer, jedoch ist das Flair ein ganz besonderes und traditionell marokkanisches. Wir wurden von einem kleinen Esel geweckt, der morgens auf einmal an unserem Van stand. Er und einige Katzen leben hier im Innenhof, der Platz für nur eine geringe Anzahl von Campern bietet.

Die gut eingerichtete Außenküche mit Kühlschrank, Herd und allem, was sonst noch dazugehört, kann jeder Gast mitbenutzen und das Personal ist äußerst freundlich. Wir haben uns rundum wohlgefühlt und deswegen können wir auch diesen Ort wärmstens empfehlen.

Taghazout
Surfen

Taghazout ist ein **marokkanisches Fischerdorf,** das vor allem durch örtliche Surfplätze (wie z. B. den Killer Point mit seinem starken Pointbreak) bekannt ist. Hier macht es richtig Spaß, sich durch die bunten kleinen Gassen treiben zu lassen. Der Ort ist in den letzten Jahren so stark und schnell gewachsen, dass die meisten Häuser keinen Straßennamen oder eine Hausnummer besitzen. Es ist kunterbunt und du findest zahlreiche Surfhostels und Hotels, die alle auf den Surftourismus spezialisiert sind.

Wir haben hier, wie fast überall, eine typisch marokkanische Tajine* gegessen, die verblüffenderweise jedes Mal komplett anders geschmeckt hat.

* Traditioneller Lehmkochtopf, in dem Gemüse oder Fleisch langsam und schonend gegart wird. Schmeckt wirklich unglaublich gut und die Gerichte gibt es in vielen unterschiedlichen Varianten.

Wasserfälle
und Felsenbecken

 Paradise Valley
Palmenoase

Die grüne Palmenoase im marokkanischen Hoch-
atlasgebirge liegt ca. zwei Stunden vom Meer
entfernt. **Neben den Wasserfällen ist das Tal
auch bekannt für seine vielen Felsenbecken.**
Vor einigen Jahren galt dieses Gebiet als Paradies. Heute ist es zwar auch noch sehr schön,
jedoch so dreckig wie fast überall, wo viele Touristen sind und die Infrastruktur nicht ganz so gut
funktioniert. Seit einigen Jahren fänden hier regelmäßig Clean-ups statt, erzählte uns ein marokka-
nischer Freund, mit dem wir lange am Lagerfeuer
quatschten.

Wir konnten ganz in der Nähe auf einem freien
Stellplatz stehen, der versteckt zwischen Argan-
bäumen liegt. Mit uns standen hier drei andere
Camper, mit denen wir fehlende Lebensmittel
ausgetauscht und uns gegenseitig von erlebten
Abenteuern erzählt haben. Es ist toll, wenn auf
Anhieb eine gewisse Verbundenheit zwischen
fremden Menschen existiert.

Das Klima ist dort spürbar anders, denn die Hitze
steht förmlich zwischen den Felsen im Hochge-
birge. Wir wären gerne für noch eine Nacht geblieben, jedoch sind wir gegangen, als es gerade
am schönsten war. Danke, Paradise Valley: an
alle Bekanntschaften aus diesem Ort, wir werden
euch niemals vergessen!

Zurück in ein anderes Jahrhundert

Tamri
Surfen
Banana Valley

Die meisten Orte und Surfspots haben simple Namen bekommen. In „Banana Valley" befindet sich eine **Bananenplantage,** die uns zeitlich zurück in ein anderes Jahrhundert versetzt hat, als wir die Bauern mit ihrer Ernte auf ihren Eseln gesehen haben.

Hier standen wir tagsüber etwas abseits des Ortes und haben den Tag ausnahmsweise mal mit Schlafen und Nichtstun verbracht. Abends hat es uns dann doch wieder auf den bekannten Campingplatz nach Imsouane getrieben.

Die Menschen in Marokko sind uns und unserem Van zwar meistens neugierig begegnet, nachts haben wir uns dann aber doch etwas sicherer auf Campingplätzen gefühlt.

noch mal ein richtiges Abenteuer

 Zagora
Abenteuer
10 Stunden in die Wüste

In den letzten Tagen unserer Reise wollten wir noch mal ein richtiges Abenteuer starten!

Wir haben lange überlegt, ob wir die mehrstündige Anreise in die Sahara auf uns nehmen möchten. Es gab zwei Optionen: Entweder wir verbringen die letzten Tage ganz entspannt im bekannten Hippieort Imsouane oder wir füllen die Zeit mit weiteren Abenteuern in Zagora, wo die Wüste beginnt. Unsere Neugier siegte, wir entschieden uns natürlich für die zweite Variante.

Auf dem Weg übernachteten wir auf dem Campingplatz Camping Bonne Etoile im überschaubaren Ort Taliouine (dessen Besitzer sehr nett ist) – mit einem Ausblick über die Berge, der uns nur erahnen ließ, was folgen würde.

Einzimmerfahrtwind | *Irgendwo immer zu Hause* | *#VanlifeDiaries*

Sonnenaufgang
in der Sahara

Camping Palmeraie d'Amezrou
Campingplatz

Wir hätten niemals damit gerechnet, dass Marokko so vielseitig ist und so viel zu bieten hat. In Zagora sieht wieder alles anders aus als anderorts: **Überall stehen braune Lehmhäuser in kleinen Gassen und es gibt prachtvolle Palmenoasen.** Der Besitzer des Campingplatzes war sehr freundlich und hat uns traditionell mit einer Art grünem Tee empfangen: Die maghrebinische Teekultur beschreibt eine ritualisierte Form der Zubereitung wie des Trinkens selbst. Das Getränk ist gewöhnungsbedürftig, es schmeckt für unsere Verhältnisse sehr intensiv und ist zudem aufputschend. Oft wird der Tee mit viel Zucker getrunken.

Als wir unseren ersten giftigen Skorpion vor dem Van sahen, wurde uns erneut bewusst, dass wir immer vorsichtig und wachsam bleiben sollten.

Anders als an der Westküste war es hier nachts sehr heiß. Wieder war dies ein Moment, in dem uns klar wurde, dass wir beim Kauf unseres Vans lieber doch nicht auf den Luxus einer Klimaanlage hätten verzichten sollen. Ich komme ganz gut mit Hitze klar, von Jerry lässt sich das weniger sagen. Auch der Fahrtwind bringt uns leider bei Temperaturen über 30 °C keine Abkühlung.

Sahara
Abenteuer

Unser Plan war es, frühmorgens vor Sonnenaufgang (gegen 4 Uhr) den Campingplatz zu verlassen, um in die Sahara aufzubrechen und den Sonnenaufgang über den Sanddünen zu bestaunen, genauso wie den Saharaatlas, die Grenze nach Algerien.

Tatsächlich lief alles reibungslos ab. Wir waren nach anderthalbstündiger Fahrt pünktlich da, haben uns einen Tee gekocht, ein kleines Picknick im Saharasand aufgebaut und dann war es endlich so weit: Die Sonne erreichte langsam den Horizont und ließ uns alles um uns herum vergessen. Unsere Gefühlswelt: gedankenlos, happy, überwältigt!

Selbst wenn ich jetzt an diesen Augenblick denke, muss ich schmunzeln und bin unglaublich glücklich, dass wir die lange Reise voller Höhen und Tiefen auf uns genommen haben. All diese Momente sind hundertmal mehr wert, wenn du sie dir selbst verdient hast. Das Leben ist ein Geschenk, dass uns allen gemacht wurde, und es liegt ganz allein an jedem Einzelnen, was er aus diesem Geschenk und aus jeder einmaligen Chance macht.

Einzimmerfahrtwind | Irgendwo immer zu Hause | #VanlifeDiaries

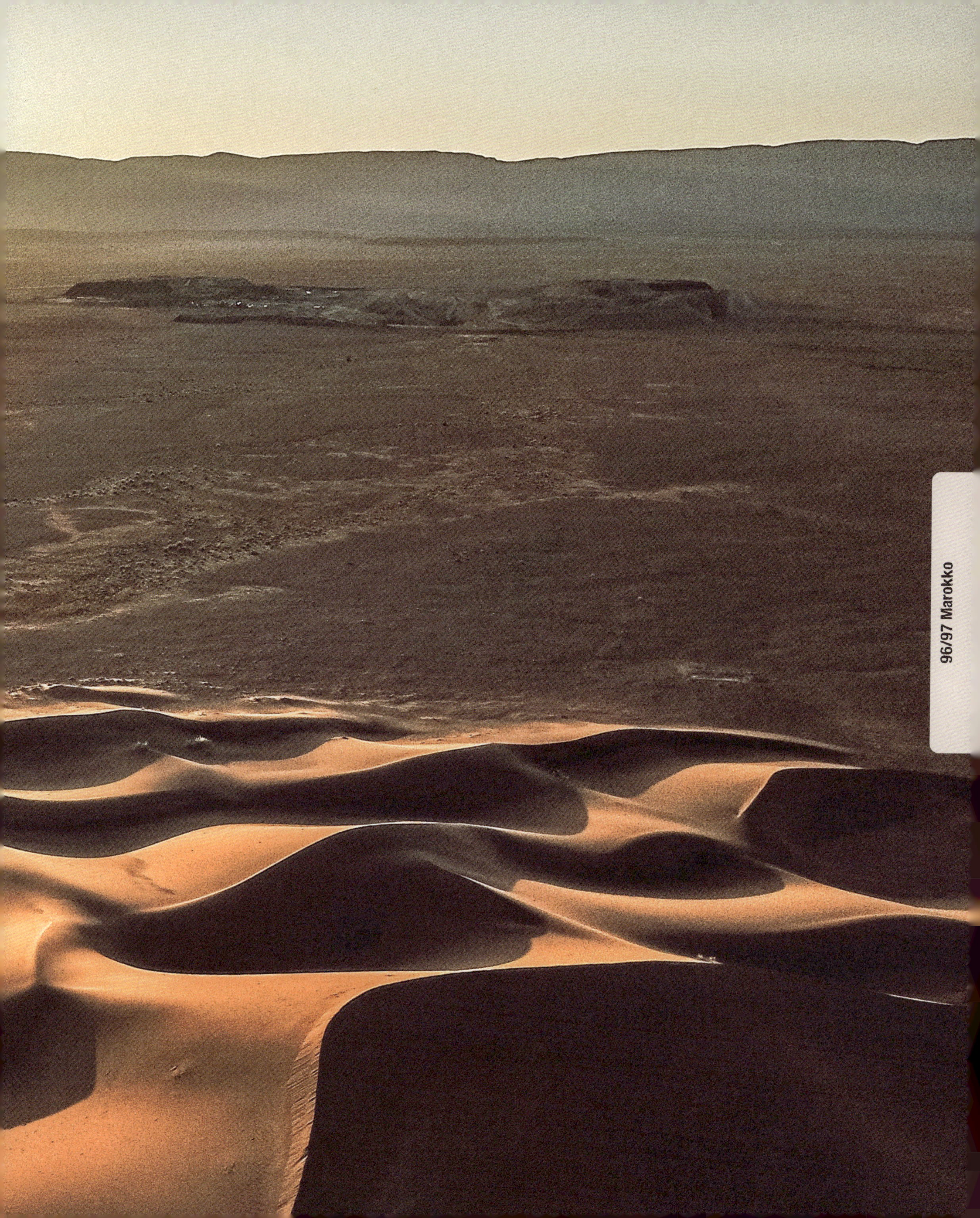

Atlasgebirge
Ausblick

Als wäre die Zeit stehen geblieben

Das Atlasgebirge erstreckt sich von Marokko über Algerien bis nach Tunesien, seine teilweise schneebedeckten Berge ragen bis zu 3.340 Meter über dem Meeresspiegel empor.

Auf unserer Fahrt durch dieses wundervolle Gebirge kamen wir erwartungsgemäß nur langsam voran. Die Straßen sind holprig, kurvig und einsam. Auch fühlt es sich hier so an, als wäre die Zeit stehen geblieben. In einigen Dörfern kamen uns Kinder entgegen, als sie unser Motorengeräusch hörten, aber nicht, um uns freundlich zu empfangen, sondern um Geld zu erbetteln. Sie wurden vermutlich von den Eltern vorgeschickt. Einige von ihnen haben unsere Türen aufgerissen und uns Steine hinterhergeworfen, wenn wir ihnen mal nichts gaben. Wir wussten nicht, wie wir mit dieser Situation umgehen sollten – ob es richtig ist, die Menschen zu ignorieren oder ihnen Kleinigkeiten unseres Hab und Guts zu überlassen, um Respekt gegenüber der fremden Kultur zu zollen.

Schreib mir doch gerne auf Instagram, wie du das Ganze siehst, das würde mich interessieren. Denn wir haben selbstverständlich nicht immer Antworten auf Fragen, die sich auf unseren Reisen ergeben. Wir möchten mit euch aber unsere persönlichen Erfahrungen teilen und eure Reiselust und Kreativität wecken. Meiner Meinung nach gibt es oft kein Falsch oder Richtig und es ist immer am besten, auf sein Bauchgefühl zu hören.

 Ouzoud
Wasserfall

 Camping/Auberge Zebra
Campingplatz
(etwas teurer und touristischer)

Hier sind wir endlich bei Sonnenuntergang angekommen und waren sofort begeistert. Der Wasserfall ist wunderschön!

Wir lassen an dieser Stelle fünf Wochen Marokko hinter uns, voller gemischter Gefühle und einzigartiger Momente. Diese Reise hat uns bisher mehr inspiriert als alle Reisen zuvor, sie hat uns an unsere Grenzen gebracht. Aber wir haben gespürt, dass es das ist, was wir wollen: Abenteuer und Länder erleben, die nicht jeder bereisen würde; bereit sein für gewisse Risiken, die unserer Meinung nach zum Leben gehören, und dennoch dabei stets einen klaren Kopf zu behalten.

Je länger wir in einem Land unterwegs waren, desto mehr konnten wir in die Kulturen eintauchen. Die unterschiedlichen Umfänge der Kapitel in diesem Buch sind übrigens auf die jeweilige Reisedauer in den vielen Ländern zurückzuführen – unser Ziel ist es nämlich, nur persönliche Erfahrungen weiterzugeben.

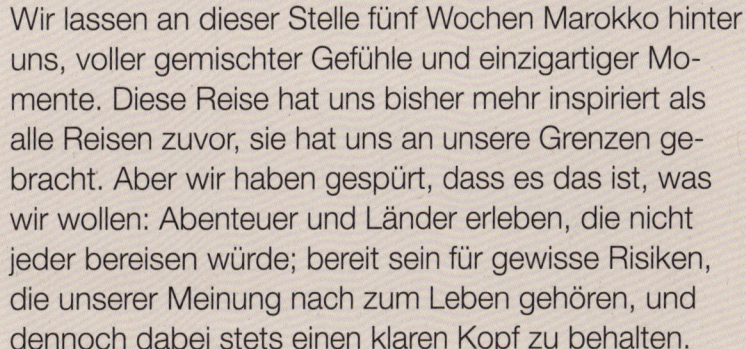

UND JETZT PLANE DEINE
EIGENE ABENTEUERREISE
DURCH MAROKKO.

Portugal
Unbeschreiblicher
Ausblick übers Meer

37°04'46.8"N 8°40'06.8"W

Zeitraum: Anfang Oktober 2018
Reisedauer: 3 Wochen
(wegen der langen Anreise sollte hier etwas mehr Zeit eingeplant werden)
Preisklasse: GÜNSTIG
Level: EASY
gefahrene Kilometer: ca. 5.400
Highlight: Höhlen und Klippen
Spots: 12

Portugal ist eines meiner absoluten Lieblingsländer, da hier noch mehr abgelegene Orte an Felsklippen mit einem unbeschreiblichen Ausblick übers Meer zu finden sind. **In Portugal ist für meinen Geschmack alles entspannter als in anderen Ländern,** auch das Übernachten außerhalb von Campingplätzen war hier entspannt. In der Abenddämmerung treffen ca. zwei bis vier Vans an einem einsamen Ort zusammen. Jeder lässt dabei natürlich genügend Abstand, um niemanden in der Privatsphäre zu stören. Trotzdem gibt die Nähe zu den anderen Vans immer ein Gefühl der Sicherheit. Das Meer ist rau und die meisten Surfspots sind wie auch in Spanien und Frankreich für Anfänger ohne Informationen über den jeweiligen Spot echt heikel. Wir empfehlen also, dich hier nicht einfach ohne Surflehrer auf das Meer hinauszuwagen, da die Strömung nicht zu unterschätzen ist.

Ein weiterer Vorteil Portugals sind definitiv die günstigen Preise. Die Anfahrt ist bei solchen Strecken immer das Teuerste der ganzen Reise. Wenn du erst einmal da bist, kommst du schon mit ganz wenig Geld eine lange Zeit aus. Wir sind die Westküste bis in den Süden nach Lagos gefahren. An der Algarve haben wir allerdings gestoppt, denn sie bedeutet Tourismus, den wir gerne meiden.

In Portugal kannst du dich auf viele Abenteuer freuen. So gibt es beispielsweise Höhlen, die nur mit einem Boot über das Meer zu erreichen sind, oder ein „Loch" in einem See inmitten des bergischen Inlands. Ich könnte noch weiterschwärmen, denn das Land ist auf jeden Fall die lange Anreise wert. Vor Ort gibt es viele Vananbieter, bei denen Fahrzeuge für eine gewisse Zeit zu buchen sind. Diese Möglichkeit ist allerdings nicht gerade billig, hier unterscheidet sich Portugal kaum von anderen Ländern.

WILDCAMPING PORTUGAL

Das Wildcamping mit dem Van ist in Portugal grundsätzlich verboten. Allerdings sind die Regelungen für das Wildcampen von der Region abhängig. Hierbei gelten die jeweiligen Camping- und Naturschutzgesetze. Daher hast du in Portugal nur eine Chance auf eine legale und idyllische Nacht inmitten der Natur – wenn du mit Zustimmung des Eigentümers auf dessen Privatgrundstück stehst.

Unsere Reisezeit: 3 Wochen

An- und Abreise
Sprit: 1.000 €
Maut: 420 €

Sonstige Kosten
Lebensmittel: 160 €
Sprit: 170 €
Maut: 20 €
Wäsche waschen und Auto putzen: 10 €

Total (pro Person): 890 €

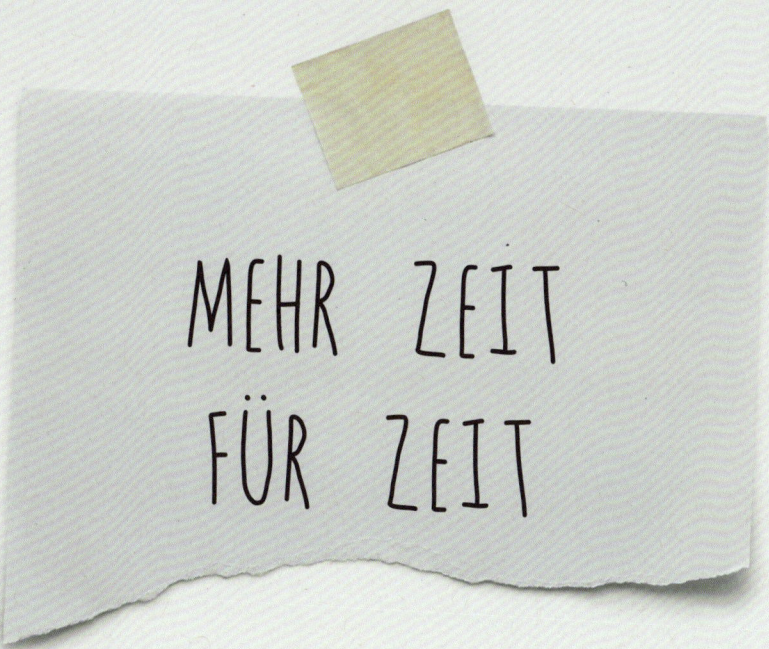

MEHR ZEIT
FÜR ZEIT

Ganz ohne
Erwartungen

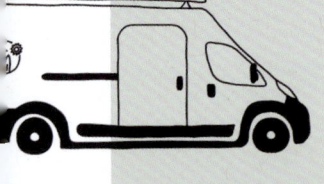

 Marreco Beach
Stellplatz
Rua da Agudela
4455 Matosinhos

Unsere Reise haben wir ganz ohne Erwartungen im Spätsommer 2018 begonnen. Ende September/Anfang Oktober sind die Temperaturen vor Ort einfach perfekt. Auf vielen anderen Roadtrips gab es oft ein „zu heiß" oder „zu kalt", dieses Mal jedoch war es für uns ideal.

Vor allem aufgrund der hohen Mautgebühren ist die An- und Abreise auf der langen Strecke nach Portugal recht teuer. Zudem solltest du etwas Zeit mitbringen, da sich der Aufenthalt unter fünf Tagen nicht lohnt. Ansonsten ist das Leben dagegen sehr günstig und du hast viele gute Möglichkeiten, kostenlose Stellplätze zu finden.

Tipp: In fast jedem Reiseland kannst du dir einen Camper auch mieten.

Auf der Suche nach
neuen Orten

covão dos conchos
Wandern
Serra da Estrela Natural Park
Rua 1 de Maio 2
6270 Seia

Meistens nutze ich die Zeit beim Fahren, um mich auf die Suche nach neuen Orten in der Umgebung zu machen. Bei Instagram stieß ich zufällig auf „covão dos conchos". **Es handelt sich hierbei um einen 48 Meter breiten und 4,6 Meter tiefen Krater, unter dem sich ein 1.500 Meter langer Tunnel befindet, der dem Wasseraustausch zweier Seen dient – des Ribeira das Naves und des Lagoa Comprida.**

Im Winter sieht es hier noch spektakulärer aus, weil dann riesige Wassermassen in den Abgrund stürzen. Parkmöglichkeiten gibt es im Parque Natural da Serra da Estrela direkt an einem kleinen Souvenirladen, in dem Jerry und ich uns eine kleine Korktasche zum Umhängen gekauft haben. Im Bereich der Korkproduktion ist Portugal weltweit führend. Mehr als 60 Prozent des Volumens der weltweiten Exporte stammen von hier.

Vom Souvenirladen im Parque Natural da Serra da Estrela aus kannst du ca. eineinhalb Stunden einem wunderschönen Wanderweg folgen, bis du an den See kommst.

Ich finde es immer schön, ein Tagesziel zu haben, auf das ich mich freuen kann. Das „Loch" im See solltest du dir unbedingt anschauen, aber sei vorsichtig – denn reinfallen möchte da niemand.

TIPP!

Casablanca Lounge Bar
Stellplatz
Rua da Praia Nova
3840-275 Gafanha da Vagueira

Am zweiten Morgen unserer Reise wurden wir von einem Besuch der örtlichen Polizei überrascht. Einer der Beamten wies uns freundlich darauf hin, dass wir auf einem Behindertenparkplatz stehen und diesen bitte umgehend verlassen sollten. Das entsprechende Schild hatten wir am Abend leider tatsächlich nicht gesehen und haben dann natürlich alles zusammengepackt und sind weitergefahren. Gerade in anderen Ländern möchten wir die Einwohner nicht verärgern oder einen schlechten Eindruck hinterlassen. Bisher ist in diese Richtung zum Glück auch alles gut gegangen.

Einzimmerfahrtwind | *Irgendwo immer zu Hause* | *#VanlifeDiaries*

Die riesigen
Wellen von Nazaré

Farol de Nazaré
Surfen
Largo do Elevador
2450 Nazaré

Nazaré ist ein Ziel, auf das wir uns schon lange gefreut haben. Mit seinen knapp 15.000 Einwohnern war der Ort bislang „nur" als Strandbad und Fischerort bekannt. Wer allerdings die riesigen Wellen von Nazaré noch nicht kennt, sollte sich für einen kleinen Vorgeschmack unbedingt Videos auf Youtube hierzu ansehen – die Bilder sind äußerst beeindruckend.

Beim **Farol de Nazaré** handelt es sich um ein geomorphologisches Unterwasserphänomen, es ist **die größte Unterwasserschlucht Europas.** Sie verläuft 170 Kilometer entlang der Küste und erreicht eine Tiefe bis zu 5.000 Metern.

Am 8. November 2017 surfte Rodrigo Koxa aus Brasilien eine 24,38 Meter hohe Welle. Du kannst dir das in etwa so vorstellen, als würdest du dich auf dem Surfboard von einem (rollenden) Hochhaus stürzen. Koxa schlug damit die bis dahin bestehende Höchstleistung im Guinnessbuch der Rekorde.

Es hängt natürlich von den Bedingungen ab, ob Big-Wave-Spots für Touristen attraktiv sind.

Die Saison ist offiziell zwischen Oktober und März, wobei hier die Voraussetzung für „Monsterwellen" ein starker und vor allem cleaner Swell* aus West oder Nordwest ist.

Der rote Leuchtturm ist der bekannteste Aussichtspunkt vor Ort, den du den Hügel hinunter auf den Klippen von Nazaré findest.

Wir haben die Energie vor Ort gespürt und an der Klippe mit Blick über das kleine Städtchen das Gefühl der Freiheit genossen. Wenn du dich fragst, ob wir hier auch zum Surfen ins Wasser gegangen sind, lautet meine lachende Antwort: „Nein!" Es ist wirklich unvorstellbar, dass Menschen solche Brecher surfen können. Selbst wenn die Wellen hier am Leuchtturm kleiner sind, ist die Strömung deutlich zu spüren und der Spot ist demnach nicht für Anfänger geeignet. Fazit: anschauen unbedingt – ins Wasser gehen besser nicht.

---

* Als Swell bezeichnet ein Surfer die ankommenden Wellen, die durch einen Sturm weit entfernt entstanden sind. Die Richtung, aus der der Swell kommt, ist für viele Surfspots von entscheidender Bedeutung. Wenn der Swell „clean" ist, brechen die Wellen sehr sauber, was ebenfalls für alle Surfer von Vorteil ist.

Strand mit
Felsformationen

Praia de Ursa
Ausblick
Parque Natural de Sintra-Cascais
Travessa da Barrada 5
2705 Sintra

Den Strand mit den unterschiedlichen Felsformationen rechts und links solltest du dir unbedingt ansehen. Um vor der Dunkelheit noch einen geeigneten Ort zum Übernachten zu finden, solltest du rechtzeitig aufbrechen, denn die Suche kann sich wirklich ermüdend gestalten. Es kam auf unseren Reisen vor, dass wir uns die Übernachtung hart verdienen mussten, insbesondere wenn wir höhere Ansprüche hatten und auf einen Meerblick nicht verzichten wollten. Es gibt zum Glück aber immer auch Tage, an denen das Finden eines guten Platzes kein Problem darstellt. So oder so wirst du irgendwann fündig, auch wenn du deine Ansprüche dafür manchmal ein klein wenig herunterschrauben musst.

ADVENTURE *awaits*

Einzimmerfahrtwind | *Irgendwo immer zu Hause* | *#VanlifeDiaries*

Traumhafter Blick über das Meer

Amado Beach
Stellplatz
Southwest Alentejo and
Vicentine Coast Natural Park
8670 Aljezur

Je weiter südlich du auf deiner Reise kommst, desto mehr kannst du dich auf einsame Stellplätze an Klippen mit traumhaftem Blick über das Meer freuen. Das Land ist unserer Meinung nach sehr gut auf Campervans ausgelegt, da wir selten Schwierigkeiten hatten, an Tankstellen Wäsche zu waschen oder den Wassertank mit frischem Trinkwasser von Brunnen in kleinen Städtchen aufzufüllen. Zudem sind die für unsere Verhältnisse günstigen Lebensmittel sehr attraktiv und gestalten die Reise angenehm.

Einzimmerfahrtwind | *Irgendwo immer zu Hause* | *#VanlifeDiaries*

HINTER DEM HORIZONT GEHT'S WEITER.

 Praia de Monte Clérigo
Surfen
Southwest Alentejo and
Vicentine Coast Natural Park
Estrada EN1003
8670 Aljezur

Am schönen Sandstrand Praia de Monte Clérigo war ich bereits einmal im Frühling 2017 in einem Surfcamp mit meiner Kickboxfreundin Lara. Der Ort hat mir besonders gut gefallen und ich wollte unbedingt noch einmal dorthin. Dieses Vorhaben lohnte sich, denn es hat sich noch eindrucksvoller als bei meinem letzten Besuch angefühlt. Das Gefühl, dass wir die ganze Strecke allein geschafft hatten, war überwältigend. Du wirst feststellen, dass es manchmal komisch ist, zu wissen, dass du nicht so schnell wieder daheim sein wirst. Vom Praia de Monte Clérigo sind es ca. 2.400 Kilometer bis nach Hause, das bedeutet 23 Stunden reine Fahrtzeit. Diese Dimension kann kein „normaler Mensch" an einem Stück bewältigen. Nicht nur aus diesem Grund ist es empfehlenswert, nicht allein zu reisen und euch so beim Fahren abwechseln zu können. Bei uns fährt zwar meistens Jerry, aber bei der An- und Abreise übernehme ich das Steuer natürlich auch mal.

520-064 Sines
Baden

Das kleine Städtchen Sines nahe dem Cabo de Sines liegt auf einem Felsen. **Eine historische Altstadt bietet einiges an Sehenswürdigkeiten sowie traumhafte einsame Strände vor und hinter der Stadt.**

Ich weiß noch genau, dass an diesem Strand weit und breit keine anderen Reisenden oder Einwohner zu sehen waren. Im Vergleich zu Spanien oder Frankreich ist Portugal touristisch deutlich unberührter. Da du speziell an diesem Küstenabschnitt mehr oder weniger tun und lassen kannst, was du willst, und du deine absolute Ruhe hast, gibt dir dieser Ort ein absolutes Gefühl von Freiheit.

Wir haben hier am Strand Muscheln gesammelt und uns daraus Ketten gebastelt. Ich finde es toll, dass Jerry auch für solche Dinge zu haben ist. Du wirst derlei Kleinigkeiten schätzen und lieben lernen, je länger du auf Reisen bist. Die Zeit, die du für deinen Partner oder deine Mitmenschen aufbringen kannst, und die vollkommene Harmonie, die ihr auf Reisen erlebt, sind unvergleichlich. Das klingt für viele zwar nach einer Traumvorstellung, doch wir können bestätigen, dass Reibereien und Differenzen auf Reisen im Van einen anderen Stellenwert haben – vielleicht, weil das Leben in dieser besonderen Zeit sehr viel stressfreier ist.

37°04'46.8"N 8°40'06.8"W

 Ponta Da Piedade
Ausblick
Estrada da Ponta da Piedade
8600 Lagos

Früh aufstehen lohnt sich für diesen Ort!
Bei der Ponta da Piedade (portugiesisch
„Spitze des Erbarmens") handelt es sich
um **eine 20 Meter hohe Felsklippen-
landschaft mit schönen Stränden und
Buchten.** Wir haben es geschafft, pünktlich zum Sonnenaufgang da zu sein und
so dem Touristenstrom zu entgehen, der
begann, als wir bereits wieder aufbrachen.
Der Ausblick ist einmalig!

Aussicht über traumhaften *Natursandstrand*

TIPP!

Praia da Marinha
Picknick
8400 Lagoa

Der Aussichtspunkt von Praia da Marinha heißt „Mira-douro Viewpoint" und bietet einen Parkplatz mit Bän-ken und Tischen, an denen du picknicken und dabei die Aussicht über traumhaften Natursandstrand genie-ßen kannst.

Besonders im Van habe ich gelernt, mir Zeit beim Es-sen zu lassen und unsere Mahlzeiten mit einem schö-nen Ausblick regelrecht zu zelebrieren.

Das Kochen im Van macht meiner Meinung nach mehr Spaß als zu Hause. Ich lege hohen Wert auf frische regionale Lebensmittel, wir versorgen uns daher aus-schließlich mit dem, was saisonal und eben in der Re-gion erhältlich ist. Ebenso wie mit den Lebensmitteln gehen wir im Van mit Geschirr und Besteck bewuss-ter um, da wir lieber weniger schmutzig machen, um weniger per Hand abspülen zu müssen. Solche Erfah-rungen lassen uns den Luxus von Spülmaschinen und ähnlichen elektronischen Geräten natürlich umso mehr schätzen lernen.

Einzimmerfahrtwind \ Irgendwo immer zu Hause \ #VanlifeDiaries

Lagos
Surfen
Algarve

Die **Hafenstadt** Lagos liegt **an der portugiesischen Algarve-küste.** Die Algarve ist die südlichste Region Kontinentalportugals und eigentlich die Ecke von Portugal, die wir aufgrund des erhöhten Tourismusaufkommens meiden wollten. Du wirst es gleich spüren: Die Strände sind voll von sonnenanbetenden Menschen, die einfach nur für ein paar Tage ihrem stressigen Alltag entfliehen wollen.

Die Landschaft hat ein paar besondere Spots zu bieten, weshalb wir trotz mancher Bedenken bis hierher vorgedrungen sind. Es war den Weg wert und wir sind mit kleinen Märkten und vorzüglichem traditionellem Gebäck und Kaffee überrascht worden.

Tipp: An allen Orten, die eine gute Anbindung zu einem internationalen Flughafen haben, musst du dich auf ein erhöhtes Touristenaufkommen einstellen, was bedeutet, dass sich die Suche nach einem ruhigen Stellplatz meistens als äußerst schwierig erweist.

Ein beeindruckender Ort am Strand

Benagil Cave
Abenteuer
Estrada EN1154
8400 Lagoa

Wer sich einmal Bilder von Portugal angesehen hat, hat die Benagil Cave sicher schon gesehen. Die Höhle ist **eine der beliebtesten Sehenswürdigkeiten an der südlichen Algarveküste.** Sie liegt direkt am Strand Praia de Benagil zwischen den Städten Albufeira und Portimao und ist nur mit einem Boot zu erreichen. Dies ist zum einen sehr teuer, zum anderen ist es schwierig, Fotos zu machen, ohne Touristen im Bild zu haben. Zum Zeitpunkt unseres Besuches war die Höhle zudem gesperrt, da die Wellen zu hoch waren. Da unser Motto aber bekanntermaßen lautet „Sag niemals nie" und es außerdem der letzte Abend war, bevor wir wieder nach Deutschland aufbrechen wollten, haben wir uns den Spot genauer angeschaut.

Den Weg zur Grotte sind wir zuerst mit unserer Drohne abgeflogen und haben uns währenddessen mit dem Bademeister über die Verhältnisse dieses Wasserweges unterhalten – um abwägen zu können, ob sich das kurze Stück (weniger als hundert Meter) über das Meer mit unseren Surfbrettern überqueren lassen könnte. Nach reiflicher Überlegung starteten wir schließlich das Abenteuer – mit Erfolg! Wir waren nicht wenig stolz, dass wir nun ganz allein an diesem beeindruckenden Ort stehen durften. Viel Zeit wollten wir trotzdem nicht verlieren, denn die Dämmerung begann bereits und die Wellen schienen größer zu werden.

Für solche Erlebnisse lohnt es sich, einen wasserdichten Packsack dabeizuhaben. So konnten wir unsere Handys und das Kameraequipment sicher verstauen und haben diesen einzigartigen Moment für die Ewigkeit und nicht nur in unseren Köpfen festgehalten.

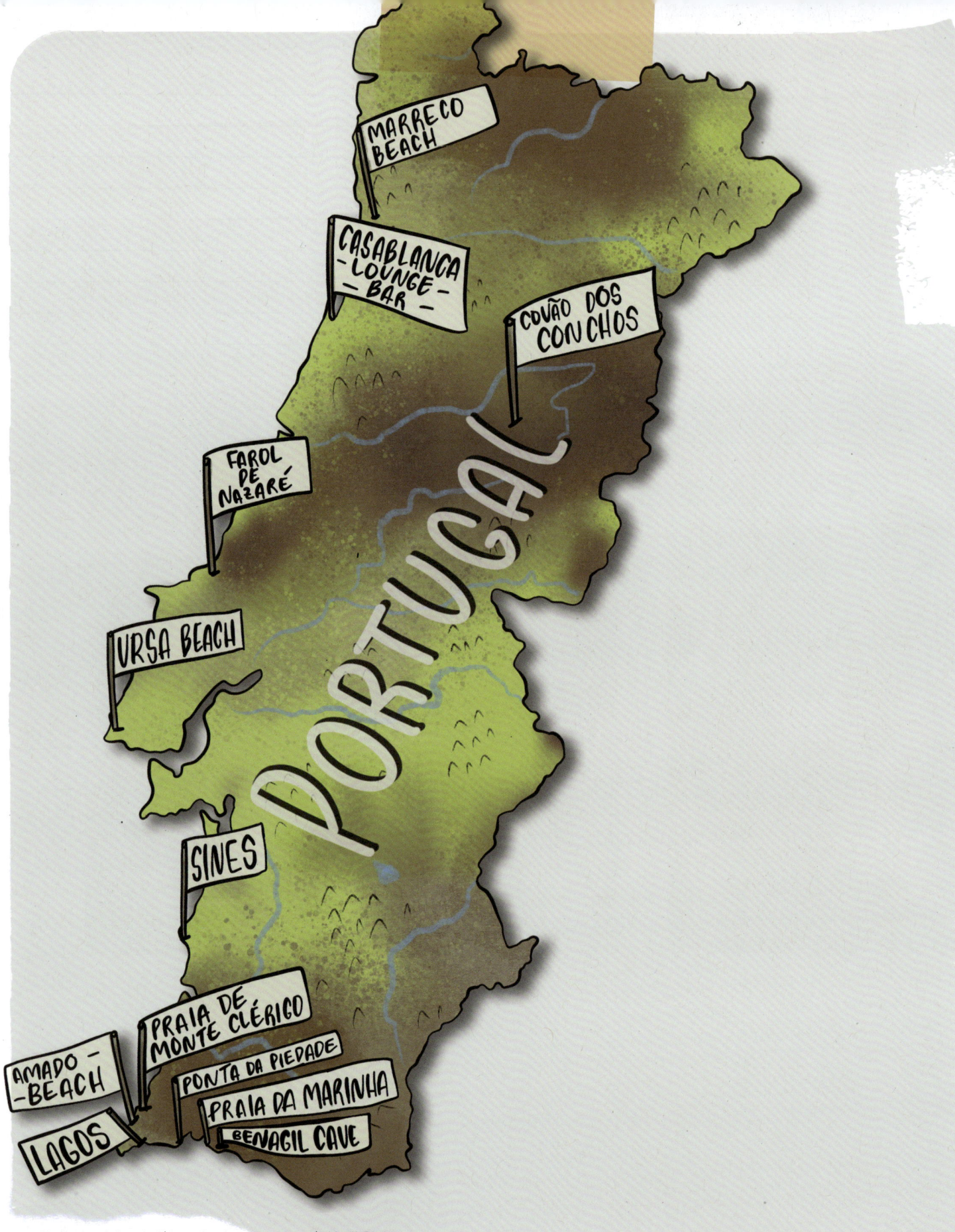

PLANE JETZT DEINE EIGENE REISE NACH PORTUGAL.

Spanien
hat unglaublich viel zu bieten

43°27′29.6″N -3°48′30.9″E

Zeitraum: April 2018
Reisedauer: 2 Wochen
(gut kombinierbar mit Frankreich und Portugal)
Preisklasse: MEDIUM
Level: EASY
(weil es mehr freie Flächen gibt)
gefahrene Kilometer: ca. 3.300
Highlight: saftig grüne Berge, die bis ans Meer ragen
Spots: 14

Wir lieben die Sprache und die Mentalität der Spanier. Hier waren wir bisher an der Westküste zum Surfen unterwegs, sind auf unserer Marokkotour quer durchs Land gefahren und an der Ostküste zurückgekommen.

Spanien hat unglaublich viel zu bieten. Im Norden rund um Bilbao ist es bergig und die Häuser erinnern zum Teil an Österreich. Im Inland und im Süden oder Osten dagegen ist die bekannte spanische Atmosphäre äußerst präsent.

Auch hier haben wir bei der Suche nach den perfekten Wellen tolle Orte zum Übernachten gefunden, die alle sehr facettenreich sind, und zwar sowohl mitten in einer Stadt als auch an einer einsamen Felsenbucht. Alle diese Orte sind wir mehrmals angefahren, so z. B. auf unserer Tour nach Portugal. – Spanien ist preislich günstiger als etwa Frankreich und hat ebenfalls beeindruckende ursprüngliche Orte zu bieten.

WILDCAMPING SPANIEN

Das Wildcamping mit dem Van ist in Spanien grundsätzlich verboten. Allerdings sind die Regelungen für das Wildcampen von der Region abhängig. Dabei gelten die jeweiligen Camping- und Naturschutzgesetze. So hast du in Spanien nur eine Chance auf eine legale und idyllische Nacht inmitten der Natur – wenn du mit Zustimmung des Eigentümers auf dessen Privatgrundstück stehst.

Unsere Reisezeit: 3 Wochen

An- und Abreise
Sprit: 600 €
Maut: 260 €

Sonstige Kosten
Lebensmittel: 300 €

Total (pro Person): 580 €

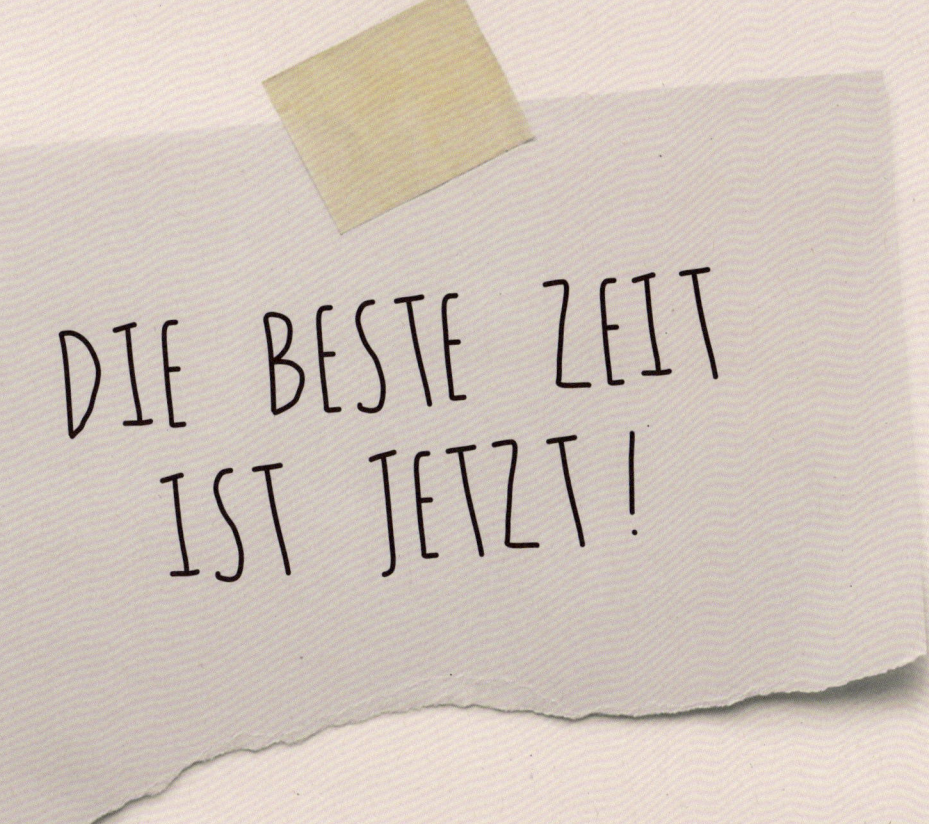

DIE BESTE ZEIT IST JETZT!

Dieses Land ist einfach wunderschön!

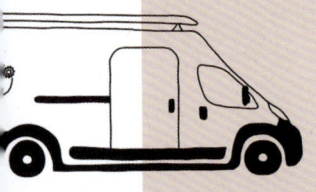

 Dieses Land ist einfach wunderschön! Du triffst auf offene und herzliche Menschen, erhältst Kaffee für 1,20 € und ein traditionelles spanisches Frühstück, z. B. Toast mit Olivenöl, geriebenen Tomaten und Salz, oder ein Gebäck, etwa ein Croissant, Muffin oder Churros*, für 3 €. Außerdem findest du eine traumhafte Natur und viele einsame Buchten.

Auf dem Weg weiter südlich in Richtung der portugiesischen Küste ist es alle paar Minuten möglich, abzufahren und sich immer an andere verlassene Buchten zu stellen. Zudem gibt es überall kleine spanische Supermärkte, in denen du frisches Obst und Gemüse ergattern kannst. Auch hier gilt natürlich: Wenn du dich an einen Ort stellst, an dem Häuser in direkter Nähe zu finden sind, frage am besten noch einmal nach, ob dies erlaubt ist. In der Nebensaison wird das Stehen auf freien Flächen auf jeden Fall geduldet und die Polizei kommt höchstens mal vorbei, um nach dem Rechten zu sehen. (Das sind allerdings nur unsere persönlichen Erfahrungen.)

---

* Churros sind ein iberisches Fettgebäck.

20003 Donostia-San Sebastian
Highlight
süßes Städtchen und Burg
Guipuzcoa

Hier kannst du einfach ein bisschen durch die Stadt schlendern und der alten Burg direkt am Meer einen Besuch abstatten.

Am

Playa de Laga

Playa de Laga
Surfen
48311 Ibarrangelu
Biscay

Am Playa de Laga haben wir einen ruhigen Stellplatz an einem sandigen Surfspot gefunden, der von Felsen und Klippen umgeben ist. Auf diesem Platz gibt es ansonsten nur ein Restaurant. Der nächste Supermarkt ist ca. 30 Minuten Fahrtzeit entfernt. Hier kommen nicht viele Autos entlang und eine kostenlose Dusche am Strand ließ unsere Herzen höherschlagen. An der Bushaltestelle stößt du auf eine natürliche Trinkwasserquelle: Das Wasser fließt aus den Felsen – es ist damit (auch) perfekt für die Füllung des Wassertanks, zum Duschen oder Kochen.

In der Offseason (Oktober bis Mai) kannst du am Playa auch mit der Höhe unseres Vans (2,80 Meter) umsonst stehen, in der Hauptsaison dagegen befindet sich eine Schranke vor dem Stellplatz. Dann bleibt als Standort nur noch der Straßenrand, eine von vielen Campern genutzte Möglichkeit.

43°24'34.3"N 2°39'18.2"W

Barrio de Likona, 38–39
Städtchen
48289

Hierbei handelt es sich um ein süßes kleines Fischerörtchen. Es lohnt sich auf jeden Fall, einmal stehen zu bleiben. Im Meer befinden sich Felsen, die das Wasser fontänenartig hochspritzen lassen. Bei stürmischem Wetter sieht das spektakulär aus.

Guter Surfspot
(für Fortgeschrittene):
Calle de San Pelaioko Bide Nagusia, 62 48130 Bakio Biscay

Bilbao
Surfen und Ausblick
Calle Solondota, 31A
48600 Sopela

In Bilbao kannst du von den Klippen aus die Surfer im Wasser beobachten. Wir standen auf einem Parkplatz direkt am Meer, umgeben von Einheimischen, die sich dort treffen, um den Sonnenuntergang gemeinsam zu genießen.

Da es in Bilbao einen Flughafen gibt, ist dieser Ort zwar gut besucht, aber für einen kleinen Stopp lohnt es sich allemal.

Kraftvolle
Wellen

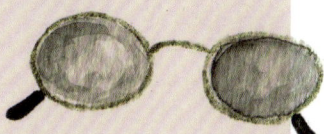

Beach La Salvaje
Surfen

Info: Jerry ist hier zum Surfen ins Wasser gegangen – und fast ertrunken, weil die Wellen einfach viel zu groß und stark waren und er die Verhältnisse vom Strand aus komplett falsch eingeschätzt hatte.

Denke daran: Von außen sehen die Wellen fast immer viel kleiner aus, als sie dann letztendlich sind. Da auch schon kleine Wellen in Frankreich und Spanien sehr kraftvoll sein können, sollten vor allem Surfanfänger dort lieber einmal mehr aufpassen und sich vorab Infos über den Spot einholen.

Atemberaubender Ausblick

TIPP!

Langre
Ausblick, Surfen
39160 Ribamontán al Mar

Von diesem Spot aus hast du einen atemberaubenden Ausblick über die Bucht Playa de Langre. Wir haben an dieser Stelle mit einem anderen Camper übernachtet und am nächsten Morgen kam die Polizei. Zum Glück wollten die Beamten nur wissen, wessen Wäsche draußen verteilt trocknete. Es ging also lediglich um ein optisches Problem. Dort für eine Nacht zu übernachten wurde geduldet, allerdings werden große Camps und Unordnung nicht gern gesehen.

In unmittelbarer Nähe befindet sich alternativ ein schöner Campingplatz. In der Hauptsaison kann das Ganze wieder anders aussehen, ebenso, wenn sich zu viele Camper an einem Ort versammeln. Um auf Nummer sicher zu gehen und keine Probleme mit dem Gesetz zu bekommen, würde ich das Übernachten auf einem Campingplatz empfehlen.

#VANLIFE

Einzimmerfahrtwind | Irgendwo immer zu Hause | #VanlifeDiaries

WIDEN YOUR WORLD.

Picknick
auf dem Jakobsweg

Loredo
Picknick
Barrio el Bosque, 37
39160 Ribamontán al Mar

In Loredo haben wir ein Picknick auf dem
Jakobsweg gemacht und freundlichen
Wanderern zugewunken. Gegenüber einer
grünen Wiese, die an steilen Klippen endet,
hast du einen tollen Blick über eine kleine
Vogelinsel, die unter Naturschutz steht. Dort
konnten wir beobachten, dass die Wasser-
polizei diesen Schutz auch gewährleistete –
zwei Männer rannten wie auf der Flucht
vom Meer weg an uns vorbei. Ein unvor-
hersehbares Abenteuer kann dich überall
überraschen.

Loredo
Campingplatz
Bajada a la Playa 19
39160 Loredo

Der Campingplatz liegt direkt am Strand und
dort ist es möglich, Wäsche zu waschen, zu
duschen oder im Städtchen ein Eis essen zu
gehen. Der wunderschöne Strand ist auch
für Surfanfänger gut geeignet.

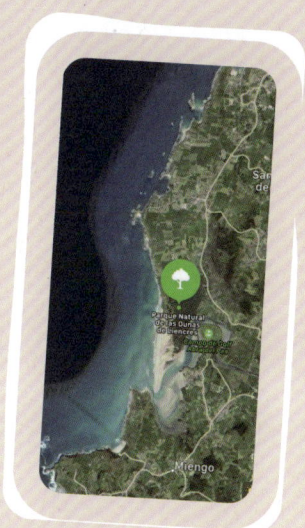

Parque Natural de las Dunas de Liencres
Stellplatz
39120 Piélagos

Der Parque Natural de las Dunas de Liencres ist **ein faszinierendes Naturschutzgebiet,** in dem du sogar Kite surfen kannst. Am Strand befindet sich ein kleines Restaurant. Für uns persönlich gab es dort allerdings für einen kompletten Tag zu wenig zu sehen, weswegen wir weitergefahren sind. Wenn du hier haltmachen möchtest, kannst du direkt am Strand parken.

Picnic

Santander
Stadt
Calle del Cardenal Cisneros, 14–16
39001 Santander

Santander ist einfach eine tolle Stadt: perfekt geeignet, um zu schlendern und dich von der spanischen Atmosphäre berieseln zu lassen.

Schneebedeckte Berge
am Atlantik

San Vicente de la Barquera
Highlights Naturpark, Ausblick und das Übernachten
Parque Natural de Oyambre
Valdáliga

San Vicente de la Barquera hat eine sehr schöne kleine Altstadt, die von einem riesigen Naturschutzgebiet umgeben ist. Du kannst im Atlantik zum Sonnenuntergang surfen gehen und siehst dabei die schneebedeckten Berge im Hintergrund. Das ist ein ganz besonderes Gefühl. In diesem großen Gebiet werden sich alle Naturliebhaber wohlfühlen. Überall sind Felder und gelbe Blumen zu finden, die teilweise direkt bis ans Meer wachsen. Du kannst wunderbar spazieren gehen, egal ob am Meer oder durch die Felder. Außerdem lässt es sich hier ganz entspannt für ein paar Euro auf Wiesen von Bauern übernachten. An unserem Platz fanden sich sogar – vom Bauern selbst gebaut – Dusche und Toilette.

Es ist etwas hügeliger, also achte darauf, dass du einen ebenen Stellplatz zum Übernachten findest.

Parque Natural
de Oyambre

Happy s

152/153 Spanien

nset sein

Auf Entdeckungstour am
Beach Sabugo

 Aviles
Stellplatz
33418 Gozón

Eine einsame Bucht in traumhafter Kulisse. Überzeuge dich selbst von diesem Ort.

 Luarca
Stellplatz
33792 Valdés

Am Beach Sabugo kannst du in einer recht einsamen Gegend mit kurzer Anfahrt super-entspannt mit deinem Camper stehen. Hier lohnt es sich, auf Entdeckungstour zu gehen – du wirst ganz sicher nicht enttäuscht werden.

 Algeciras
Campingplatz
11300 Cácliz Camping Sureuropa

Ganz im Süden von Spanien (auf dem Weg nach Afrika) haben wir in Algeciras auf einem kleinen Campingplatz übernachtet, um fit für das große Abenteuer auf einem fremden Kontinent zu sein. Am nächsten Tag ging die Reise dann frühmorgens mit der Fähre in einer ca. 45-minütigen Fahrt nach Marokko weiter.

Alles Wissenswerte zu diesem einzigartigen Roadtrip findest du im Kapitel „Marokko". Spanien hat uns verzaubert und gehört mit zu unseren Lieblings-Reisezielen mit dem Camper.

Faro
de Punt

PLANE DEINEN EIGENEN ROADTRIP NACH SPANIEN.

Frankreich

Gelbe Blumen, Pinienwälder und Surfen

44°53'15.5"N 1°12'49.3"W

FRANKREICH

Zeitraum: April 2017
Reisedauer: 10 Tage
Preisklasse: MEDIUM
Level: MEDIUM

gefahrene Kilometer: ca. 3.000
Highlights: gelbe Blumen, Pinienwälder und Surfen
Spots: 27 (insgesamt)

Unsere erste große Reise verlief im Frühling 2017 über Frankreich nach Spanien.

Jerry war kurz vorher bereits allein in diesen Ländern unterwegs und kannte daher schon ein paar richtig großartige Orte. Ich kann mich noch gut an die Nacht erinnern, in der wir bis Bordeaux durchgefahren sind und zum Sonnenaufgang auf einmal in einem wunderschönen Pinienwald direkt am Strand standen. Ich war so aufgeregt!

Der Duft im Pinienwald ist nicht zu beschreiben und der Strand ist perfekt für alle Surfer. Einmal waren die Wellen so hoch, dass der ganze Wald eingenebelt worden war. Als die Sonne langsam unterging und diesen Wassernebel anstrahlte, wirkte der Ort mit seinen gelben Blümchen am Wegesrand dann wie in einem Märchen. An diesem Tag war das Aufprallen der Wellen viele Hundert Meter in den Wald hinein zu hören. Diesen magischen Ort haben wir einige Zeit später noch einmal besucht.

WILDCAMPING FRANKREICH

*In Frankreich ist das Wildcamping mit dem Van grundsätzlich verboten. Allerdings gibt es Gemeinden, die gewisse Bereiche für das wilde Kampieren freigegeben haben. Diese Areale erkennst du an den jeweiligen Hinweisschildern „Camping reglementé – s'adresser à la mairie". Möchtest du also eine legale und idyllische Nacht in der Natur verbringen, bleibt dir nur die Möglichkeit, dein Nachtlager auf einem Privatgrundstück aufzuschlagen. Voraussetzung hierfür ist die Genehmigung der jeweiligen Eigentümer, die du direkt vor Ort nett ansprechen kannst.
(Genauere Infos auf Seite 183)*

Einzimmerfahrtwind | Irgendwo immer zu Hause | #VanlifeDiaries

Unsere Reisezeit: 14 Tage

An- und Abreise
Sprit: 500 €
Maut: 240 €

Sonstige Kosten
Lebensmittel: 200 €

Total (pro Person): 470 €

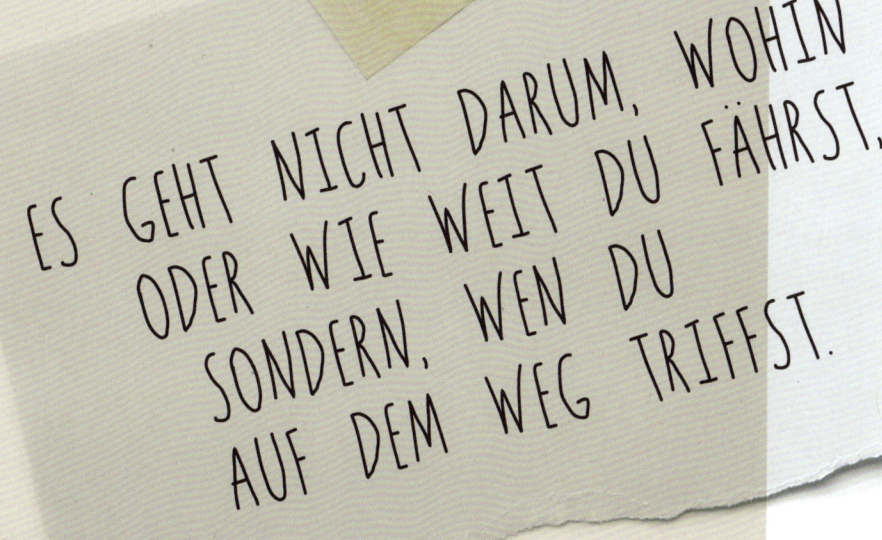

ES GEHT NICHT DARUM, WOHIN ODER WIE WEIT DU FÄHRST, SONDERN, WEN DU AUF DEM WEG TRIFFST.

Anreise über Bordeaux

Bordeaux Lacanau-Ocean
Surfen und Stellplatz

Strecke: bis Bordeaux ab Köln ca. 1.100 Kilometer und 10 Stunden reine Fahrtzeit. Kosten: 105 € Maut (dieser Posten ist mit einem kleineren Fahrzeug günstiger) + 120 € Sprit (wir tanken Diesel und der ist in Frankreich leider sehr teuer). Übernachtung: kostenlos (in der Hauptsaison musst du lediglich ein paar Euro pro Nacht bezahlen).

Hinweis: bedingter Zugang zu öffentlichen Toiletten oder Duschen

44°53'15.5"N 1°12'49.3"W

Der magische Pinienwald: Hierher sind wir oft gekommen, als wir auf dem Weg nach Spanien, Portugal oder Marokko waren. In diesem riesengroßen Pinienwald darfst du mit deinem Camper auf dem Wegrand übernachten und hast die Möglichkeit, dich mit vielen anderen coolen Reisenden auszutauschen. Natürlich kannst du dich aufhalten, wo du möchtest, denn hier gibt es freie Platzwahl. Wenn du kein Interesse an neuen Kontakten und einem Austausch hast, sondern die Zweisamkeit bevorzugst, dann kannst dir hier auch ein ruhiges Plätzchen suchen und ein gemütliches Lager aufbauen.

Rund um Lacanau sind einige schöne Orte zu finden, jedoch sind die Dünen sehr hoch und oftmals befinden sich Wohnsiedlungen in Strandnähe. Abseits von diesem Pinienwald ist es schwer, einen ruhigen Stellplatz direkt am Meer zu finden. Wer sich jedoch damit zufriedengibt, sich an einen Waldrand zu stellen, wird in dieser Umgebung keine Probleme haben.

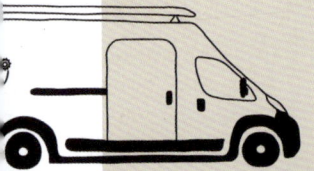

wild & free

Orte, an denen du sonst nur flüchtig vorbeifahren würdest ...

Plage de Contis

 **Contis Plage**
Surfen und Natur
40170 Saint-Julien-en-Born

Auf unseren Reisen fahren wir meistens einen bestimmten Ort an und halten uns in dieser Gegend einige Zeit auf, bevor wir weiterreisen. Du wirst sehr schnell spüren, ob du dich in der gewählten Gegend wohlfühlst oder nicht. In der Ecke von Bordeaux haben wir uns aufgrund der vielen Pinienwälder sehr schnell sehr wohlgefühlt. Beim Reisen mit dem Van geht es nicht darum, in kürzester Zeit viele Kilometer zu fahren, sondern sich bei allem etwas mehr Zeit zu lassen. Orte, an denen du sonst nur flüchtig vorbeifahren würdest, können die schönsten Plätze der Erde werden, wenn du ihnen die Chance dazu gibst und auch hier einmal innehältst.

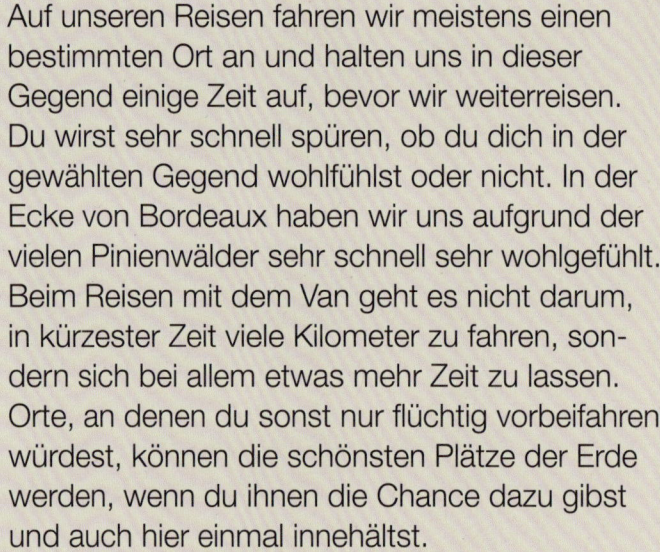

Das Örtchen Contis Plage, ca. 110 Kilometer südlich von Bordeaux, bietet alles, was einen entspannten Urlaub ausmacht. Während es am Strand einige Bars und Restaurants gibt, welche die Touristen magisch anziehen, findest du daneben sehr viel unberührte Natur.

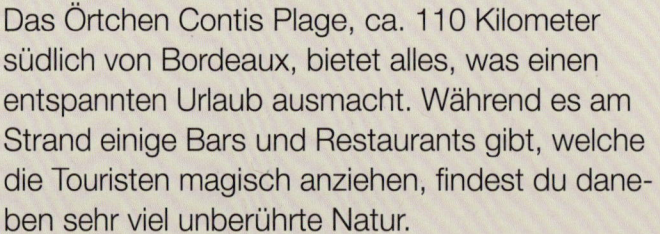

Entspannung am ruhigen Strand

Impasse d'Aquitaine
Picknick
40530 Labenne

Auf unserem Weg nach Afrika picknickten wir in der Impasse d'Aquitaine in Strandnähe. Du kannst deinen Van hier auf einem Parkplatz abstellen und den ruhigen Strandabschnitt genießen. Bis zum nächsten Spot ist die Fahrtzeit nicht lang, sodass du hier ein wenig entspannen kannst, bevor die Reise weitergeht.

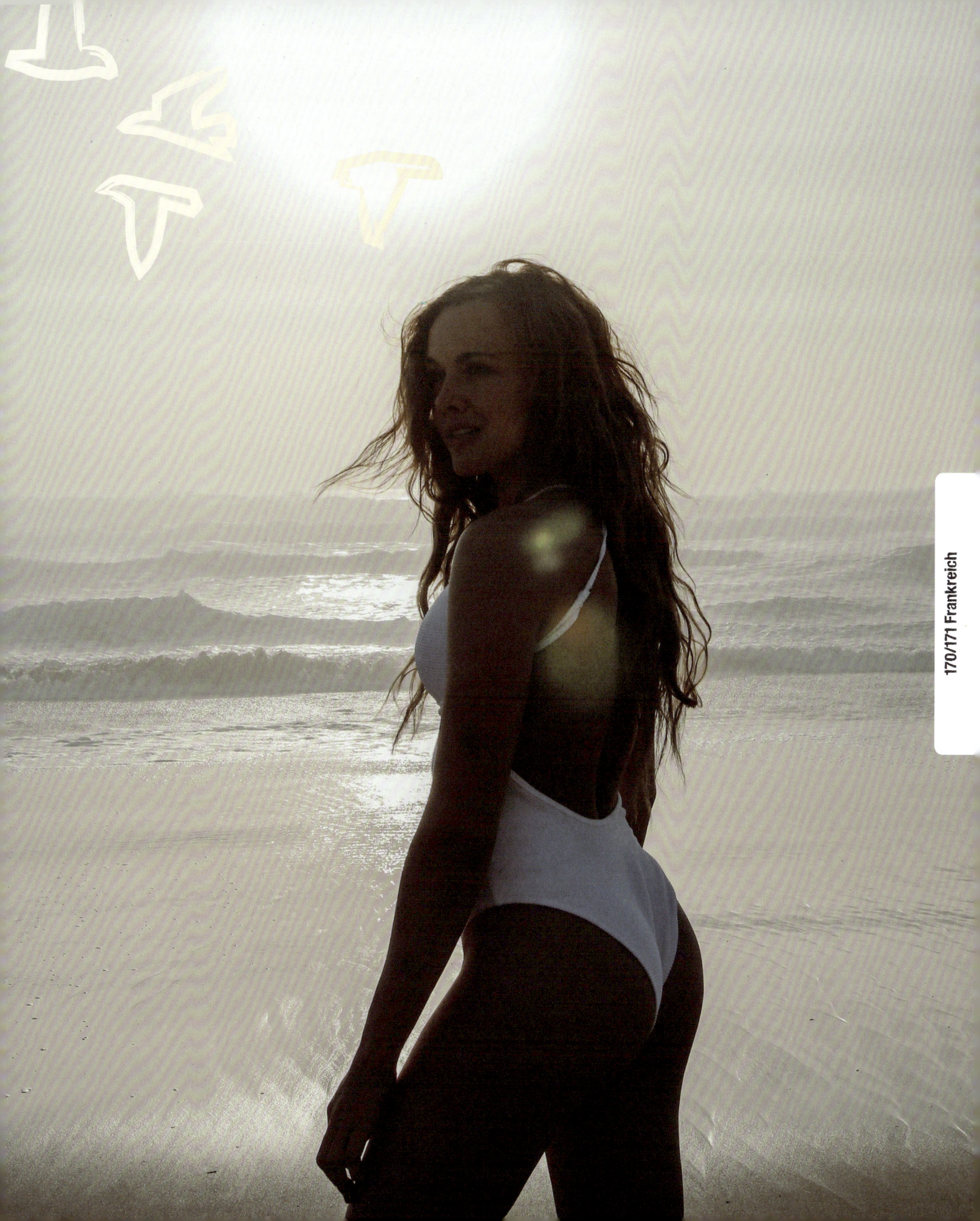

von *Biarritz...*

Abschnitt: Biarritz bis Bidart

Auf diesem Abschnitt der Reise reiht sich eine Bucht an die nächste. Es gibt viele großartige Surfspots in der Nähe von kleinen Städtchen. Mache dich also selber auf die Suche nach deinem individuellen Stellplatz und lass dich von der Schönheit überraschen.

Biarritz
Stellplatz
12 Avenue de Notre-Dame
64200 Biarritz

Die Avenue de Notre-Dame ist eine Seitenstraße direkt am Meer. **Von hier aus kannst du auf einen der bekanntesten Surfspots von Biarritz schauen.** Es gibt außerdem schöne einheimische Cafés und Restaurants, in denen wir hervorragende Backwaren erhielten. Abends tranken wir mit den Locals (Einheimische) Wein. Natürlich sind auch einige Supermärkte in der Nähe und es gibt die Möglichkeit, viele andere Surfer aus der ganzen Welt zu treffen und sich mit ihnen auszutauschen. Wenn dir also die Mischung aus französischer Altstadt und ein wenig Trubel gefällt, bist du hier genau richtig.

Aussichtspunkt Biarritz
Sonnenuntergang
Esplanade du Port Vieux
64200 Biarritz

Um dir einen wunderschönen Sonnenuntergang anzuschauen, kannst du vom Stellplatz aus entspannt an der Strandpromenade entlanglaufen oder mit dem Skateboard fahren und kommst zu dieser kleinen Bucht am Plage du Port Vieux. Hier kannst du auf großen Steinen sitzend die Wasserfontänen beobachten und dabei die Abendsonne bis zur Dämmerung genießen.

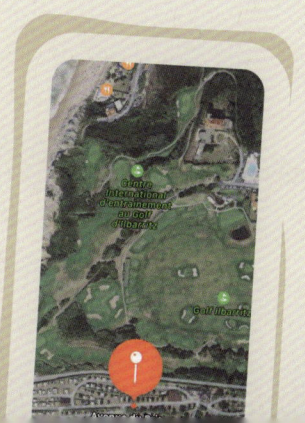

Avenue du Prince de Galles
Campingplatz
64210 Bidart

Direkt am Strand neben einem Golfplatz befindet sich ein Surfspot. Von hier aus sind ebenfalls wunderschöne Sonnenuntergänge zu erleben.

...bis *Bidart*

Bidart
Surfen
Jetée des Alcyons
64210 Guéthary

Strecke: 2,5 Stunden weiter südlich von Lacanau liegt der kleine gemütliche Hafen von Bidart. Kosten: 30 € Maut

Hinweis: Zugang zu einer öffentlichen Dusche und Toilette

Um unbekannte Orte zu entdecken und die Gegend zu erkunden, schauen wir oft über „Google Maps", wo wir gerade sind und ob es in der Nähe einen ruhigen Platz zum Übernachten geben könnte. Für eine bessere Ansicht kannst du in der App oben rechts auf das Ausrufezeichen drücken und die Karteneinstellung auf „Satellit" ändern. Nun siehst du genau, wo eine Einfahrt ist, und kannst sogar jeden einzelnen Busch erkennen.

Mit dieser Variante weißt du zwar nicht hundertprozentig, ob die Gegend noch so aussieht, aber du kannst sicherstellen, dass du nicht auf privaten Grundstücken stehst oder die Stellplätze durch Zäune oder Schranken zugangsbeschränkt sind.

Alle Eventualitäten lassen sich beim Reisen nicht berechnen und das ist auch gut so. Aus ebendiesem Grund reisen wir gerne so: Es gibt immer einen Platz für den schönen Zufall.

Avenue d'Espagne
Surfen
64210 Bidart

Wir standen in Bidart an einem kleinen versteckten Hafen auf einem Parkplatz direkt am Meer. Oberhalb des Hafens gibt es einen kurzen Strandabschnitt, an dem du in der Offseason verweilen kannst, egal wie groß dein Camper ist. Zudem findet sich dort ein wunderschöner Sandstrand, der sich perfekt zum Surfen eignet.

Besuch im Fischerort

Saint-Jean-de-Luz
Angeln, Surfen und Städtchen, Strandpromenade

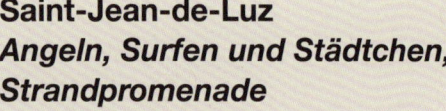
50–60 Promenade Jacques Thibaud
64500 Saint-Jean-de-Luz

Saint-Jean-de-Luz ist ein Dorf mit sehr schönen Restaurants. Der kleine Ort lebte früher vom Fischfang. Durch die meterhohen Wellen hat sich das Örtchen mit der Zeit zu einem Surfer-paradies entwickelt. **Die Altstadt ist geprägt von beeindruckenden Barock- und Art-déco-Villen,** die sich durch Gässchen und entlang der Strandpromenade ziehen.

In diesen Gässchen kannst du traditionelle Produkte wie Tourons (Kuchen), Chorizo (Paprikawurst) und die typischen Espadrilles (Strohslipper) kaufen.

Vom Bahnhof ist eine direkte Reise nach Paris und von dort aus nach Deutschland möglich. Dies bietet die Möglichkeiten, die Gegend mit dem Rucksack zu erkunden oder auch mal Besuch aus Deutschland zu empfangen.

78–84 Boulevard Thiers
Stellplatz
64500 Saint-Jean-de-Luz

Dieser Stellplatz liegt direkt in einer kleinen Hafenbucht, von der sämtliche Restaurants schnell zu erreichen sind.

Corniche d'Urrugne
Aussichtspunkt
103–269 Chemin d'Etzan
64122 Urrugne

Wenn du die Küstenstraße bis zum nächsten Spot Hendaye weiterfährst, kommst du zu einem nächsten kleinen Highlight: Corniche d'Urrugne. **Der Ausblick von hier ist großartig, um ein paar Fotos zu machen.** Verbinde deinen Besuch mit einem Mittagessen inklusive eines traumhaften Ausblickes über das Meer.

Hendaye-Plage Aquitaine
Surfen und Städtchen
Plage d'Hendaye

Hinweis: Zugang zu öffentlichen Toiletten

Am Plage d'Hendaye konnten wir direkt auf einem Parkplatz in Strandnähe stehen bleiben. Da die Promenade am Strand verläuft, ist es hier nicht ganz so ruhig und idyllisch. Trotzdem hat der Ort eine großartige Atmosphäre zu bieten und ist mit den anderen Spots nicht zu vergleichen.

Zudem hat uns hier der Surfspot gut gefallen. Dieser liegt an einem langen Strandabschnitt mit einem tollen Blick auf die Stadt – die perfekt ist, um ein paar Einkäufe zu erledigen oder einfach nur durch die Gassen zu schlendern. Durch den hohen Durchgangsverkehr macht es zudem Spaß, sich in den Van zu setzen und die Menschen und das Treiben zu beobachten

AN DIESER STELLE MÖCHTE ICH KURZ AUF DAS THEMA MÜLL AUFMERKSAM MACHEN:

Auf unserer ersten Vanreise haben wir angefangen, uns intensiv mit dem Thema Umweltverschmutzung zu beschäftigen. Da unser Zuhause auf Reisen der Van ist, möchten wir es natürlich auch um uns herum sauber haben. Sicher wirst du sehr schnell viel sensibler und bewusster im Hinblick auf das Thema Müll. Mach dir dein eigenes Bild, wenn du unterwegs bist. Den Unrat wirst auch du leider garantiert nicht verfehlen können.

Nordfrankreich

Pink Lake und Grand Canyon

48°38'15.4"N 1°30'35.4"W

Zeitraum: Juli/August 2020
Reisedauer: 1 Woche
Preisklasse: MEDIUM
Level: MEDIUM

gefahrene Kilometer: ca. 5.500
Highlights: außergewöhnliche Natur
und gewaltige Gezeitenunterschiede
Spots: 19

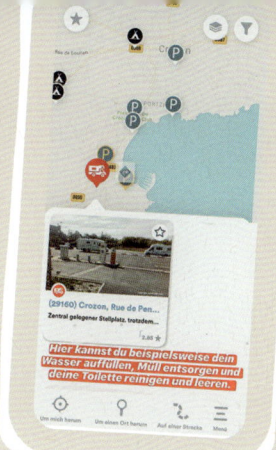

Aufgrund der Covid-19-Pandemie in diesem Jahr wollten wir uns für unsere nächste Reise nicht ganz so weit von Deutschland entfernen. Wir entschieden uns daher für einen **Roadtrip nach Nordfrankreich**. Einhergehend mit unserem Wunsch, endlich mal wieder zu surfen, machten wir uns auf zu den wunderschönen Landschaften in der **Normandie und** der **Bretagne**.

WILDCAMPEN IN FRANKREICH

Das Wildcampen ist auch in Frankreich nicht erlaubt. Hier gibt es jedoch viele freie Stellplätze, an denen Leute mit ihrem Camper übernachten; an einigen lässt sich also über Nacht „parken". Du darfst jedoch kein festes Lager aufbauen: Markise, Stühle, Teppich und alles Weitere sollten deswegen im Van verstaut bleiben.

Natürlich stehen wir gerne fernab von Campingplätzen, allerdings benennen wir hier bewusst keinen dieser Orte als Schlafplatz. Außerdem könnten sich, insbesondere in diesen Zeiten, Regeln und Situationen in den jeweiligen Regionen ändern, sodass unsere Schilderungen hinfällig würden.

Folgend werde ich diese Orte als „Stellplatz" bezeichnen, denn tagsüber kannst du dort offiziell stehen und meistens findest du für die Nacht einen nahe gelegenen Campingplatz. Wer also an den genannten Standorten übernachten möchte, geht die Gefahr einer möglichen Strafzahlung auf eigenes Risiko ein. Ich kann euch nur von individuellen Erfahrungen berichten: Wir hatten in Frankreich kein einziges Mal Probleme mit der Polizei, dem Ordnungsamt oder den Einwohnern. Auch standen wir nie irgendwo allein, sondern immer mit mindestens zwei anderen Campern.

Es ist generell sinnvoll, mit den Leuten vor Ort Rücksprache zu halten. Auf diese Weise erhält man zudem detaillierte Informationen zu den einzelnen Standorten.

Für uns war das Bereisen von Frankreich äußerst angenehm, denn überall gibt es frei zugängliche Stationen, die fürs Campen ausgelegt sind. Dort kannst du Wasser auffüllen, deine Toilette leeren und Wäsche waschen. Meistens befindet sich in der Nähe dann auch direkt eine Tankstelle, eine Autowaschstraße, ein Supermarkt, ein Baumarkt und/oder eine Station für neue Gasflaschen. Viele „Camperstationen" werden dir beispielsweise in der App „park4night" angezeigt.

Unsere Reisezeit: 5 Wochen

An- und Abreise
Sprit: 220 €
Maut: 200 €

Sonstige Kosten
Lebensmittel: 370 €
Sprit: 150 €
Maut: 20 €
Ausflüge: 50 €
Wäsche waschen: 50 €
Campingplatz: 20 €
Ölwechsel und neue Gasflasche: 130 €
Essen gehen und sonstiger Luxus: 190 €

Total (pro Person): 700 €

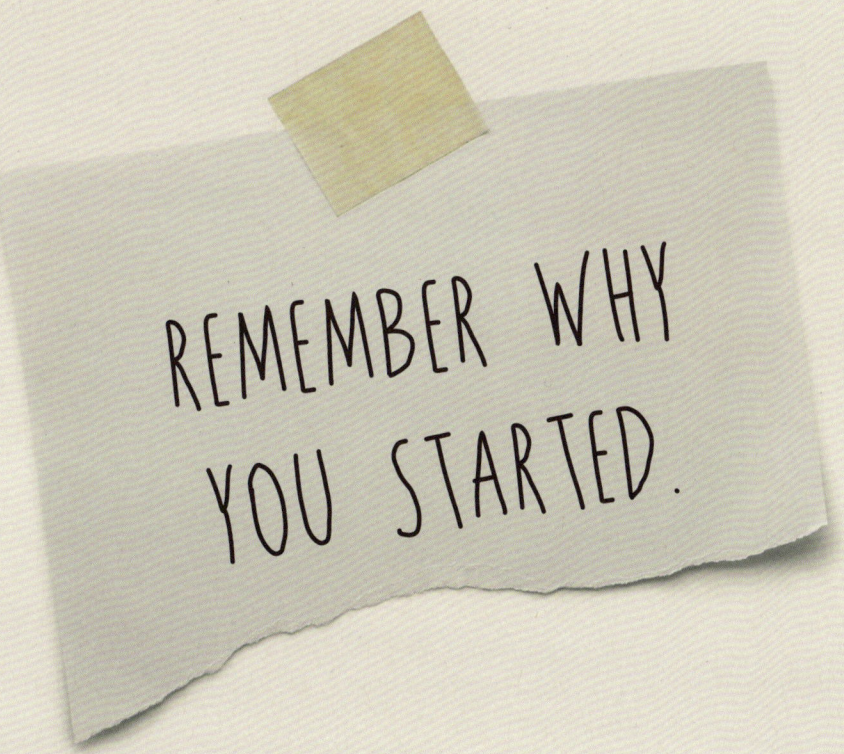

REMEMBER WHY YOU STARTED.

Steile Felsenklippen
mit toller Aussicht

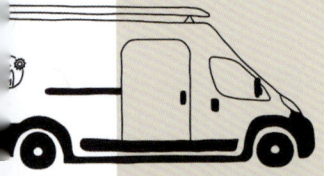

 Étretat
Ausblick

Die kleine Gemeinde Étretat ist bekannt für ihre steilen Felsklippen, ihre Kreidefelsen und ihre außergewöhnlichen Felsformationen mit Höhlen sowie tollen Aussichten aufs Meer – also genau nach unserem Geschmack. In dem kleinen Städtchen findest du Restaurants, Cafés und kannst dir Kajaks oder Stand-up-Paddel (20 €/Stunde) ausleihen und auf der Route du Havre gibt es einen Wohnmobilstellplatz. Von da sind es zehn Minuten bis zum Strand. Alternativ, in der Nähe: der Campingplatz Municipal d'Étretat. Die Felsklippen eignen sich für einen ausgedehnten Spaziergang. Einige Camper hatten ihre Zelte dort aufgeschlagen. Der Ausblick ist einfach wunderschön und bietet einen perfekten Einstieg für deine Reise.

Geheimtipp: Am Leuchtturm Phare d'Antifer erwartet dich ein weiterer traumhafter Stellplatz – ebenfalls direkt an den Klippen.

Einzimmerfahrtwind | Irgendwo immer zu Hause | #VanlifeDiaries

Étretat – Höhle
Ausblick

Keine Sorge, du musst nicht klettern, um in diese Höhle zu gelangen. Es führt ein gut begehbarer Weg an den schönen Steilklippen (und am Golfplatz) vorbei, von der Stadt aus brauchst du ca. 30 Gehminuten. Auch hier ist der Ausblick gigantisch. Für Leute mit Höhenangst ist nun der Zeitpunkt gekommen, ihre Ängste zu überwinden ...

Eine kleine *Insel* im *Wattenmeer*

 **Le Mont-Saint-Michel**
Ausblick + Campingplatz

 Das damalige Kloster ist mitten im Wattenmeer auf einer kleinen Insel erbaut worden, ca. 1.000 Meter vom Festland entfernt. Schon von Weitem ist die Le Mont-Saint Michel zu bestaunen, die jährlich 3,5 Millionen Besucher anzieht. Alles ist sehr gut ausgeschildert und organisiert. Es gibt zahlreiche Parkmöglichkeiten (die Kosten hierfür liegen bei ungefähr 4 € für einen halben Tag), und Shuttlebusse bringen dich vom Parkplatz im Zehnminutentakt zur Insel. Zu Fuß dauert es ca. 30 Minuten. Ich empfehle dir, genug Zeit einzuplanen, damit du in Ruhe durch die Gassen schlendern und dich vom einzigartigen Flair verzaubern lassen kannst. Wir waren gegen 20 Uhr dort und konnten so den größten Menschenandrang umgehen.

Zur Sommerzeit findet hier abends eine Art Lasershow statt (Eintritt ca. 15 €), die du dir bis 23 Uhr ansehen kannst. Zahlreiche Campingplätze sind vorhanden, besonders ansprechend fanden wir den Campingplatz **Aire de Camping Car du Mont Saint-Michel/Beauvoir,** weil du hier für 16,50 € 24 Stunden lang stehen kannst und der Check-in eigenständig erfolgen kann. Dadurch sind Ankunfts- wie Abreisezeit flexibel, du kannst also frei entscheiden, wann du kommst oder gehst. Der Platz sieht äußerst gepflegt aus, einziger Nachteil sind die fehlenden Sanitäranlagen.

Ein weiteres Highlight lässt sich bei Vollmond beobachten, wenn die Springflut kommt und sich alle umliegenden Wassergräben mit Wasser füllen. Es ist ein Phänomen, das sich nur wenige Male im Jahr ereignet. Falls du daran interessiert bist, merke dir für den nächsten Vollmond unbedingt den Termin vor (Infos im Netz).

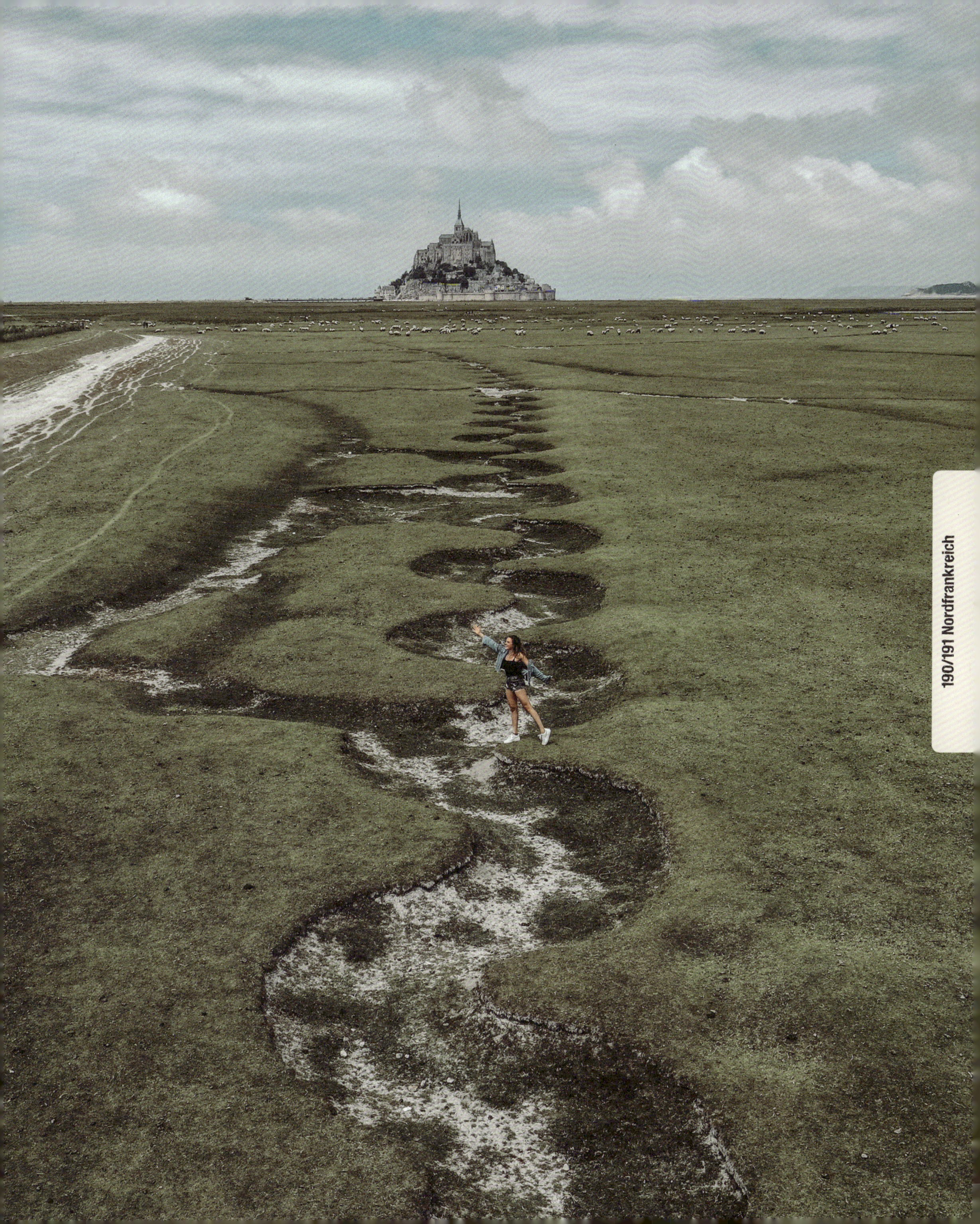

Spaziergang am Meer

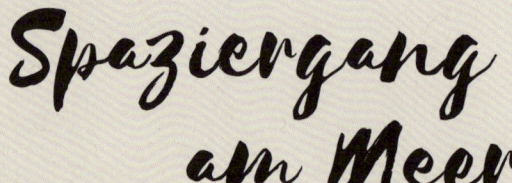

Cap Frehel
Wandern + Campingplatz
22240 Plévenon

Für einen Spaziergang am Meer kannst du gleich am Leuchtturm parken. Die breiten Badebuchten und **rauen Felsklippen** mit den **gelben und lilafarbenen Blümchen** verleihen diesem Ort etwas ganz Besonderes. Wir haben auf dem **Camping Municipal** genächtigt. Eine Übernachtung ohne Strom hat uns gerade mal 13,70 € gekostet, auch war für die Nutzung der Sanitäranlagen kein Aufpreis zu zahlen. Die Gebäude sind zwar etwas in die Jahre gekommen, der riesengroße Platz mit seinen vielen Bäumen und Grünflächen sieht dennoch gepflegt aus.

Jeder darf sich seinen Schlafplatz aussuchen. Als wir dort waren, war der Campingplatz zwar gut besucht, hatte aber ein gemütliches Flair. Vor allem die freie Platzwahl hat uns gefallen, und das gleich am Meer! Wer Lust auf einen kleinen Zockerabend hat, kann sein Glück im nahe gelegenen Casino in der Stadt Sables-d'Or-les-Pins versuchen. Hier solltest du auch den besten Handyempfang haben.

Glasklare Sandbucht

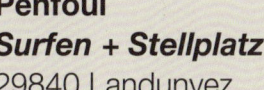
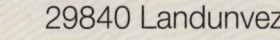

Penfoul
Surfen + Stellplatz
29840 Landunvez

Von Cap Frehel erreichst du in ca. zweieinhalb Stunden diesen ruhigen, verschlafenen Ort mit Surfschule und türkiser glasklarer Sandbucht. Die Wellen dort sind für jedes Level geeignet, abhängig natürlich immer von der Jahreszeit sowie von der Größe der Wellen. Du kannst von da aus weiter an der Küste entlangfahren, ab Étretat ist ein Ort schöner als der andere.

Tipp: Sehenswert an der gesamtem Alabasterküste sind Ile de Noirmoutier, der Campingplatz Belle Vue bei Les Pieux, Les Amiets und Perros-Guirec.

La Palue
Surfen
29160 Crozon

Die Wellen waren in La Palue endlich wieder groß genug, um sich mit dem Surfbrett ins kalte Nass stürzen zu können. **Junge Surfer aus aller Welt** treffen sich dort, schlagen an ihren Campern ihre Lager auf, hören laute Musik, feiern und surfen, ohne asozial oder aufdringlich zu wirken. Als Alternative gibt es aber auch ruhige Plätze. Wunderbar an La Palue ist, dass du fast Wellengarantie hast und deinen Camper an den Klippen abstellen kannst – mit Blick auf das wilde Meer und über die bunte Landschaft, die übersät ist von lila und gelben Blumen.

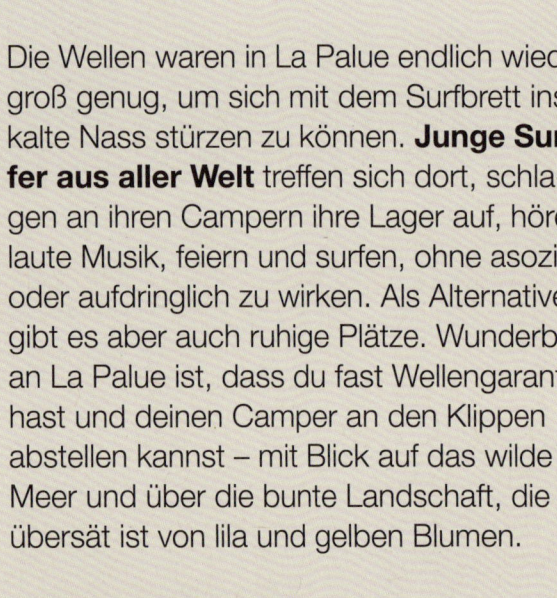

Raue Naturschönheit auf der Halbinsel

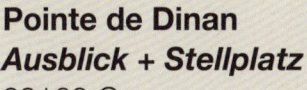

Pointe de Dinan
Ausblick + Stellplatz
29160 Crozon

Wer **raue Naturschönheit und faszinierende Felsformationen** mag, ist auf der Halbinsel Pointe de Dinan genau richtig. Der Sonnenuntergang bringt die schönen Sträucher mit den lila Blüten zum Strahlen. Es ist wohl Sommerheide bzw. Besenheide. Hier kannst du stundenlang mit Blick aufs Meer spazieren gehen. In der Nähe befindet sich außerdem ein Hafen (Adresse: 9029 Quai Kador – 29160 Crozon).

Jerry mag es, sich morgens frische Brötchen beim Bäcker zu holen oder am frühen Abend tiefenentspannt durch das Städtchen zu schlendern. Deswegen haben wir uns für einen Tag hier in den Hafen gestellt, um schnell alles mit dem Longboard erreichen zu können. Du kannst einige Aktivitäten buchen, etwa eine Kajaktour zu den umliegenden Höhlen und Klippen. Für alle, die wie wir von unterwegs arbeiten: Der Empfang in Pointe de Dinan ist wesentlich besser als an all den anderen abgelegenen Orten um diesen Ort herum.

Plage de l'Aber
Stellplatz
29160 Crozon

Wenige Minuten von Pointe de Dinan entfernt erreichst du diesen tollen Stellplatz. Der großzügige Parkplatz wird hauptsächlich von Campern angefahren; einige bleiben über Nacht, die meisten jedoch fahren zu einem der nahe gelegenen Campingplätze, wenn die Dunkelheit einbricht.

Camping de l'Aber
Campingplatz
50 Route de l'Aber
29160 Crozon

Dieser Campingplatz hat uns in der Gegend am besten gefallen, da er einen schönen Blick über das Meer und die Lagune bietet. In der Lagune ist Schwimmen verboten, um Tiere und Natur zu schützen. Zum Abschalten und Entspannen ist der Ort traumhaft.

Ebbe und Flut

Info
Good to know:

Warum sind Ebbe und Flut nicht überall gleich stark?
Für dieses Phänomen ist die Anziehungskraft von Sonne und Mond verantwortlich, denn diese wirkt auf die Erde und auf das Wasser der Ozeane ein. Die Erde dreht sich innerhalb von 24 Stunden um sich selbst und deswegen verschiebt sich im Laufe der Zeit die Lage der Gezeitenwellen: Es entstehen Ebbe und Flut.

Das Wasser kann nicht überall gleich stark auf die Kräfte der Gezeiten reagieren. Entscheidend für den Unterschied sind der Abstand der Himmelskörper, die Neigung der Umlaufbahnen und in welchem Winkel Mond und Sonne zueinander- und zur Erde stehen. Besonders hoch steigt die Flut bei Vollmond, wenn Sonne, Erde und Mond auf einer Linie liegen. Auch die Ebbe fällt zu dieser Zeit besonders niedrig aus.

Warum laufen manche Küsten meterhoch an und andere dagegen nie?
Auch hier spielen mehrere Faktoren eine Rolle: Die Verbindung von kleineren Meeren zu Ozeanen, beispielsweise die Nordseeverbindung zum Atlantik, verstärken die Aktion der Gezeitenkräfte. Zudem entscheiden die Formen der Küsten und des Meeresgrundes über Ebbe und Flut. Das Wasser staut sich dort auf und dadurch ist der Pegelstand am Ende des Trichters deutlich höher. Nicht zuletzt sind starke Ströme für die Wasserstände ausschlaggebend.

So leicht und unbeschwert

🌙 **Plage de Trez Bellec**
Übernachten
29560 Telgruc-sur-Mer

Wir wollten weiter die Gegend erkunden und fuhren südlich der Küste entlang bis zu unserem nächsten Stopp Telgruc-sur-Mer. Dieser Ort ist gefühlt ein Platz nur für Camper, der sehr charmant ist und darüber hinaus an einem gepflegten Strandabschnitt liegt. Hier gibt es einige schöne Restaurants mit traumhaftem Blick über das Meer.

Damit ist wieder einmal alles gegeben, was das Camperherz höherschlagen lässt. Nordfrankreich hat uns bereits zu diesem Zeitpunkt überzeugt. **Nirgendwo sonst war das Reisen mit dem Van so leicht und unbeschwert:** Die Gegend ist nahezu perfekt für Reisende mit fahrendem Zuhause.

Plage Kervigen
Abenteuer

Schiffswrack im Watt
481A Kervijen 29550 Plomodiern

Für uns war dieser Strand ein High-light – denn bei Ebbe erscheint hier im von Algen bedeckten Untergrund ein Schiffswrack im Watt! **Es ist ein unvergleichliches Gefühl, abseits der touristischen Hotspots solch traumhafte Orte zu finden,** die wir nur durch Zufall entdeckt haben. Jerry wollte an diesem Abend eigent-lich gemütlich im Van eingekuschelt bleiben, aber mein ständiger Drang, neue Gegenden zu erkunden, hat uns schon oft positiv überrascht.

Der Strandabschnitt wird überwiegend von Einheimischen besucht, daher ist es hier sehr ruhig (und es befindet sich eine Toilette gleich am Parkplatz).

Camping de la Plage de Treguer
Übernachten

Plage de Sainte-Anne Plonévez-Porzay

Etwas weiter hast du eine ganze Aus-wahl an Übernachtungsmöglichkeiten direkt am Meer. Auf dem Camping de la Plage de Treguer befindet sich sogar ein Schwimmbecken, das eine willkommene Abwechslung zum Ba-den im Salzwasser bietet.

Übernachten
am Meer

Plage de la Baie des Trépassés
Übernachten und Surfen
Pointe Du Raz
29770 Plogoff

In der Bretagne ist ein Ort schöner als der andere und **innerhalb von wenigen Fahrminuten kann die Landschaft sehr abwechslungsreich werden.** In der Bucht von Trépassés (übersetzt: hinter dem Horizont) wird das freie Übernachten am Meer offiziell geduldet, was wohl an folgender Geschichte liegt, wie uns die Einheimischen vielfach versicherten: An diesem Ort sollte einst ein Atomkraftwerk gebaut werden. Um das zu verhindern, hatten sich hier Hunderte von Menschen aus der ganzen Welt versammelt und gezeltet. Der Protest gegen das Kraftwerk konnte so gewonnen werden und das Örtchen unberührt schön bleiben. Um die Dankbarkeit für diesen Erfolg auszudrücken, sind bis heute alle Camper herzlich willkommen. Die Wahrhaftigkeit dieses „Berichts" kann ich zwar nicht bestätigen, ziemlich rührend klingt er gleichwohl. Die Bucht hat eine weitere Überlieferung zu bieten: An der Baie des Trépassés sollen der Sage nach die Kelten ihre Verstorbenen nach Île-de-Sein verschifft haben. Île-de-Sein ist eine ganz kleine Insel, auf der heute ca. 250 Einwohner leben.

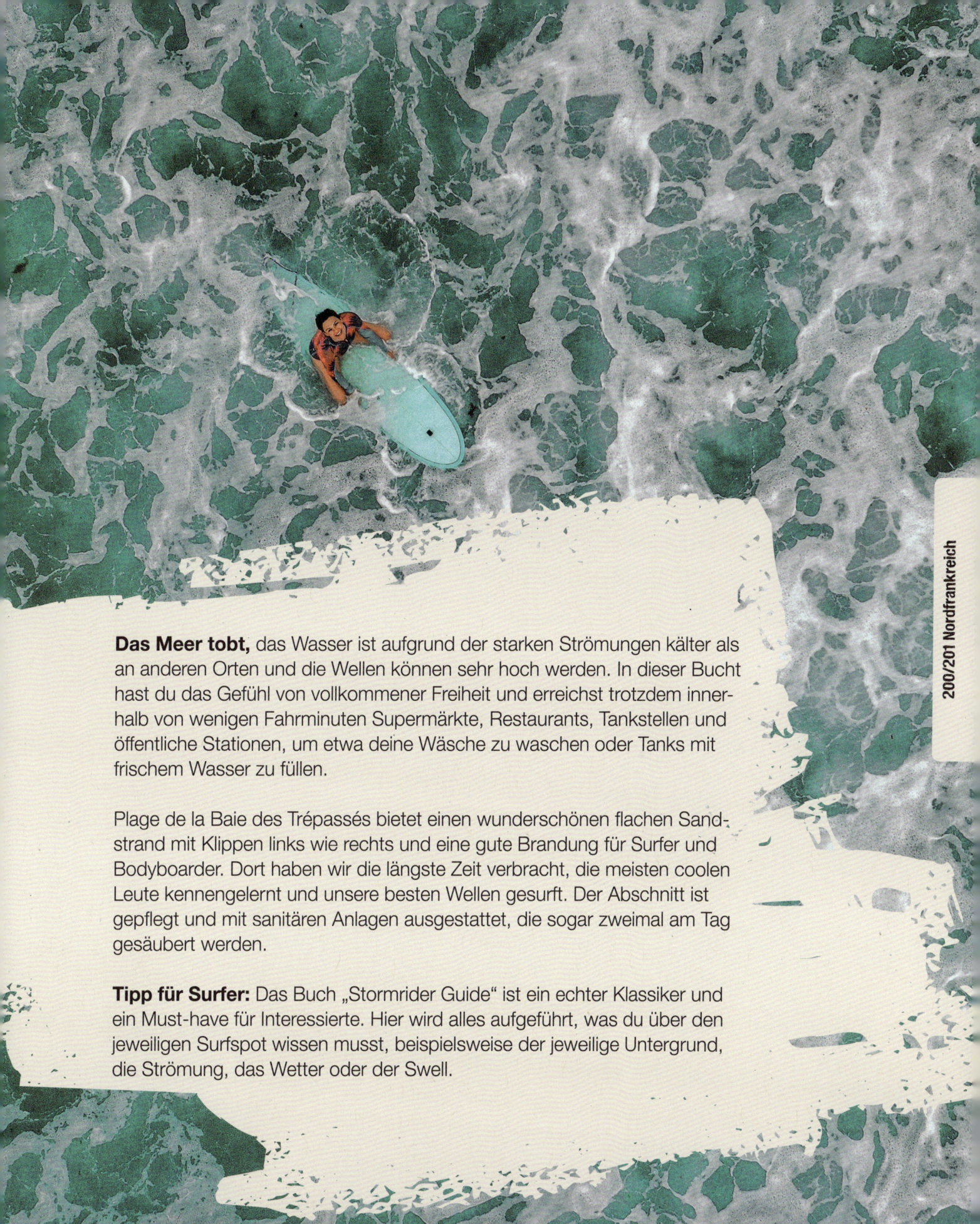

Das Meer tobt, das Wasser ist aufgrund der starken Strömungen kälter als an anderen Orten und die Wellen können sehr hoch werden. In dieser Bucht hast du das Gefühl von vollkommener Freiheit und erreichst trotzdem innerhalb von wenigen Fahrminuten Supermärkte, Restaurants, Tankstellen und öffentliche Stationen, um etwa deine Wäsche zu waschen oder Tanks mit frischem Wasser zu füllen.

Plage de la Baie des Trépassés bietet einen wunderschönen flachen Sandstrand mit Klippen links wie rechts und eine gute Brandung für Surfer und Bodyboarder. Dort haben wir die längste Zeit verbracht, die meisten coolen Leute kennengelernt und unsere besten Wellen gesurft. Der Abschnitt ist gepflegt und mit sanitären Anlagen ausgestattet, die sogar zweimal am Tag gesäubert werden.

Tipp für Surfer: Das Buch „Stormrider Guide" ist ein echter Klassiker und ein Must-have für Interessierte. Hier wird alles aufgeführt, was du über den jeweiligen Surfspot wissen musst, beispielsweise der jeweilige Untergrund, die Strömung, das Wetter oder der Swell.

Durch Zufall
gefunden

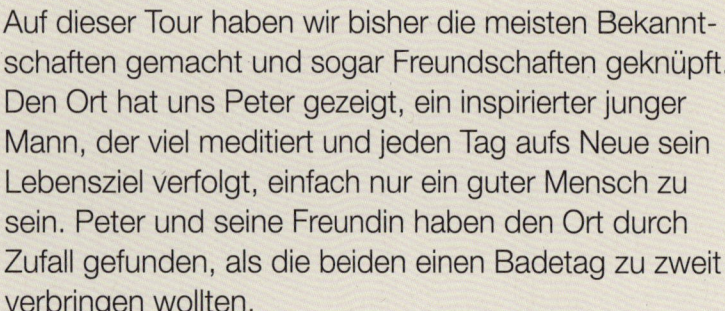

 **Pointe Du Raz**
Baden
Kleiner Hafen
29770 Plogoff
48,0279 −4,6961

Auf dieser Tour haben wir bisher die meisten Bekanntschaften gemacht und sogar Freundschaften geknüpft. Den Ort hat uns Peter gezeigt, ein inspirierter junger Mann, der viel meditiert und jeden Tag aufs Neue sein Lebensziel verfolgt, einfach nur ein guter Mensch zu sein. Peter und seine Freundin haben den Ort durch Zufall gefunden, als die beiden einen Badetag zu zweit verbringen wollten.

In Pointe Du Raz triffst du auf nur wenige einheimische Fischer und das herrlich klare Wasser lädt zu einem Sprung ins kalte Nass ein.

48°01'41.2"N 4°41'46.1"W

„Bali-Feeling"

 427 Penharn
Baden
29770 Cléden-Cap-Sizun

„Bali-Feeling auf dem Weg in die kleine Badebucht"

Steinige Klippen in einem tosenden Meer, eine hügelige Landschaft, bedeckt mit saftig grünem Farn, und die Wetterverhältnisse können sich von jetzt auf gleich ändern. In Nebel eingehüllt wirkt alles zauberhaft. Bei strahlendem Sonnenschein und blauem Himmel erinnerte mich dieses Grün an Bali. Der kleine stark bewachsene Pfad zur wunderschönen Bucht wird von schroffen Felsen umringt. Für mich ist der Ort mit seinem tropischen Touch ein Traum.

Gleichzeitig werden wir Penharn aufgrund einer unserer schlimmsten Erfahrungen im Laufe unserer Reisen nicht so schnell vergessen: Im Van brannte es plötzlich! Zum Glück konnten wir das Feuer schnell entdecken und löschen! Mehr dazu im Kapitel „Kochen im Van".

Einzimmerfahrtwind | Irgendwo immer zu Hause | #VanlifeDiaries

DISCOVER MORE.

Gemütlicher kleiner
Campingplatz

Farm Bed and Breakfast Kerguidy Izella
Campingplatz
3 Impasse de Kerguidy Izella,
Kerguidy-Izella, 29770 Plogoff

Farm Bed and Breakfast Kerguidy Izella ist ein
gemütlicher kleiner Campingplatz. Der Besitzer
ist superfreundlich, alles wirkt familiär und gepflegt und du hast die Möglichkeit, in einem
Hotelzimmer zu übernachten (wenngleich mal
ohne spektakulären Ausblick).

Hier durften wir für 2 € unsere Wassertanks
auffüllen.

Stang ar Liou
Baden
29720 Plovan

Hier flachen die Steilklippen ab, du findest endlos weite Strände und Stellplätze, die dir das kostenlose Übernachten ganz ohne Ärger mit der Polizei ermöglichen. Wenn du einmal Lust verspürst auf einen romantischen Filmabend, kannst du dir mit einem simplen Beamer, einem Laptop und einem weißen Bettlaken dein persönliches Kinoerlebnis in den Van holen.

Reiseabenteuer
am Lagerfeuer

Kermenhir
Übernachten
29710 Plozévet

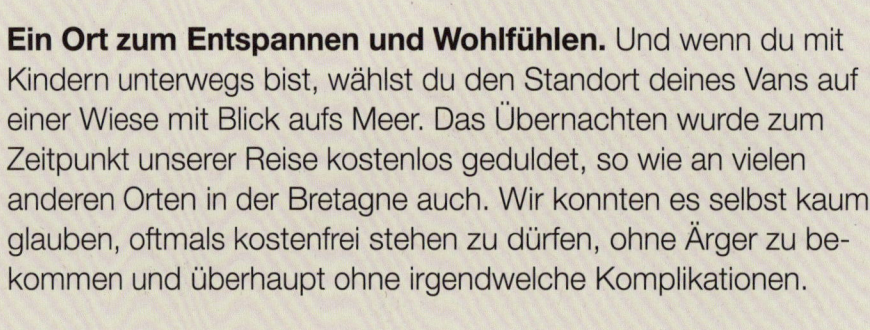

Ein Ort zum Entspannen und Wohlfühlen. Und wenn du mit Kindern unterwegs bist, wählst du den Standort deines Vans auf einer Wiese mit Blick aufs Meer. Das Übernachten wurde zum Zeitpunkt unserer Reise kostenlos geduldet, so wie an vielen anderen Orten in der Bretagne auch. Wir konnten es selbst kaum glauben, oftmals kostenfrei stehen zu dürfen, ohne Ärger zu bekommen und überhaupt ohne irgendwelche Komplikationen.

Hier haben wir uns mit Freunden getroffen, die ebenfalls im Van unterwegs waren. Wir standen mit vier Campervans an einem wunderschönen Ort direkt am Strand und haben uns am Lagerfeuer bei selbst zubereitetem Essen unsere Reiseabenteuer erzählt – genau für solche Momente sind Jerry und ich unterwegs!

Auch das gemeinsame Kochen macht auf Tour Freude: Jeder hilft und steuert Zutaten bei, die er gerade noch auf Vorrat hat, jeder benutzt sein eigenes Geschirr, da alle natürlich nur begrenzt Platz im Van haben. Alles ist unbeschwert, es entwickelt sich ein Gefühl eines besonderen Miteinanders fernab von jeglichem Konkurrenzdenken.

Ich bin unglaublich dankbar dafür, auf Reisen die Ehre gehabt zu haben, solch außergewöhnlichen und charakterstarken Menschen begegnet zu sein.

Ein
einzigartiges Erlebnis

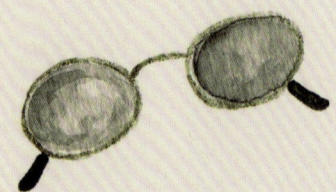

Passage du Gois
Ausblick
Rue du Gois – Le Ménitres
85230 Beauvoir

Das Highlight an diesem Ort ist eine Straße, die bei Flut im Meer verschwindet, während du sie bei Ebbe mit dem Fahrrad oder mit dem Auto überqueren kannst; von oben sieht es dann so aus, **als wäre es möglich, über das Wasser zu laufen.** Vor der Straße findest du eine Anzeige über die jeweiligen Zeiträume, in denen ihr Befahren erlaubt ist.

Erneut ein einzigartiges Erlebnis! Meistens entdecke ich diese Spots spontan, d. h., wenn wir schon auf Reisen sind. Daher ist das detaillierte Planen von Routen für mich manchmal etwas überbewertet; dies im Gegensatz natürlich zu zeitlich begrenzten Trips, in denen es weniger leicht möglich ist, Dinge entstehen zu lassen, etwa fremde Kulturen kennenzulernen – denn dazu braucht es überall auf der Welt Zeit.

Feedback Bretagne:
Die Bretagne hat uns so gut gefallen, weil die ständige Suche nach Erlebnissen immer belohnt wird. Egal welchen Spot wir aus Lust und Laune angefahren sind, wir wurden positiv überrascht. Es gab keine Höhenbegrenzer oder Verbotsschilder, die uns in anderen Ländern oft die Durchfahrt zu schönen Orten versperrten, und auch die Einheimischen sind uns stets freundlich begegnet. Einige kleinere „Secret-Spots" liste ich hier bewusst nicht auf, um deren einzigartiges Flair zu bewahren – und vor allem, um das von uns gegebene Versprechen zu halten gegenüber den Menschen, die sie uns empfahlen: Sie wollen diese „geheimen Plätze" keinesfalls öffentlich publiziert wissen.

Weiter südlich – unser Ziel ist PINK

Eine *kleine Pause*

 Plage de la Torche
Surfen
6–62 Kogell Reunaour
29120 Plomeur

Unser Ziel lag ganz im Süden Frankreichs. Hierher hatte es uns eigentlich nur verschlagen, um eine kleine Pause einzulegen und unseren letzten Surf vor der Heimreise zu genießen. Irgendwie war es ungewohnt, plötzlich keine wilden Felsen mehr um sich zu haben. Wie immer aber hat alles seine Vor- und Nachteile. Am nächsten Morgen hatten wir beide nämlich einen richtig guten Flow beim Surfen – wahrscheinlich auch, weil wir wussten, dass es vorerst das letzte Mal sein würde. Wermutstropfen Plage de la Torche: Der Ort ist sehr touristisch.

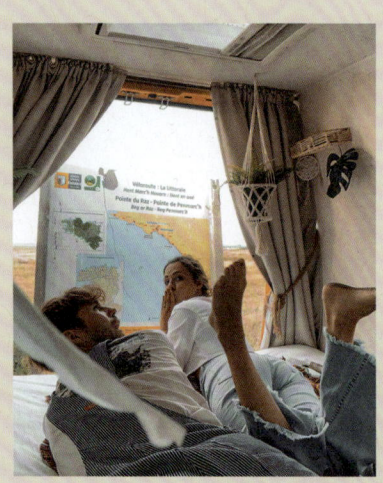

BEACH
life

Überwältigender Anblick
auf leuchtendes Wasser

 Salin de Giraud
Ausblick
Pink Lake
Office de Tourismus 36 Rue d'Arles 13129 Arles

„Das weiße Gold"

Salin de Giraud habe ich letztes Jahr durch Zufall auf einem englischen Blog gefunden und seitdem hatte der Ort eine Art magische Anziehungskraft auf mich. Wir nahmen also die zwölf Stunden Anfahrt ganz in den Süden von Frankreich dafür gerne in Kauf – und wurden belohnt: durch einen überwältigenden Anblick auf leuchtendes Wasser, das einem schon von Weitem ins Auge sticht.

Auf dem riesigen Gelände wird in unterschiedlichen Becken wie noch vor 2.000 Jahren Salz gewonnen. Durch die Sonne und die Algen färbt sich das Wasser rosa, pink, rot oder leicht orange, und an seiner Oberfläche sind feine Salzkristalle sichtbar. An heißen Tagen erwärmt es sich auf 40° C. – Du kannst unbesorgt sein, das salzige Wasser ist nicht schädlich für die Haut (würde aber natürlich in offenen Wunden höllisch brennen).
Wegen der Größe des Areals empfehle ich dir, ein Fahrrad zu mieten oder im besten Fall mit deinem eigenen Rad das Gelände zu erkunden. Nimm dir mindestens einen halben Tag Zeit und pack dir genug Proviant und Sonnencreme ein.

Die Adresse des Tourismusbüros ist oben angegeben, dort kannst du dein Eintrittsticket für den Pink Lake für 12 € erwerben und außerdem Fahrräder (für denselben Preis) für einen halben Tag ausleihen, um damit über das 5.000 Hektar große Gelände zu düsen.

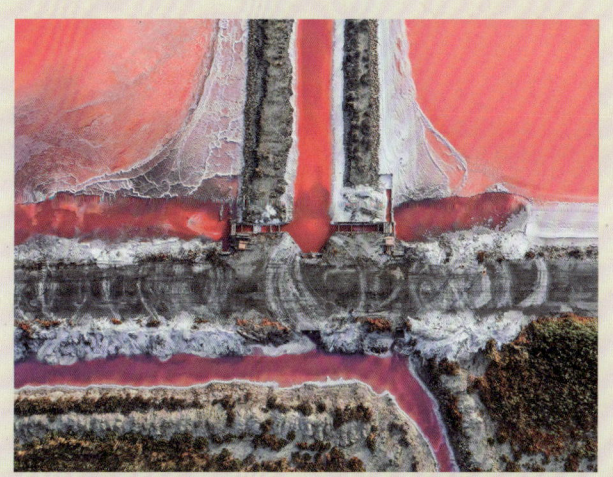

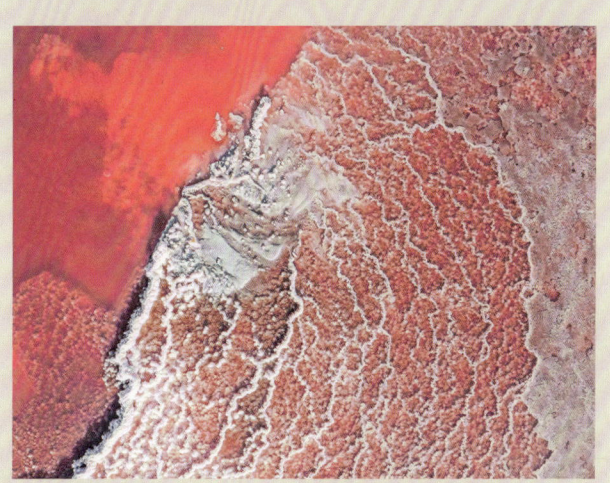

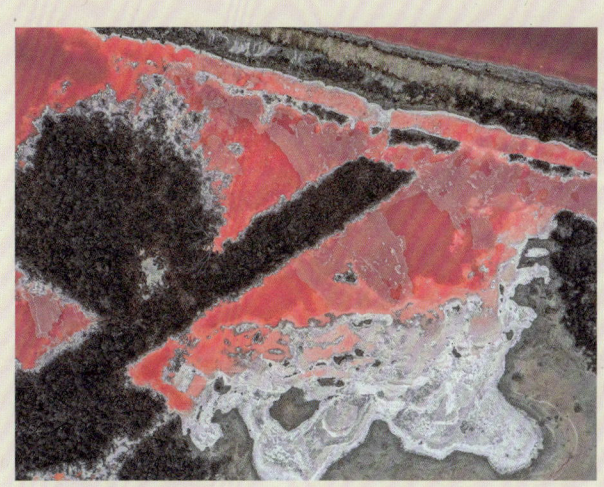

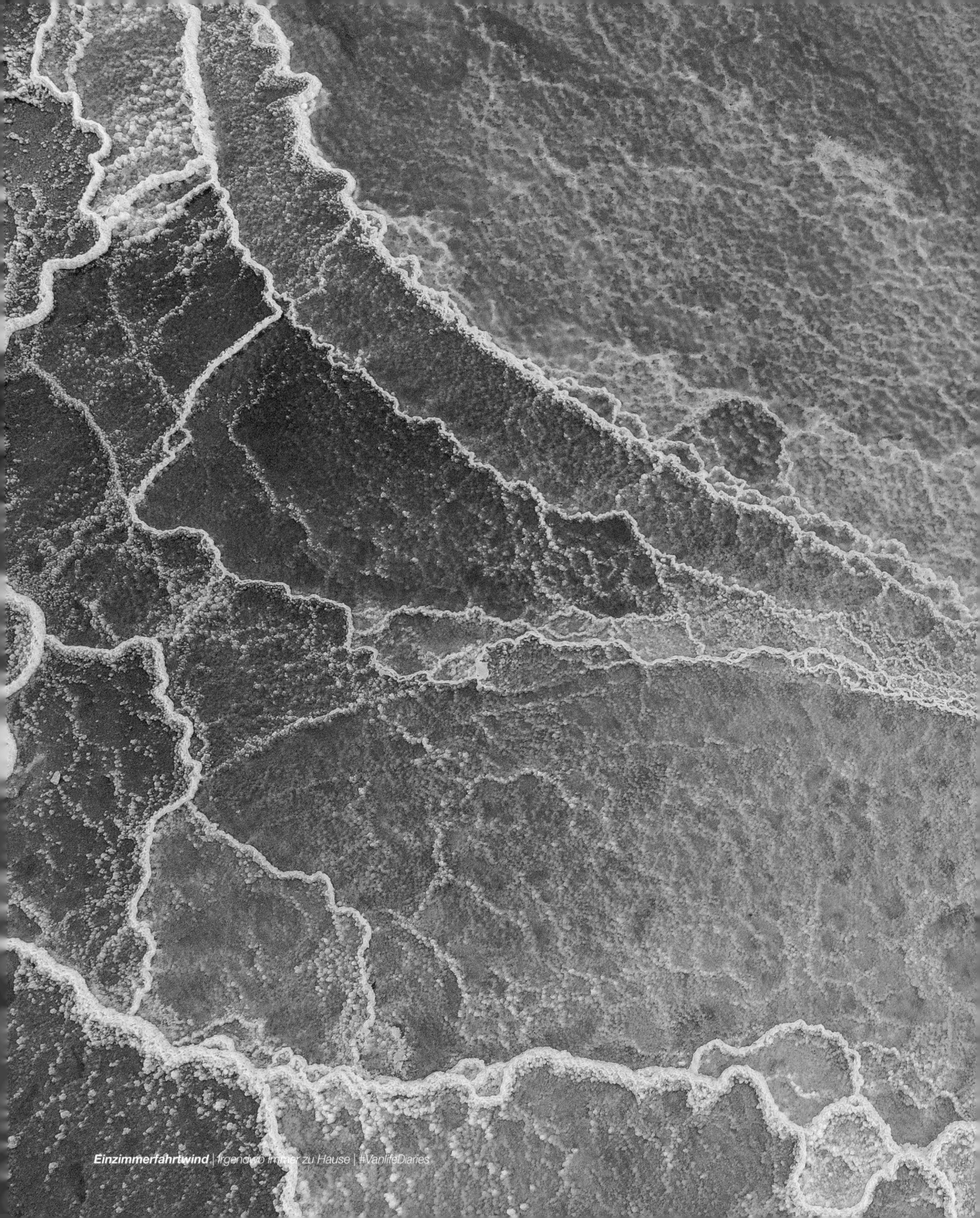

Vielseitiger
Lebensraum

 Plage de Piemanson
Highlight - Flamingos
Camargue
They de Bericles et Palissade
13129 Arles

Ein paar Minuten weiter erreichst du diese **Sumpfland-schaft, durchzogen von Kanälen, Dünen und Lagunen.** Für anderswo verfolgte oder gar ausgerottete Tierarten bietet die wilde und ursprüngliche Landschaft noch heute einen vielseitigen Lebensraum und Rückzugsort. Flamingos – von denen wir bis zu diesem Zeitpunkt angenommen hatten, dass es sie frei lebend nicht gäbe –, Schwäne und andere Vögel sind hier aus nur wenigen Metern zu beobachten. Es lohnt sich, früh aufzustehen, um die Sonne über den Lagunen emporsteigen zu sehen. Wir jedenfalls fühlten uns dabei wie an einem Ort fernab der Welt.

Tagsüber kannst du hier stundenlang am Strand spazieren oder dich auf den Weg zu den Salzbecken machen – abends jedoch solltest du alles gut verschließen und bei offenen Türen oder Fenstern so wenig Licht wie möglich einlassen. Wir hatten innerhalb kürzester Zeit jede Menge Insekten und sonstige Krabbeltiere bei uns im Van. Jerry entschied sich vor Ekel, auf dem Dach zu schlafen, ich übernachtete bei offenen Türen unten allein – bzw. mit einigen anderen Campern, durch die wir uns recht sicher gefühlt haben.

 **Lavendelfeld**
D804210 Brunet

Auf dem Weg zu unserem letzten Spot kamen wir an kilometerlangen Lavendelfeldern vorbei. Leider wurden die Blüten einige Tage vor unserer Ankunft (12. August 2020) geerntet. Diese Art von Feldern in solch einer traumhaften Kulisse habe ich bei der Tour 2018 durch Italien vergebens gesucht. Ich hatte mich immer schon gefragt, wo die einzigartigen Bilder der Lavendelfelder geschossen werden, selbst im Internet fand ich darauf keine befriedigende Antwort. Und auf einmal fahren wir mittendurch – um dann kurz darauf eine sich in die Weite ziehende Berglandschaft zu entdecken, die wie gezeichnet aussieht.

Der türkisfarbene
Fluss Verdon

Verdonschlucht
Ausblick und Abenteuer

Les Gorges du Verdon ist neben der Tara-Schlucht **einer der größten Canyons Europas.** Durch den tiefen Canyon fließt der türkisfarbene Fluss Verdon. Es ist kaum zu glauben, aber das Wasser ist wirklich so klar wie auf Bildern (obwohl du beim Tauchen nicht wirklich weit gucken kannst).

Genau an dem Wochenende, an dem wir die Schlucht besuchten, hatte ganz Frankreich frei. Du kannst dir vorstellen, wie voll es war. Wir hatten vor, uns ein Tretboot auszuleihen, jedoch war die Schlange so lang, dass wir schätzungsweise fünf Stunden hätten warten müssen. Am späten Nachmittag hat es dann aber doch funktioniert mit einer Wartezeit von nur noch eineinhalb Stunden, und die hat sich definitiv gelohnt. – Der Preis für zwei Stunden Tretboot fahren liegt bei 40 €.

Im Canyon fühlten wir uns zwischen den riesigen Steilhängen winzig klein und die Hunderte von bunten Booten, Kajaks und Stand-up-Paddels brachten ein schönes Flair auf das türkise Wasser. Wer sein eigenes Paddel oder Kajak dabeihat, ist natürlich klar im Vorteil.

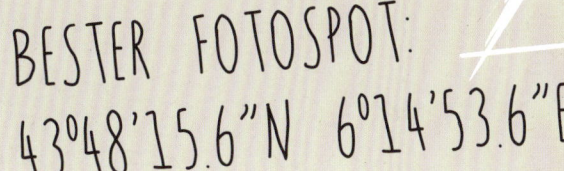

BESTER FOTOSPOT:
43°48'15.6"N 6°14'53.6"E

Geheimtipp Campingplatz:
43°47'45.4"N 6°13'41.8"E

Camping le Galetas
Übernachten

An diesem Abend hatten wir keine Lust, weit zu fahren, haben daher auf einem „beliebigen" nahe gelegenen, allerdings etwas in die Jahre gekommenen Campingplatz übernachtet. Er kostet nur 10 € und bietet einen tollen Blick auf das Gebirge.

Von hier lässt sich die Gegend gut erkunden, man ist direkt am bekannten Fotospot.

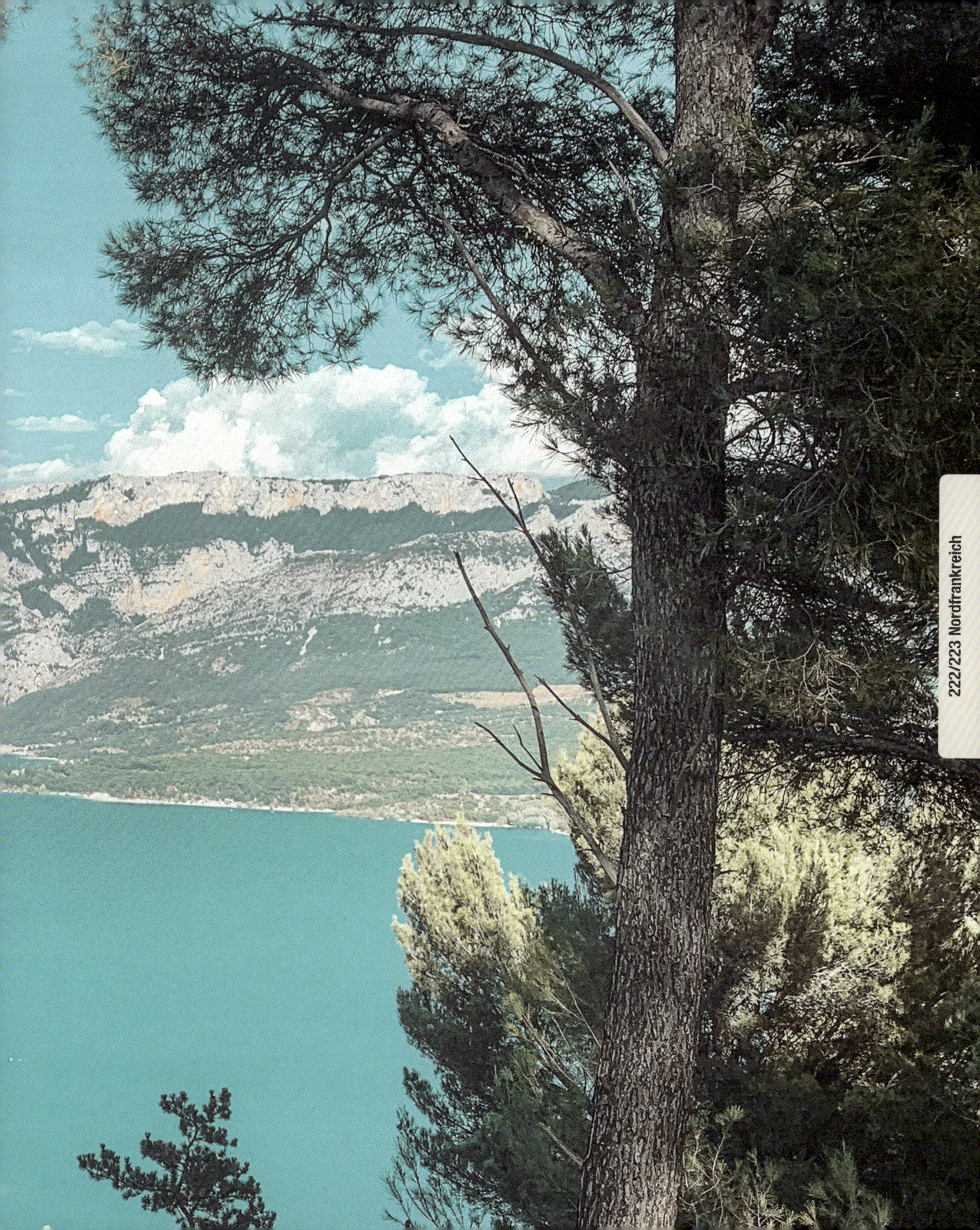

Von Bergen
eingebettet

 Moustiers-Sainte-Marie-Stadt
Städtchen

Seit 1981 hat Moustiers-Sainte-Marie
ein Zertifikat, das den Ort als **eines
der schönsten Dörfer Frankreichs**
auszeichnet. Heute leben in der von
Bergen eingebetteten Örtlichkeit aus
dem 5. Jahrhundert ca. 700 Menschen, die versuchen, Geschichte
und Zukunft des Dorfs zu verbinden.
Es hat uns viel Freude bereitet, durch
die kleinen bunten und verwinkelten
Gassen zu streifen.

Tipp: Holt euch hier ein Eis in Rosen-
form bei „Les Delices » d'Italie" oder
geht romantisch essen bei „La Grig-
notière".

Area Camper
Campingplatz
04360 Moustiers-Sainte-Marie

Direkt vor der Stadt befindet sich ein Übernachtungsplatz für Camper mit Zugang zu sauberem Wasser. Der Platz an sich ist recht unspektakulär, jedoch ist er praktisch und bequem und eignet sich perfekt für einen unbeschwerten Abend im wunderschönen Dörfchen.

Von Area Camper aus ging es zwölf Stunden durch die Nacht zurück nach Köln. Wir hatten uns einen Tag lang erholt und sind dann bei Sonnenuntergang gegen 18 Uhr aufgebrochen. Lange Strecken fahren wir am liebsten nachts, damit die Straßen frei sind und um der heißen Tagessonne zu entfliehen.

Die Frankreichreise hat uns mal wieder gezeigt, dass uns jegliche schönen Orte der Welt ganz nah sein können – ob räumlich wirklich fern oder nur vom Gefühl her.

Lass auch du dich von der abwechslungsreichen Landschaft Frankreichs verzaubern. Schreibe mir gerne deine Erfahrungen und schicke mir Bilder deiner Tour. Ich freue mich darauf!

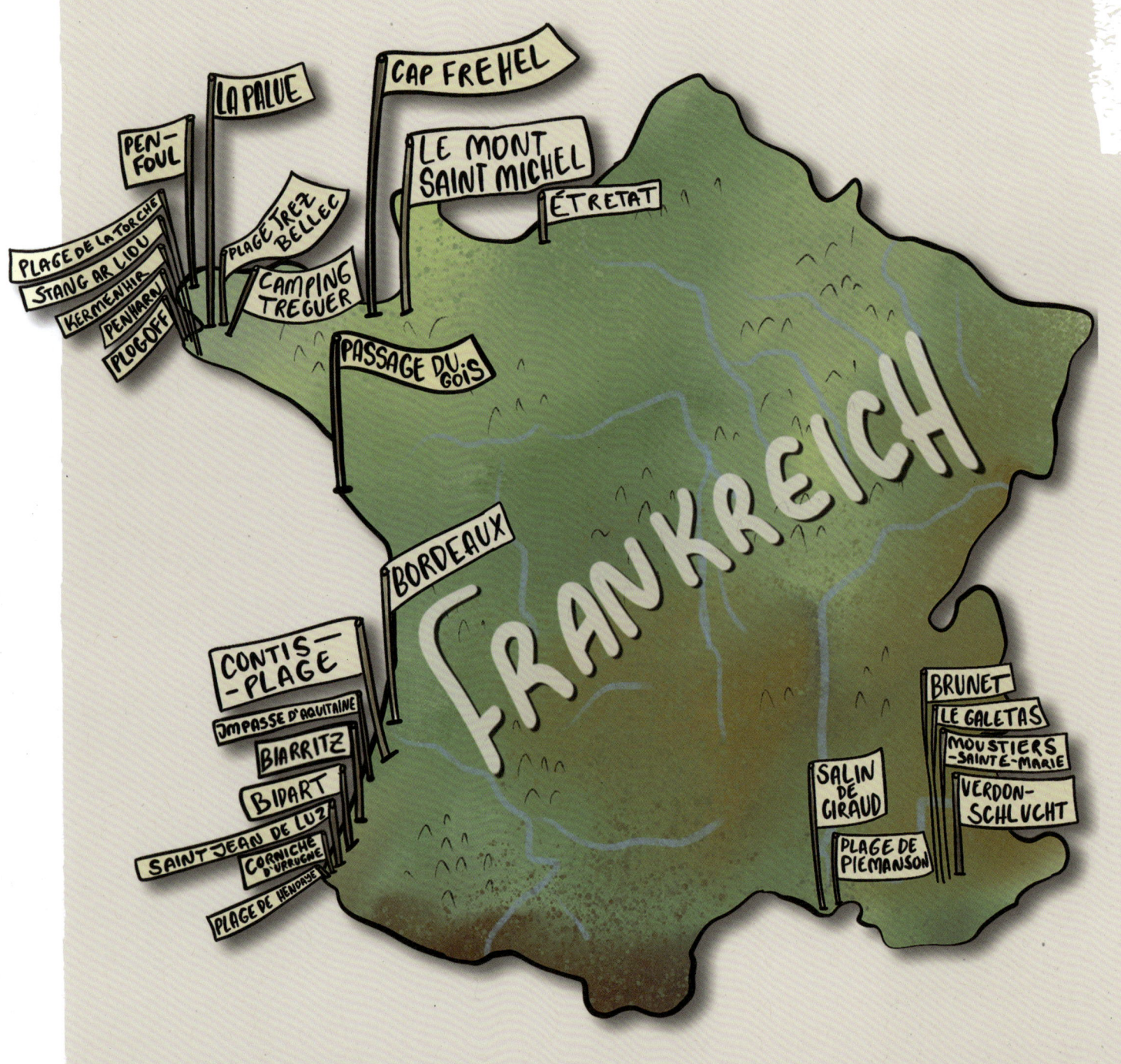

HIER KANNST DU DEINEN
EIGENEN INDIVIDUELLEN TRIP
DURCH FRANKREICH PLANEN.

Korsika
Ein Paradies
für alle Abenteurer

41°22'31.7"N 9°43'13.8"E

Zeitraum: Juni/Juli 2018
Reisedauer: 1 Woche
Preisklasse: MEDIUM
Level: MEDIUM
gefahrene Kilometer: 600
Highlights: Badegumpen und kristallklares Wasser
Spots: 6

Korsika ist eine kleine überschaubare Insel und ein Paradies für alle Abenteurer. Sie ist schnell mit der Fähre von Italien oder Frankreich aus zu erreichen. **Egal ob tauchen, wandern, baden, klettern oder Unternehmungen wie Bootsausflüge – auf Korsika wird jedem etwas geboten.**

Die Insel gehört zu Frankreich, die Menschen sprechen demnach Französisch. Das Eiland ist vor allem für Campervans geeignet, die der Größe eines normalen Autos entsprechen, da es fast überall Höhenbegrenzungen auf den Parkplätzen gibt, die es nicht ermöglichen, direkt ans Meer zu fahren.

Von der Fähre aus sind wir die Ostküste hinuntergefahren, weil wir unbedingt die kristallklaren Buchten sehen wollten. Im Nordosten war es noch verhältnismäßig einfach, einen ruhigen Platz am Meer zu finden, im Süden wurde dies leider zunehmend schwerer.

Wir haben selten so klares Wasser und solch weiße paradiesische Strände in Europa gesehen, und wenn jemand denkt, das wäre das Einzige, was die Insel zu bieten hat, dann hat er sich gewaltig getäuscht. Es gibt unglaublich viele Bäche und Flüsse im Inland und es ist möglich, in zahlreichen Badegumpen seine Zeit zu verbringen.

Wenn du in deinem Urlaub aktiv werden möchtest, kann ich dir eine Flusswanderung empfehlen. Diese führt über hohe Felsen, flache Stellen und teilweise durch ebendiese Badegumpen. Dabei bieten die zerklüfteten wilden Felsformationen traumhafte Fotomotive.

WILDCAMPING KORSIKA

In Korsika ist das Wildcamping mit dem Van grundsätzlich verboten. Teilweise kann man Gratisparkplätze ohne sanitäre Anlagen nutzen, auf denen das Übernachten gestattet ist. Diese sind entsprechend gekennzeichnet. In Korsika hast du nur eine Chance auf eine legale und idyllische Nacht inmitten der Natur – wenn du mit Zustimmung des Eigentümers auf dessen Privatgrundstück stehst.

Unsere Reisezeit: 5 Tage

An- und Abreise (Fähre von Italien/Livorno
nach Korsika/Bastia ca. 4 Stunden)
Fähre (2 Personen und Van): 220 €

Sonstige Kosten
Lebensmittel: 100 €
Gasflasche: 120 €
Maut: 60 €
Wäsche waschen/Campingplatz: 20 €

Total (pro Person): 230 €

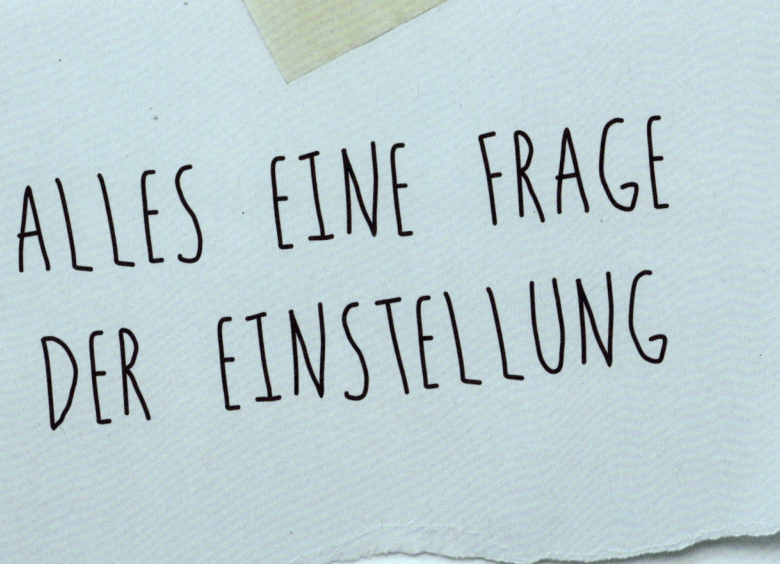

ALLES EINE FRAGE
DER EINSTELLUNG

232/233 Korsika

An einem ruhigen Wendeplatz direkt am Meer

Plage de Pinarello
Géant
Stellplatz
20144 Zonza

Mit dem Ziel, **die blauen Lagunen** im Süden der Insel genauer unter die Lupe zu nehmen, sind wir die Ostküste hinuntergefahren. Die Bilder im Internet versprechen klares blaues Wasser – davon wollten wir uns überzeugen. Unseren ersten Stellplatz fanden wir (wenige Minuten nachdem wir die Fähre und damit die Stadt Bastia verlassen hatten) an einem ruhigen Wendeplatz direkt am Meer. Zu diesem Zeitpunkt war uns nicht bewusst, dass es aufgrund der Höhe unseres Vans sehr schwierig werden würde, einen geeigneten Platz zu finden. Auf Korsika befindet sich nämlich fast an jeder Strandzufahrt eine Höhenbegrenzung; Glück also für alle Fahrzeuge, die unter 2,20 Meter Höhe messen. Zur Erinnerung – unser Van ist 2,80 Meter hoch.

INFO ÜBERNACHTEN:

Für das Campen auf Korsika stehen ausreichend Campingplätze aller Preisklassen zur Verfügung. Wildcampen ist hier generell verboten und wird in der Hauptsaison auch mit bis zu 400 € Bußgeld bestraft. Es gibt immer wieder Berichte, dass wild stehende Camper tatsächlich von den Bewohnern angegriffen werden. Auch wir wurden einmal beschimpft, als wir eine Nacht auf einem Parkplatz verbringen wollten. Deswegen haben wir danach nur noch die entsprechenden Plätze angefahren.

Atmosphärische
Verwandlung

Plage de Piantarella
Baden
Must-see

Wer auf der Straße an den Stränden der Ostküste entlangfährt, kann sehen, wie sich langsam
die gesamte Atmosphäre verändert. Der weiße
Kalkstein wird nach und nach zum bekannten
rosafarbenen korsischen Granit. **Der Strand von
Piantarella ist mein absolutes Badehighlight.**
Hier haben wir uns ein Kajak ausgeliehen und
sind zu einer kleinen Insel gegenüber gepaddelt.
In der Mitte ist das Wasser so flach, dass du
stehen kannst. Einige haben sich das Geld für
ein Kajak gespart und sind mit ihren Sachen über
dem Kopf einfach durchs Wasser zur Insel gelaufen. Abenteuer fangen bekanntermaßen meistens
da an, wo die Komfortzone der meisten aufhört.
Das Wasser ist paradiesisch klar! Kaum zu glauben, dass sich solche Orte bei uns in Europa befinden. Generell haben wir bei unseren Vantouren
gelernt, dass wir für schöne Orte nicht unbedingt
weit reisen oder gar fliegen müssen.

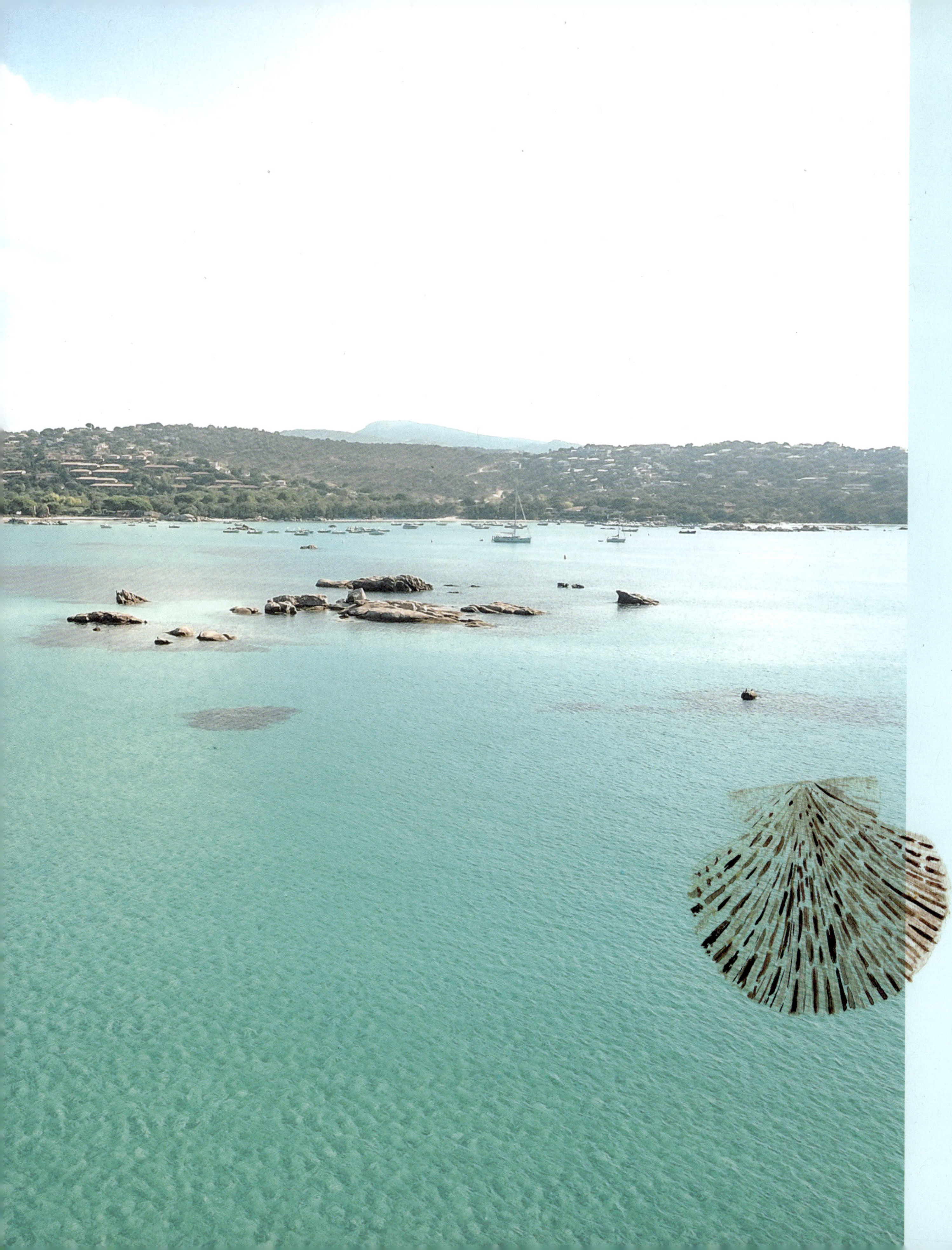

Einzimmerfahrtwind | Irgendwo Immer zu Hause | #VanlifeDiaries

Korsikas
Flussbadestellen

Gumpen-Adventure

Korsika ist bekannt für seine Flussbadestellen: Auf der gesamten Insel verteilen sich ca. 50 der bekannten Badegumpen, wobei alle unterschiedlich sind: Die einen eignen sich besser für den Besuch mit kleinen Kindern, bei den anderen sind die Anfahrt und der Weg zum Wasser etwas beschwerlicher und eher für diejenigen geeignet, die den Kick bei einem Sprung ins kalte Nass suchen. Hier werden übrigens **Canyoning-Touren*** und Flusswanderungen angeboten.

Wichtige Hinweise:

- Lass keinen Abfall liegen.
- Lass deine Kinder in der Nähe des Wassers nie aus den Augen.
- Nimm Wundpflaster und desinfizierende Salbe mit, da die Steine oft rutschig sind und Sturzgefahr besteht.
- Turnschuhe sind fürs Baden sehr praktisch, denn der Boden ist uneben.
- Bevor du irgendwo hinunterspringst, solltest du sichergehen, dass das Wasser auch tief genug ist.

_____

* Canyoning ist das sportliche Begehen einer Schlucht im Verlauf des Wassers.

Badestellen in korsischen Flüssen und Bächen

www.paradisu.de

Anfahrt „Bala-Gumpen"
Von Porto-Vecchio aus fährst du auf der D368 Richtung Zonza. Nach 6,3 Kilometern, ab dem Camping Arutoli gleich nach dem Rond Point, erreichst du den Parkplatz. Von dort geht's zu Fuß zum Fluss.

Fußweg zum Fluss Bala

Ein Pfad führt stellenweise recht steil runter zum Bach. Schnell kommst du an eine Weggabelung, an der du nach links gehst. Du erreichst diesen Bach auch auf dem rechten Pfad, allerdings wäre das eine Gumpe zu weit oben. Vom Parkplatz aus benötigst du knappe zehn Minuten bis zum Wasserlauf. Bei den Gumpen selbst gibt es nicht viel Platz, daher lohnt es sich, schon früh dort zu sein.

Ein großartiger
Blick über das Meer

 Bonifacio
Ausblick

Bonifacio beeindruckt durch weiße Kreidefelsen, unterhalb deren sich tiefe Grotten gebildet haben. Von dort hast du einen großartigen Blick über das Meer und auf die Altstadt Bonifacios. Es ist also ein toller Ort, um einzigartige Fotos zu erstellen oder die Drohne am Abgrund vorbeifliegen zu lassen.
Achtung: Hier kann es sehr windig werden – sei also vorsichtig beim Fliegen mit deiner Drohne.

 Bonifacio
Städtchen

Die Hafenstadt Bonifacio liegt an der südlichen Spitze Korsikas. Es handelt sich um ein kleines altes Städtchen mit einigen Fischrestaurants, Bars und Souvenirläden. Ich kann mich noch sehr genau an die beste Pizza Korsikas (Restaurant „Mama Gina") und an das Eis danach erinnern, mit dem ich mich komplett eingekleckert habe, weil es doch etwas schneller geschmolzen ist, als es mir recht war. – Von hier kannst du die tiefen Grotten der Sandküste während eines Bootsausfluges hautnah bestaunen.

Tipp: Sonnenhut, Wasserflasche und Sonnencreme nicht vergessen.
In Bonifacio haben wir außerdem getankt, den Van geputzt und Wasser nachgefüllt.

TIPP!

Camping U Sole Marinu
Campingplatz
Lieu-dit Catarelli U Sole Marinu,
20253 Patrimonio

Hier haben wir die längste Zeit auf Korsika verbracht.

Auch auf unseren Reisen brauchen wir manchmal das Gefühl, angekommen zu sein.
Meistens verbringen wir überall nur eine Nacht,
aber in jedem Land gibt es diesen einen Ort, an
dem wir dann gerne mal ein paar Tage verbringen und die Seele ohne langes Fahren baumeln
lassen können.

Auf diesem Campingplatz kannst du direkt am
Meer oder etwas sonnengeschützter zwischen
Bäumen und Sträuchern stehen. Die Besitzer
sind sehr freundlich, es gibt gutes Internet/WLAN
und der gesamte Platz hat eine überschaubare
Größe. Hier kannst du im Meer baden und dich
danach warm abduschen. Wäsche waschen ist
zudem möglich.

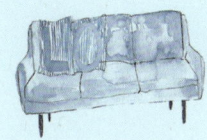

Die Seele mal baumeln lassen

 Barcaggio
Stellplatz
20275 Ersa

Hier konnten wir unerwartet superruhig und entspannt stehen. In der Nähe befindet sich auch ein Stellplatz für Wohnmobile, dieser hat jedoch nur eine begrenzte Anzahl an schattigen Plätzen. Manchmal sind ausgewiesene Stellplätze sehr unromantisch, weil sie nicht schön angelegt sind und sich die Vans dicht an dicht auf einem tristen Parkplatz ohne jegliche Sanitäranlagen aneinanderreihen. Tagsüber ist es ratsam, die Zeit an schöneren Orten zu verbringen.

Am nächsten Tag ging es mit der Fähre zurück auf das Festland Italiens. Die Insel Korsika hat unerwartet viel zu bieten. Wir würden definitiv wiederkommen und uns noch mehr der **Badegumpen** und traumhaften Strände ansehen. Auf Korsika kannst du drei Wochen verweilen und du hast garantiert noch nicht alles gesehen.

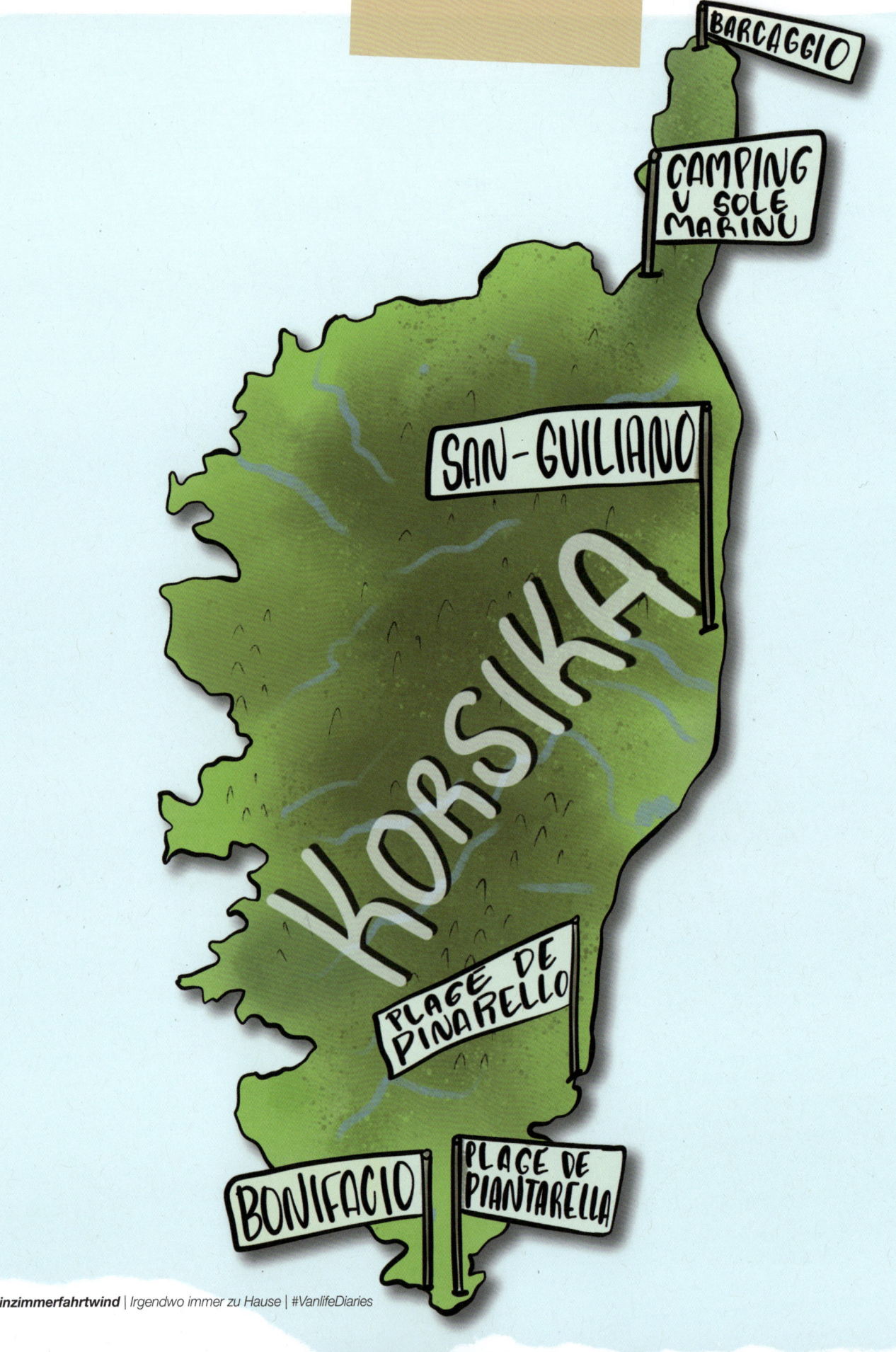

HIER KANNST DU DEINEN
EIGENEN ABENTEUERTRIP
NACH KORSIKA PLANEN.

Italien
Sonne, Meer
und gutes Essen

44°08'43.0"N 9°39'06.1"E

ITALIEN

Zeitraum: Juni/Juli 2018
Reisedauer: 2 bis 3 Wochen
Preisklasse: MEDIUM
Level: MEDIUM
gefahrene Kilometer: ca. 2.400
Highlights: heiße Quelle Saturnia,
bunte Häuser und enge Gassen
Spots: 11

Bella Italia. Italien hat alles, was es für das süße Leben braucht: Sonne, Meer und gutes Essen.

Nach Italien sind wir über die Schweiz angereist und im Nordwesten runter bis in die Toskana und über die italienischen Alpen zurück nach Köln gefahren. **Diese Tour war für uns besonders abwechslungsreich.** Wir waren in den kleinsten und verwinkeltesten Städtchen, die ich jemals gesehen habe, und wurden von der knallblauen heißen Quelle Saturnia überrascht, als die Sonne gerade aufging. Die Häuser direkt am Meer sind wunderschön, jedoch ist es wirklich schwer, einen freien Stellplatz zu finden. Leider weiß ich nicht, wie es weiter im Süden von Italien ist, aber ein bisschen mehr Zeit solltest du hier für die Suche nach einem geeigneten Plätzchen einplanen. Kaum irgendwo sonst mussten wir beim Fahren durch die Örtlichkeiten so konzentriert sein, weil es fast klischeehaft eng war. Natürlich ist alles gut gegangen und wir haben uns in Italien spontan überlegt, die Insel Korsika zu besuchen.

Wer im Italienurlaub lieber aktiv unterwegs ist, kann auch in Südtirol wandern gehen.

WILDCAMPING ITALIEN

Das Wildcamping mit dem Van ist in Italien grundsätzlich verboten. Allerdings sind die Regelungen für das Wildcampen von der Region abhängig. Hierbei gelten die jeweiligen Camping- und Naturschutzgesetze. Daher hast du in Italien nur eine Chance auf eine legale und idyllische Nacht inmitten der Natur – wenn du mit Zustimmung des Eigentümers auf dessen Privatgrundstück stehst.

Einzimmerfahrtwind | irgendwo immer zu Hause | #VanlifeDiaries

Unsere Reisezeit: 10 Tage

An- und Abreise (Köln – Westitalien)
Sprit: 130 €
Maut: 50 €

Sonstige Kosten
Lebensmittel: 80 €
Sprit: 295 €
Maut: 60 €
Wäsche waschen und Ausflüge: 27 €

Total (pro Person): 321 €

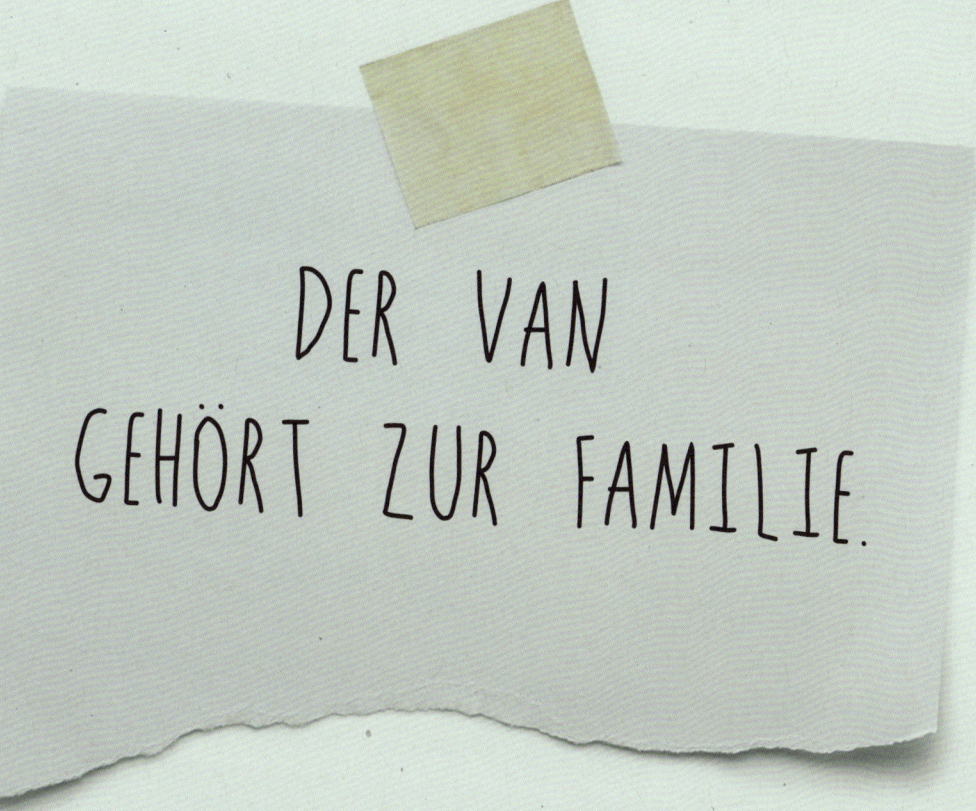

DER VAN GEHÖRT ZUR FAMILIE.

An einem *Fluss* namens *Garessio*

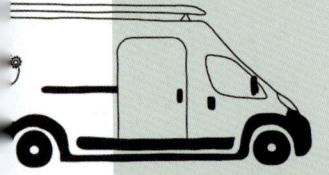

 Fluss Garessio
Picknick
12075 Cuneo

Wir saßen schon einige Stunden im Van, die Stimmung war etwas angespannt und wir waren hungrig. Hunger stimmt uns beide sowieso nicht positiv und harmonisch, also haben wir eine kleine Pause an einem Fluss namens Garessio eingelegt. Hier kamen wir auf die spontane Idee, die Stimmung etwas aufzulockern und uns mit unserem „Donut" den Fluss abwärtstreiben zu lassen – natürlich erst nachdem wir unsere Mägen gefüllt hatten. Das hat uns so zum Lachen gebracht, dass der ganze Tag dadurch gerettet werden konnte. Ich liebe diese kleinen Momente und spontanen Aktionen, die nur auf Reisen entstehen können. Wahrscheinlich liegt das daran, dass wir dann auch offener und freier für neue Ideen sind und auch Zeit haben, diese umzusetzen.

Bella Italia

Apricale
Ausblick
18035 Imperia

Die italienische Gemeinde Apricale mit ihren ca. 650 Einwohnern ist der Provinz Imperia in Ligurien zuzuordnen. Das Besondere an ihr: Sie **gehört zur Vereinigung I borghi più belli d'Italia, welche die schönsten Orte Italiens kennzeichnet.** Die schmalen, steilen Gassen des Ortes sind geprägt von überdachten Durchgängen und Steinarkaden. Es war richtig romantisch, als wir am frühen Abend den Ort erreicht haben. Die Anfahrt durch die kurvige Bergstraße hat sehr zu unserer Vorfreude beigetragen. Die kleinen verwinkelten und teilweise dunklen Gässchen des Ortes haben uns sofort verzaubert. Wir sind einfach umhergelaufen und haben uns vom Charme bedingungslos packen lassen.

Camping Delle Rose
Campingplatz
Regione Prati Gonter 4
18035 Isolabona

Der Campingplatz liegt nicht weit entfernt von dem kleinen Bergdorf und hat ein wirklich schönes, harmonisches Flair. Mit einem Pool bietet dieser Campingplatz eine Erfrischung, die wir direkt nach dem Aufstehen genossen haben.

Von hier hast du einen großartigen Ausblick auf die Wälder und die Möglichkeit, einige Ausflüge und Wanderungen in der Umgebung zu starten.

TIPP!

making
MEMORIES

Mittagessen im Jachthafen

Jachthafen Marina di Varazze
Picknick
Via Maestri d'ascia, 24,
17019 Varazze SV

Wir hatten hier an der Küste von Italien oft Schwierigkeiten, ein ruhiges Plätzchen am Meer zu finden. Im Marina di Varazze sind wir auf die spontane und nahezu verzweifelte Idee gekommen, im Jachthafen unser Mittagessen zu kochen und uns mal eine kleine Pause vom Fahren zu gönnen. Am Schluss sind wir beide im Wasser gelandet, da wir die kleinen Neckereien nicht sein lassen konnten. Egal wie gestresst oder genervt du vielleicht manchmal bist, ich finde es ganz wichtig, dass du dir deinen Humor nicht nehmen lässt. Wir versuchen in diesen Momenten, uns selbst nicht so ernst zu nehmen oder einfach ein bisschen rumzualbern, um die Stimmung wieder aufzulockern und den Tag weiter zu genießen.

Portofino
Übernachten – Parkplatz
Santa Margherita Ligure
16038 Genua

Wunderschöne Gebäude mit einem traumhaften Ausblick übers Meer, so ist die Vorstellung von den kleinen Gässchen und Fassaden in Italien. Wer sich in dieser Gegend ein Häuschen leisten kann, steht finanziell wohl nicht schlecht da, denn in dieser Region leben überwiegend sehr wohlhabende Menschen.

Es macht großen Spaß, sich hier vom typisch italienischen Flair verzaubern zu lassen, und schwierig wird es erst, wenn es langsam zu dämmern beginnt und du immer noch keinen geeigneten Platz zum Übernachten gefunden hast. Wir hatten Glück und konnten auf dem Parkplatz eines Restaurants stehen bleiben. Wenn du mal in diese Verlegenheit kommst, hilft es oftmals einfach, die Restaurantbesitzer nett zu fragen, und der Übernachtung steht in den meisten Fällen nichts mehr im Wege.

In dieser Nacht haben sich die Jugendlichen des Ortes ausgerechnet in unserer Nähe zum Chillen und Rauchen getroffen und sind sehr neugierig um unseren Van herumgeschlichen. In solchen Momenten hat Jerry immer alles genau im Blick. Wir lauschen dann gespannt, was draußen geschieht, und lunzen durch die Fenster.

Du solltest generell stets wachsam sein, was Gefahren angeht, um ihnen schnellstmöglich aus dem Weg gehen zu können. Meistens sind Situationen wie diese hier harmlos, trotzdem kann so etwas für einen abenteuerlichen Abend ganz ohne Netflix sorgen.

Ein **Traum** *aus* **fünf märchenhaften Dörfern**

Cinque Terre
Städtchen
La Spezia

TIPP!

Ein Traum! Cinque Terre besteht aus fünf märchenhaften Dörfern an der ligurischen Riviera, etwa 80 Kilometer südlich von Genua – **Rio-maggiore, Manarola, Corniglia, Vernazza und Monterosso sind bekannt für ihre bunten Häuser an den Steilhängen** und waren jahrhundertelang nur zu Fuß oder über das Meer zu erreichen. **In den Häfen liegen immer noch die alten Fischerboote und geben den Dörfern ein ganz besonderes Ambiente.**

Die Städtchen sind ganz entspannt mit der Bahn anzufahren. Für unser Fahrticket (Tagespass) haben wir ca. 16 € gezahlt. Wenn du nicht viel Zeit hast und nicht alle Dörfer erkunden kannst, lohnt sich ein Einzelticket für 4 € pro Fahrt. Wer alles sehen möchte, sollte allerdings mindestens zwei Tage einplanen. Wir haben unsere Elektrofahrräder eingepackt und waren so etwas flexibler und schneller unterwegs. Dies ist allerdings kein Must-have, denn es drängeln sich oft Touristen durch die Örtchen, die voller Souvenirshops und Restaurants sind.

Cinque Terre und Umgebung bieten vielfältige Möglichkeiten zum Zeitver-treib: Du kannst Bootstouren machen, shoppen gehen oder auch einfach nur entspannt am Meer liegen. Egal wie du dir die Zeit vertreibst, du solltest unbedingt den regionalen Wein probieren – schmeckt wirklich sehr lecker. (:

Wegen der vielen Touristen ist der Aufenthalt in dieser Gegend etwas kostenintensiver. Um dem Treiben und dem Trubel zu entfliehen, sind wir bereits einen Tag später weiter in die wunderschöne Toskana gefahren.

PARKEN: 44°08'40.2"N 9°38'48.5"E

Toskana
Ausblick
Cura Nuova
58024 Grosseto

In der Toskana gibt es sehr viele freie Flächen, auf denen du mit deinem Van entspannt stehen kannst. Ich kann mich noch genau an unseren ersten Abend hier erinnern. Wir haben es uns auf unserem Dach gemütlich gemacht und stundenlang in den Himmel geschaut. Weit und breit waren keine Menschen zu sehen und wir hatten einen unvergesslichen Blick über die Felder. Es war wirklich sehr idyllisch.

Zu erwähnen ist, dass es in dieser Gegend äußerst heiß werden kann, denn im Gegensatz zum Meer, an dem immer ein kleiner Wind geht, ist es dort oft komplett windstill.

Wir waren nahezu dauerhaft überhitzt, weshalb ich dir raten würde, die heiße Toskana im Sommer ohne Klimaanlage zu meiden.

Lavendelfeld
Ein traumhafter Anblick, das lilafarbene Blütenmeer der Lavendelfelder, das sich bis zum Horizont erstreckt. Der beste Reisezeitraum für solch ein Erlebnis ist hier Mitte Juni bis Ende Juli.

Ein unvergesslicher
Blick über
die *Felder*

Quelle Saturnia
Baden
Terme di Saturnia
58014 Grosseto

In den Thermalquellen von Saturnia fließen pro Sekunde 800 Liter schwefelhaltiges, 37,5°C warmes Heilwasser. Ein paar Tage zuvor habe ich durch Zufall ein Foto der Quellen gefunden, wodurch das Hauptziel unserer Reise in die Toskana festgelegt war.

Vor Ort befindet sich ein großer kostenloser Parkplatz, der Eintritt ist ebenfalls umsonst. Zwei Minuten sind es hier bis an die Quellen, vor denen du ein kleines Restaurant findest (gut für eine Zwischenverpflegung). Dort befindet sich sogar ein Automat, an dem du heiße Pizza kaufen kannst. Es empfiehlt sich, Bade-/Wasserschuhe mitzunehmen, da es an manchen Stellen rutschig oder der Boden voller Kies ist. Tagsüber musst du dir die Quellen mit Hunderten Einheimischen und Touristen teilen. Allein schon wegen der enormen Hitze wollte Jerry nicht mal seinen kleinen Zeh ins heiße Wasser halten.

Also haben wir den späten Nachmittag in der Absicht, vor Sonnenaufgang noch einmal zu kommen, an einem kleinen Feldweg in der Nähe mit einer Flasche einheimischem Wein ausklingen lassen. Wir hatten Glück: Wir waren am nächsten Morgen tatsächlich die Ersten und hatten für ein paar Minuten die Quellen für uns ganz allein. Solche Momente mit seinem geliebten Partner zu erleben sind unbeschreiblich romantisch und magisch zugleich. Der Geruch von Schwefel hier ist zwar gewöhnungsbedürftig, trotzdem ist es auf jeden Fall einer meiner Lieblingsorte. Ich würde dort sofort noch einmal im Winter hin, um die ganze Nacht das heiße Wasser zu genießen und gedankenlos in die Sterne zu schauen.

TIPP!

Abwechslungsreicher *Wanderweg*

Drei Zinnen
Wandern
Tre Cime di Lavaredo

Die Drei Zinnen sind ein markanter Gebirgsstock in den Sextner Dolomiten an der Grenze zwischen den italienischen Provinzen Belluno im Süden und Südtirol im Norden. Dieses Areal nördlich der Berge bis zu deren Gipfeln gehört zum Gemeindegebiet von Toblach in Südtirol und zum Naturpark Drei Zinnen (bis 2010 Naturpark Sextner Dolomiten), der seit 2009 **Teil des UNESCO-Weltkulturerbes** ist.

Die höchste Erhebung der Gruppe ist die 3.000 Meter hohe Große Zinne. Sie steht zwischen den beiden anderen Gipfeln, der Westlichen Zinne und der Kleinen Zinne.

Der Ausflug hierher beinhaltete eine unserer schönsten Wanderungen. In der Umgebung gibt es zahlreiche Wanderwege. Wir haben uns für den mehrstündigen Rundweg einmal um die Drei Zinnen entschieden. Die Route ist sehr abwechslungsreich, teilweise sind bei mir Kindheitserinnerungen an die Serie „Heidi" hochgekommen.

Während wir uns in der Nähe vom Meer mit kleinen Workouts und Surfen fit halten, gehen wir in den Bergen gerne spazieren oder wandern – ein großartiger Ausgleich zum stundenlangen Fahren mit dem Van. Bei dieser Art, zu reisen, musst du dir alles eher verdienen, (jeden schönen Ausblick, jeden Schlafplatz), umso glücklicher kannst du über die Momente sein, in denen es mehr oder weniger glattläuft.

TIPP!

Pragser Wildsee
Baden
Lago di Braies
39030 Prags, Südtirol

Der Pragser Wildsee – ein Bergsee im Pragser Tal in der Südtiroler Gemeinde Prags – ist schon lange kein Geheimtipp mehr, dennoch lohnt es sich hierherzufahren. Wenige Kilometer südlich des Hochpustertals, zwischen Bruneck und Toblach in den Pragser Dolomiten, ist er **Teil des Naturparks Fanes-Sennes-Prags und damit ein geschütztes Naturdenkmal.** Als wir dort waren, hat es zwar die ganze Zeit geregnet, aber wie du weißt, lassen Jerry und ich uns von solchen Umständen nicht aufhalten. Da wir sowieso bis auf die Haut durchnässt waren (ja sogar bis auf die Unterhose!), haben wir alle Klamotten von uns geworfen und sind nackt in den See gesprungen. Wahrscheinlich hätten wir das Gewässer ohne Regen mit Hunderten neugierigen Menschen teilen müssen. Aber so kam es wiederholt zu einem der Momente, der uns alles um uns herum hat vergessen lassen – es gab für einen Augenblick nur uns beide und wir konnten das Lachen, die Freude, die Liebe füreinander und den Überschuss an Glückshormonen nicht stoppen.

Hotel Alpen Tesitin
Übernachtung
Via Unterrain, 22
39035 Monguelfo-Tesido BZ

Unsere Reise neigte sich dem Ende und zum Abschluss der wundervollen Zeit haben wir uns im Hotel „Alpen Tesitin" noch zwei Übernachtungen gegönnt.

Die Unterkunft wurde uns von Freunden empfohlen und wir würden sie jedem weiterempfehlen. Die Besitzer sind sehr freundlich und wir konnten unseren Van gut parken. Die Sauna und den Pool genossen wir in vollen Zügen, auch das Essen war grandios. Der Aufenthalt war der krönende Abschluss unseres Kapitels „Bella Italia".

HIER FINDEST DU RAUM FÜR
DEINE INDIVIDUELLE
REISEPLANUNG NACH BELLA ITALIA.

Kroatien
Inseln
abseits des
Mainstreams

43°54'18.3"N 15°07'57.6"E

Zeitraum: September bis Oktober 2019
Reisedauer: 2 Wochen
Preisklasse: GÜNSTIG
Level: MEDIUM
gefahrene Kilometer: ca. 3.500
Highlights: klares Wasser und Wasserfälle
Spots: 12

In Kroatien war ich früher bereits einige Male mit meinen Eltern und meinen beiden Geschwistern. Auf diesen Reisen hieß es, eng aneinandergepresst stundenlange Fahrten auf sich zu nehmen. Als ich im Spätsommer 2019 mit Jerry für zwei Wochen in Kroatien war, wollte ich gerne meine eigenen Erfahrungen von dem Land mit den berühmten Wasserfällen und der Filmkulisse aus den Winnetou-Filmen machen.

Der Norden ist sehr felsig. Ab Split wird es zwar grüner, jedoch auch etwas touristischer. Das Wasser ist, wie von diversen Bildern bekannt, tatsächlich glasklar und die Strände bestehen meistens aus kleinen Steinchen.

Da Kroatien aus vielen Inseln besteht, solltest du diese unbedingt besuchen. Es lohnt sich! Die Überfahrten mit der Fähre gehen schnell und sind äußerst unkompliziert. Durch einen Tipp über Instagram sind wir spontan auf Dugi Otok gelandet. Diese Insel ist zwar recht klein, aber unglaublich vielseitig und einfach einen Besuch wert. Inseln wie KrK sind übrigens über eine Brücke zu erreichen.

WILDCAMPING KROATIEN

Das Wildcamping mit dem Van ist in Kroatien grundsätzlich verboten. Allerdings sind die Regelungen für das Wildcampen von der Region abhängig. Hierbei gelten die jeweiligen Camping- und Naturschutzgesetze. Daher hast du in Kroatien nur eine Chance auf eine legale und idyllische Nacht inmitten der Natur – wenn du mit Zustimmung des Eigentümers auf dessen Privatgrundstück stehst.

Unsere Reisezeit: 2,5 Wochen

Reisekosten
Fähre: 110 €
Sprit: 590 €
Maut/Vignette: 185 €

Sonstige Kosten/Freizeit
Campingplatz: 175 €
Lebensmittel: 155 €
Eintritt Krka-Nationalpark: 55 €
Eintritt Plitvicer See: 65 €
Bungeesprung: 65 €

Total (pro Person): 675 €

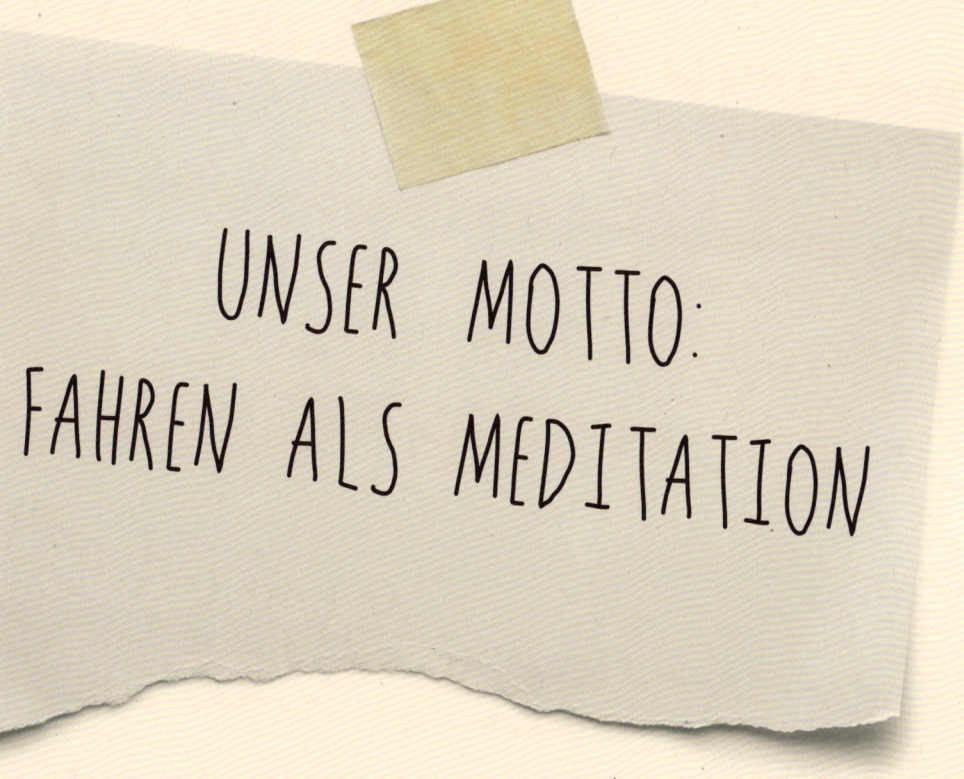

UNSER MOTTO:
FAHREN ALS MEDITATION

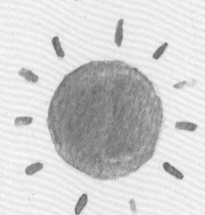

Endlich
in Kroatien
angekommen

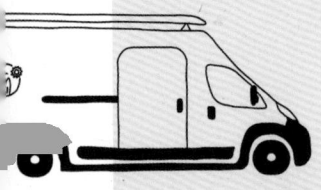

 Kamp Punta Povile
Campingplatz

Nach zwölf Stunden und einer Übernachtung in Österreich sind wir endlich in Kroatien angekommen. Mit meiner Familie war ich vor einigen Jahren schon einmal auf der Balkanhalbinsel. Umso gespannter war ich, wie ich das Land jetzt, als erwachsene junge Frau, ganz eigenständig und ohne Mami und Papi wahrnehmen würde.

Der Campingplatz bietet einen guten Start – mit Badebuchten und klarem, aber kaltem Wasser. Am nächsten Morgen brachen wir frühzeitig auf, denn es fühlte sich so an, als würden die starken Winde uns gleich ins Meer wehen.

Izazov Tours
Abenteuer - Bungee-Jumping
http://www.izazov-tours.hr
(knapp 60 Meter hoch, ca. 65 €)

TIPP!

Weiter südlich ließ der Wind glücklicherweise nach, jedoch erschien mir die Landschaft trister als in meinen Erinnerungen. Wir fuhren an der Küste entlang und der Blick über das weite Meer, mit den vielen Inseln, die sich über den Horizont erstrecken, ließ uns träumen, bis eine rote Brücke uns aufweckte.

Da ich an diesem Tag leider nicht besonders gut gelaunt war, dachte ich: „Jetzt, oder nie!", denn meiner Stimmung hätte der Sprung sicherlich nicht geschadet. Jerry war die ganze Konstruktion nicht ganz geheuer, sodass er alles aus sicherer Entfernung beobachtete. **Mein Herz pochte, als ich 60 Meter hinunter aufs Wasser blickte.**

1, 2, JUMP! Mein erster BUNGEESPRUNG! Während des Falls hat sich das komplette Adrenalin in einen einzigen Schrei und gleichzeitig in ein pures Glücksgefühl gewandelt. Mein Tag war gerettet und wieder gab es ein Happy End!

Eine unvergessliche Erinnerung

Der Sprung kostete mich natürlich einiges an Überwindung, aber ich versuche in solchen Situationen an das gute Gefühl danach zu denken. Bisher wurde ich immer belohnt, wenn ich Mut oder Spontanität bewiesen habe, und **gewisse Momente im Leben müssen einfach genutzt werden.**

So erlebte ich also vollkommen unerwartet meinen ersten Bungeesprung: in 60 Meter Tiefe … von einer roten Brücke. Eine unvergessliche Erinnerung.

Campingplatz-empfehlung

 AdriaSol Camping Novigrad
Campingplatz

Dieser Campingplatz wurde uns auf Instagram empfohlen und wir wurden nicht enttäuscht. An dieser Stelle möchte ich mich auch noch einmal für all eure Ratschläge, für euer Verständnis und für die Liebe, die ihr uns jeden Tag entgegenbringt, bedanken. Natürlich kennen wir uns eigentlich nicht „richtig", sondern nur über die sozialen Netzwerke, trotzdem ist eine gewisse Verbundenheit zu spüren, was Jerry und mich sehr freut und uns jeden Tag neue Motivation gibt. Vielen Dank an jeden Einzelnen aus unserer Community!

Wunderschöne Seen und Wasserfälle

Nationalpark Plitvicer Seen
Ausflug

Auch an diesem Tag brachen wir wieder so früh wie möglich auf, um mit die Ersten zu sein, die einen der bekanntesten und beliebtesten Nationalparks Kroatien bestaunen können. Womit wir nicht gerechnet haben, ist, dass der Park unglaublich groß ist. Er besteht aus mehreren wunderschönen Seen und Wasserfällen unterschiedlicher Größen und Höhen.

Der Park gehört zum UNESCO-Welterbe und für den Eintrittspreis von ca. 65 € (der Preis kann je nach Saison stark variieren) für zwei Personen bekamen wir einiges geboten. Hier kann man gut eine längere Zeit am Tag verbringen. Bringe dir also Proviant mit und ziehe dir bequeme Schuhe an. Außerdem solltest du keine Angst vor Menschenansammlungen haben, denn der Park wird jährlich von ca. eine Million Besuchern aus der ganzen Welt bestaunt.

Da viele Menschen an einem Ort für uns meistens eher Stress statt Vergnügen bedeuten, waren wir an diesem Abend auch entsprechend müde und erschöpft und machten uns nach dem Besuch gleich auf die Suche nach einem geeigneten Schlafplatz.

Freier Platz am Meer

23450 Jasenice
Ausblick

Das Schicksal hat uns nicht im Stich gelassen: Wir haben von der Schnellstraße aus diesen freien Platz am Meer gesehen. Dort konnten wir gemeinsam mit einem anderen Camper unser Lager für die Nacht aufschlagen. Bleibe unterwegs immer aufmerksam und halte die Augen für Stellplätze offen, die zufällig entdeckt werden können. Vieles sollte auf Reisen dem schönen Zufall überlassen werden – um sie so individuell wie möglich zu gestalten. Hier gibt es natürlich auch niemanden, den du vorher anrufen kannst, um zu reservieren. Solche Situationen entstehen, wenn du dem Zufall eine Chance lässt.

CATCH THE MOMENT!

Einzimmerfahrtwind | Irgendwo immer zu Hause | #VanlifeDiaries

Sieben
Wasserfälle

Nationalpark Krka
Ausflug

Eintritt Hauptsaison: 25 € pro Person
Eintritt Nebensaison: 2 bis 15 € pro Person

Der Nationalpark Krka zählt zu den schönsten der Welt. Er umfasst sieben Wasserfälle, wobei der letzte (siehe großes Bild) mit 17 Stufen über eine Länge von ca. 800 Metern der schönste von allen ist.

Etwa eine Stunde dauert ein Rundgang um den Wasserfall, wenn du gemütlich spazierst. Der Weg ist gut ausgeschildert und durch den ebenmäßigen Boden angenehm zu begehen. Vom Parkplatz aus brauchst du zu Fuß ungefähr 20 Minuten zum Hauptfotospot ganz unten am Wasserfall und wir haben uns wie immer frühmorgens auf den Weg gemacht, um dem Andrang der vielen Touristen zu entgehen. Es hat sich gelohnt: Wir hatten diesen tollen Ausblick für uns ganz allein.

Wenn die Strömung nicht so stark ist, darfst du hier sogar baden – ich empfehle dir jedoch, Wasserschuhe mitzubringen, da der Boden unter Wasser sehr steinig und uneben ist.

Die weißen
Kiesstrände
von Brela

TIPP!

Brela
Baden

Das Besondere an den weißen Kiesstränden von Brela ist, dass sie von grünen Kiefern umgeben sind. Auf dem Weg nach Brela haben wir frisches Obst und Gemüse für gerade mal 6 € erstanden. Die geringen Preise geben uns immer ein Gefühl von Unbeschwertheit. Wir fühlen uns „freier", wenn wir nicht auf jeden Euro achten müssen. Aus diesem Grund bereisen wir auch lieber Länder, in denen der Lebensunterhalt günstiger als in Deutschland ist.

Das Wahrzeichen von Brela bleibt eine schöne und beeindruckende Erinnerung: der Fels im Wasser nahe dem Strand. Jerrys GoPro-Kamera hat sich hier bei einer Aufnahme mit einem „Wurfpfeil" in einem Baum auf der Insel verfangen. Natürlich ist es verboten, auf das Wahrzeichen zu klettern, also hat Jerry mit Seil und Paddel versucht, die GoPro zu befreien. Die ganze Aktion wurde zur Touristenattraktion. In einem ruhigen Urlaubsort ist so etwas natürlich ein Highlight, bei dem jeder gerne einmal stehen bleibt und zuschaut. Nachdem wir die GoPro endlich aus dem Baum befreit hatten, sind wir dann ziemlich schnell weitergefahren…

An einer ruhigen und schattigen Badebucht

Beach Duba
Stellplatz
Plaža Duba
D8 87, 21329, Živogošće

Ab Brela wird die Landschaft zwar grüner, jedoch auch erheblich touristischer. Der nahe gelegene Flughafen in Split macht es den Touristen aus aller Welt leicht, in dieser **wunderschönen Gegend mit glasklarem Wasser** ihren Urlaub zu verbringen. Die Stellplatz-suche gestaltete sich für uns dadurch zunehmend schwieriger. An der Küste war bereits viel verbaut und viele der freien Flächen waren eingezäunt.

Schließlich haben wir doch noch was gefunden und verbrachten die Nacht mit einem netten Pärchen aus Österreich an einer schattigen Badebucht. Vor 11 Uhr solltest du hier spätestens weg sein, da dann die Urlauber zurückkommen, die an den Strand möchten.

Unser nächstes Ziel sollte ruhiger sein, daher entschie-den wir uns für eine Insel, von der wir vorher noch nie gehört hatten.

 Insel Dugi Otok
Campingplatz
Camp KARGITA

Meistens wählen wir bewusst Orte aus, die nicht in Reiseführern auftauchen und der Allgemeinheit weitestgehend unbekannt sind. Wir erhoffen uns damit, den ursprünglichen Charme solcher Umgebungen erleben zu dürfen – und so war es auch auf dieser Insel. Die Sommersaison war gerade vorbei und es versammelten sich nur noch wenige gestrandete Camper auf dem einzigen Campingplatz im Norden der Insel. Auf die Insel Dugi Otok fährt die Fähre mehrmals pro Tag und das Ticket ist direkt vor Ort oder im Internet zu erwerben.

Hier gibt es *einiges zu bestaunen*

Schiffswrack
Abenteuer

Auf der Insel Dugi Otok gibt es einiges zu bestaunen, etwa das **Wrack eines italienischen Frachters, der im Jahr 1984 in etwa fünf Meter Tiefe auf felsigen Grund gelaufen ist.** Das Wrack ist direkt vom Camping-platz aus mit einem Kajak über das Wasser zu erreichen und so groß, dass es bereits per Satellit mit dem Handy zu sehen ist. Die Spitze des gesunke-nen Schiffes ragt aus dem Wasser her-vor, den Rest kannst du mit Schnorchel und Flossen unter Wasser bestaunen. Dies war unser Highlight der Insel.

TIPP!

Einzimmerfahrtwind | *Irgendwo immer zu Hause* | *#VanlifeDiaries*

43°54'18.3"N 15°07'57.6"E

Telascica Nationalpark
Ausblick

Zu diesem Spot möchten wir euch einfach nur
Fotos zeigen, denn Bilder sagen in diesem Fall
mehr als tausend Worte.

Entdeckungstour zum
Auge des Drachen

Dragon Eye
Abenteuer

Der Naturpool im Westen der Insel sieht von oben aus wie ein Auge eines Drachens, deswegen hat der Ort auch seinen Namen „Dragon Eye" bekommen.

Wir mögen kleine und überschaubare Inseln. Es ist möglich, auf Dugi Otok schnell von einer Stelle zur anderen zu gelangen. Der Radius für deine Entdeckungstour ist eingegrenzt, da die Insel nur 43 Kilometer lang und fünf Kilometer breit ist.

Kroatien hat uns bewiesen, dass auch dieses Land voller Abenteuer steckt, fernab der ganzen „Instagram-Fotospots", die wir von Dubai oder Kapstadt kennen. Wenn du für das Schöne in unserer Welt offen bist, dann wirst du es auch sehen und spüren – egal wo.

PLANE JETZT DEINEN EIGENEN
INDIVIDUELLEN ABENTEUERTRIP
NACH KROATIEN.

Schweiz
Der beste Einstieg in unser Vanlife

46°46'34.2"N 7°59'03.2"E

Zeitraum: September 2017
Reisedauer: 1 Woche
Preisklasse: **TEUER**

Level: **EASY**
gefahrene Kilometer: ca. 1.500
Highlight: Seen direkt an und in den Bergen
Spots: 12

Unsere allererste kleine Vanreise 2017 ging in die Schweiz. Ich liebe die Berge und in diesem Spätsommer wollten wir unbedingt auf einer kurzen Tour alle neuen Funktionalitäten des Vans testen. Zu dem Zeitpunkt hatten wir noch keinen funktionierenden Kühlschrank und auch noch kein Solarsystem, um Strom zu generieren. Dennoch war dieser Trip der beste Einstieg in unser Vanlife. Trotz einiger noch fehlender Ausbauten konnten wir die Vorteile des Reisens mit dem eigenen Zuhause sofort genießen.

Da der Lebensunterhalt in der Schweiz sehr teuer ist, haben wir immer selbst gekocht. Außerdem standen wir an einem wunderschönen See mitten in den Bergen, auf einem Campingplatz, der klein und ruhig war und viel günstiger als alle anderen nahe gelegenen Plätze. Es lohnt sich also, unterwegs die Augen offen zu halten, denn die Orte, die nicht im Internet zu finden sind, sind oftmals die ursprünglichsten.

WILDCAMPING SCHWEIZ

Die Regelungen für das Wildcamping in der Schweiz sind von Kanton zu Kanton unterschiedlich. In einzelnen Gebieten gelten verschärfte Naturschutzgesetze und Betretungs-verbote, die das wilde Campen von vornherein ausschließen.

Laut Zivilgesetzbuch ist der Zugang zu Weide und Wald aber grundsätzlich jedermann erlaubt. In der Schweiz hast du nur eine Chance auf eine legale und idyllische Nacht inmitten der Natur – wenn du mit Zustimmung des Eigentümers auf dessen Privatgrundstück stehst.

Einzimmerfahrtwind | Irgendwo immer zu Hause | #VanlifeDiaries

Unsere Reisezeit: 4 Tage

Kosten
Sprit: 220 €
Campingplatz: 120 €
Lebensmittel: 60 €
Aktivitäten: 150 €

Total (pro Person): 275 €

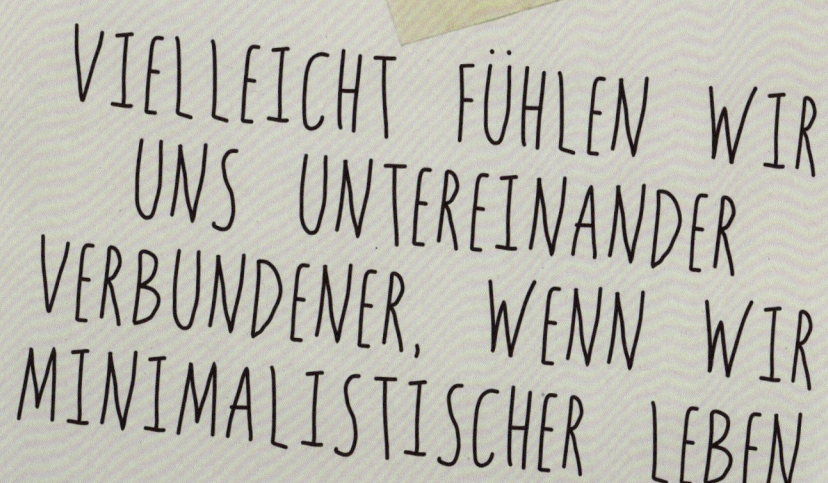

VIELLEICHT FÜHLEN WIR UNS UNTEREINANDER VERBUNDENER, WENN WIR MINIMALISTISCHER LEBEN.

Am Ufer des Brienzer Sees

Tour Brienz
Campingplatz
Camping Seegärtli

Am Ufer des Brienzer Sees standen wir für zwei Nächte bei unserer allererersten Vantour im Jahr 2017. Wir wollten nach dem Umbau unbedingt alle Funktionen testen und die wunderschöne Schweiz kennenlernen.

Übernachtet haben wir auf dem kleinen und familiären Campingplatz „Camping Seegärtli", direkt in der ersten Reihe, mit **Blick auf diesen wunderschönen türkisfarbenen See.** Unsere Surfbretter (da noch nicht auf dem Gepäckträger verstaut) hatten wir auch dabei und haben direkt ein paar Paddelübungen im Wasser absolviert. Am nächsten Tag fuhren wir mit der Brienzer Rothorn-Seilbahn hoch in die Berge, waren wandern und genossen die frische Bergluft und die weite Aussicht in vollen Zügen. Wir sind zum Berggipfel Tannhorn gefahren und haben von dort unsere Wanderung gestartet.

Die genauen Kosten habe ich leider nicht festgehalten, jedoch ist die Schweiz wesentlich teurer als Deutschland oder Österreich. Hierher würden wir trotzdem wiederkommen, denn manche Augenblicke sind mit keinem Geld dieser Welt zu bezahlen. Etwas weiter befindet sich ein wesentlich größerer Campingplatz, der besser ausgebaut ist, uns jedoch nicht besser gefällt. Nur durch Zufall haben wir beim Vorbeifahren das kleine Schild dieses schnuckligen Familiencampingplatzes gesehen. Hier gilt also auch wieder: Größer und populärer muss nicht zwingend höhere Qualität bedeuten. Je ursprünglicher ein Ort ist, desto mehr wächst er uns ans Herz.

Unterwegs fühle ich mich am lebendigsten. Für die oftmals lange Fahrt wirst du mit einzigartigen Momenten der Harmonie, Einfachheit und Ruhe entschädigt. Vanlife bedeutet für mich Freiheit!

Grenzenlos viel Natur

🍃 Genfer See und Neuchatel

Diese Orte sind uns auf der Fahrt nach Italien aufgefallen. Ich fühle mich von Seen und dem beeindruckenden Bergpanorama im Hintergrund magisch angezogen. Im Gegensatz zu Jerry war ich schon als Kind oft in den Bergen. Wir wollen unbedingt noch einmal mit unseren Elektrofahrrädern an diese Orte, denn hier gibt es grenzenlos viel Natur, die unbedingt entdeckt werden muss – egal wie.

🌿 Glion Vaud

Du kannst nicht durch die Schweiz fahren, ohne förmlich an der Fensterscheibe zu kleben, wenn du diese Gegend siehst. Es gibt rund 1.500 Seen, z. B. den Neuenburgersee, den Bielersee, den Bodensee, den Zürichsee, den Thunersee, den Zugersee, den Vierwaldstättersee, den Luganersee oder den Langensee.

Wir haben in der Schweiz bisher nicht so viel erlebt wie in den anderen von uns beschriebenen Ländern, dennoch war es uns wichtig, auch dieses sehenswerte Land aufzuführen und die wenigen, aber sehr einprägsamen Momente mit euch zu teilen. Wir sind in der Schweiz immer auf sehr freundliche und zuvorkommende Menschen gestoßen. Wir lieben die Vielfalt, das Essen und das große Freizeitangebot. Mit 41.285 Quadratkilometern und 8,57 Millionen Einwohnern zählt die Schweiz zu den dichter besiedelten Staaten Europas. Hier lassen sich zu jeder Jahreszeit einige Wochen verbringen, entweder beim Entspannen auf einer Almhütte oder beim Wandern oder Skifahren.

ES BRAUCHT
NICHT VIEL
ZUM GLÜCKLICHSEIN.

Einzimmerfahrtwind | *Irgendwo immer zu Hause* | *#VanlifeDiaries*

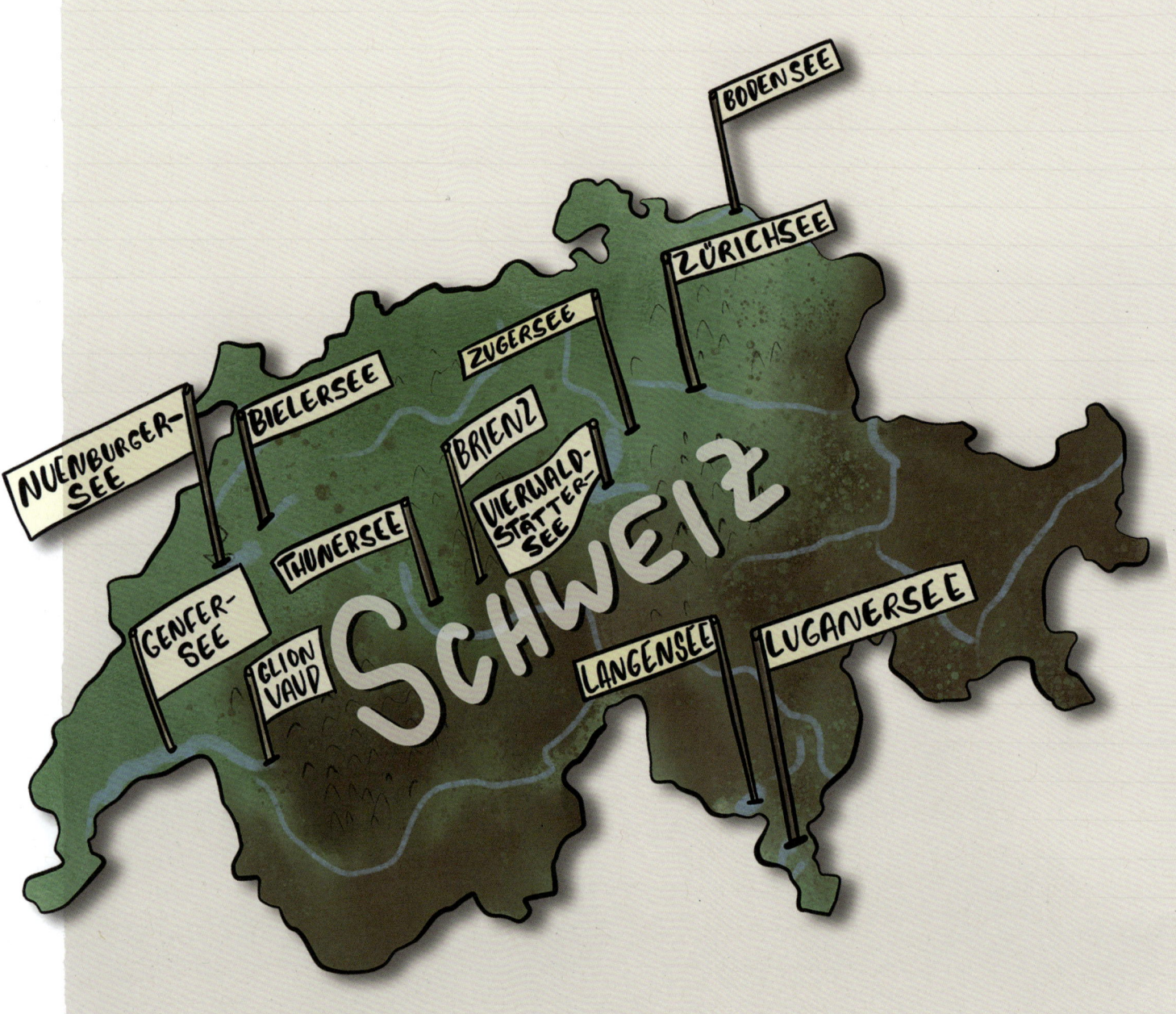

HIER KANNST DU DEINE
INDIVIDUELLE TOUR
DURCH DIE SCHWEIZ PLANEN.

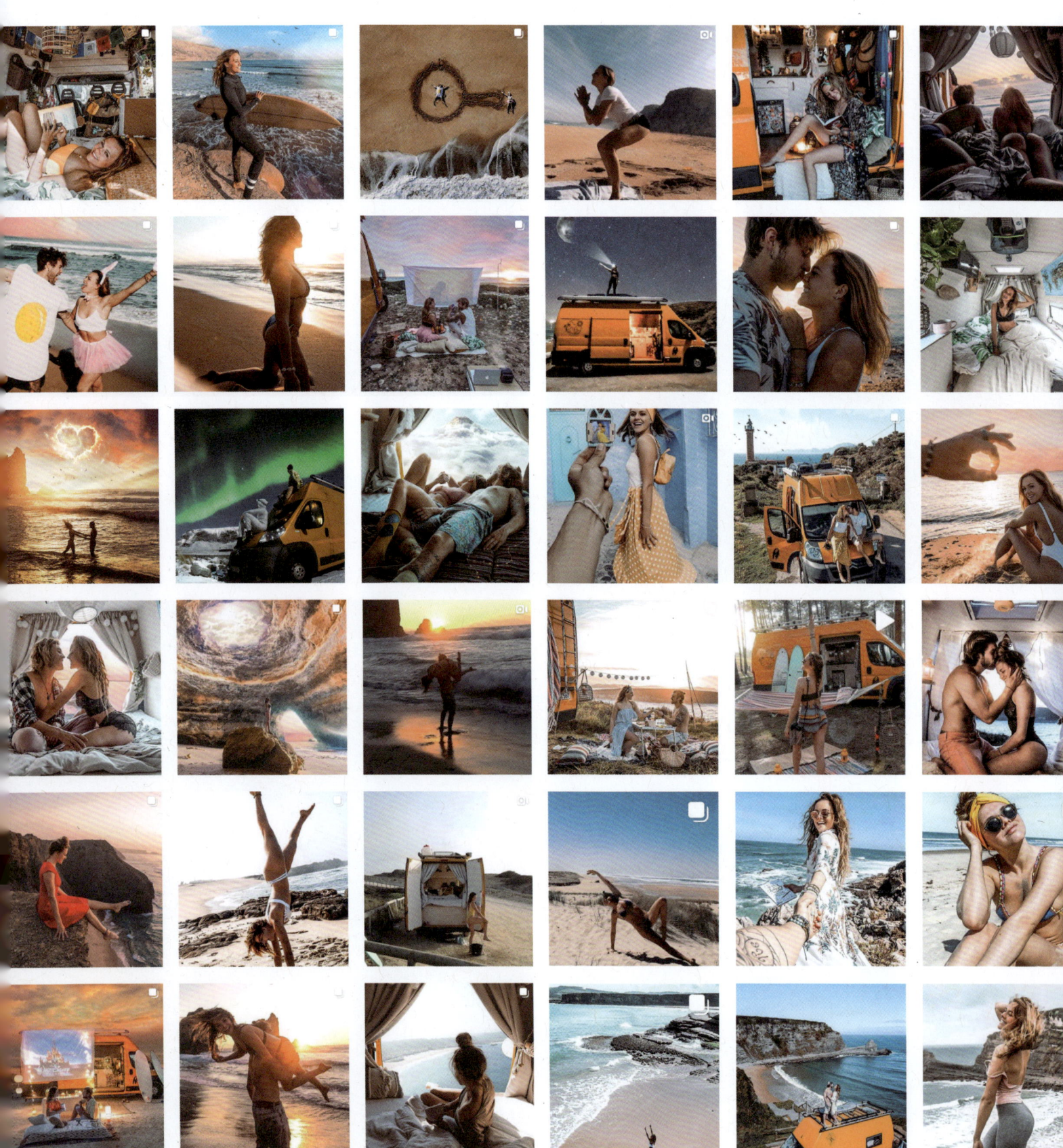

Mehr Bilder findest du auf Instagram.

Österreich
Pure Entspannung und Erholung

46°53'29"N 10°30'37"E

SPECIAL ORT IN ÖSTERREICH

Einzimmerfahrtwind | *Irgendwo immer zu Hause* | *#VanlifeDiaries*

Reisedauer: 1 Woche
Preisklasse: MEDIUM
Level: EASY
gefahrene Kilometer: ca. 1.600
Highlight: traumhafte Wanderungen
Spots: 12

In Österreich haben wir schon öfter einen Stopp auf unserer Durchreise nach Italien oder Kroatien eingelegt. Ein Besuch in diesem Land lohnt sich immer wieder. Ich schätze vor allem die Menschen, die uns immer sehr herzlich und hilfsbereit empfangen haben, und das leckere Radler an einem warmen Sommerabend ist ebenfalls ein erfrischendes Erlebnis. Viele Menschen kennen Österreich nur von Winterurlauben, jedoch finde ich die warmen Tage, wenn alles saftig grün ist und einem die Sonne ins Gesicht scheint, mindestens genauso schön. In den Bergen, Wäldern und Bergseen findest du Abkühlung, und einige Aktivitäten wie Klettergärten oder Sommerrodelbahnen hat das Land zudem zu bieten.

WILDCAMPING ÖSTERREICH

Als Wildcamper genießt du in Österreich wenig Freiheiten. Die Regelungen für das Wildcampen mit dem Van sind hier von Bundesland zu Bundesland unterschiedlich. Hierbei gelten die jeweiligen Camping- und Naturschutzgesetze.

Das wilde Kampieren in Waldgebieten ist allerdings grundsätzlich verboten. Bei Verstoß kannst du mit extrem hohen Geldstrafen rechnen. Möchtest du dein Nachtlager aufschlagen, solltest du dir einen Campingplatz suchen, da viele Parkplätze mit Toren versehen sind, um die Durchfahrt für Vans zu unterbinden. Daher hast du in Österreich nur eine Chance auf eine legale und idyllische Nacht inmitten der Natur – wenn du mit Zustimmung des Eigentümers auf dessen Privatgrundstück stehst.

Einzimmerfahrtwind | *Irgendwo immer zu Hause* | *#VanlifeDiaries*

Unsere Reisezeit: 1 Woche

Sprit (Hin- und Rückfahrt): 290 €

Sonstige Kosten
Hotels: 150 € pro Nacht
(saisonbedingt ganz unterschiedlich)
Lebensmittel: 100 €
Aktivitäten: 170 € (Ski fahren, Wellness oder nur Wandern?
Die Preise können hier stark variieren.)

Total (pro Person): 355 €

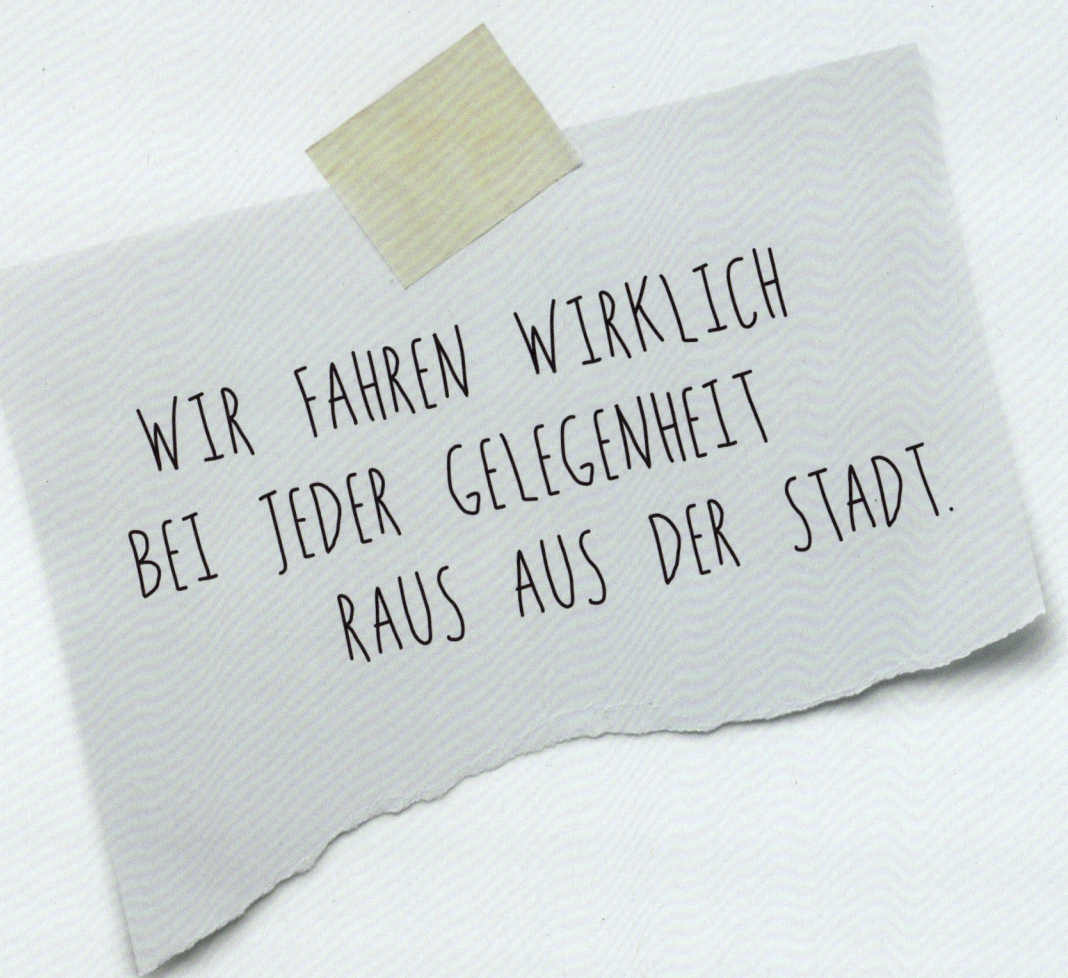

WIR FAHREN WIRKLICH BEI JEDER GELEGENHEIT RAUS AUS DER STADT.

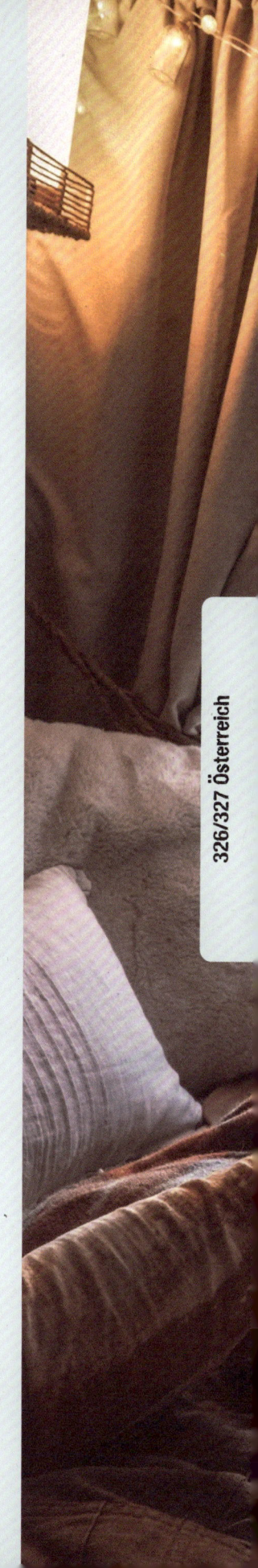

Perfekt
gegen Alltagsstress

Österreich ist perfekt, um den Alltagsstress und den Stadttrubel hinter sich zu lassen. Ich verbinde unglaublich viele schöne Momente mit Österreich, da ich hier als kleines Mädchen häufiger meinen Urlaub mit meiner Familie verbracht habe. Meistens sind wir in den Herbstmonaten verreist – als die Blätter am buntesten waren. Wir waren wandern, an Wasserfällen, Höhlen oder Salzbergwerken. Für mich bedeutet Österreich aber auch pure Entspannung und Erholung.

Hier möchte ich euch zwei Unterkünfte empfehlen, die diese Annehmlichkeiten mit ihren Pools, Saunalandschaften und dem exzellenten Essen bieten – verbunden mit dem wundervollen Anblick der Berge.

Ja, Vanlife bedeutet für mich, mir keinerlei Grenzen zu setzen, also auch nicht, auf Biegen und Brechen etwa solch einen Luxus zu verschmähen. Vielleicht möchte ja der ein oder andere auf seiner Tour durch Österreich für ein paar Tage an einem dieser Orte einen Stopp einlegen. Die Pensionen befinden sich natürlich alle im oberen Preissegment, was jedoch vollkommen gerechtfertigt ist. Dafür wird dir eben auch etwas ganz Unvergleichliches geboten:

Aqua Dome
Übernachten

Zum Aqua Dome gehört eine riesige Therme, die auch ohne Übernachtung im Hotel besucht werden kann. **Aktivitäten in der Umgebung:** Canyoning, Helikopter-Charterflug, Yogakurse.

Für alle, die ihre Höhenangst überwinden wollen, bietet sich hier die beste Möglichkeit dazu – auf der 200 Meter hohen Hängebrücke Längenfeld im Ötztal, mit uriger Bergkulisse. Der Rundweg ist leicht begehbar und ein tolles kostenloses Ausflugsziel.

Außenpool mit *Blick über die Berge*

 4-Sterne-Hotel ALPIN JUWEL
Übernachten

Das Hotel verfügt über einen Wellnessbereich und einen Außenpool mit Blick über die Berge.

Aktivitäten in der Umgebung:
u. a. die Rodelbahn am Reiterkogel (sie ist beleuchtet, wenn es dunkel ist), Mountainbike und Downhill fahren, Klettern, Wandern, Bouldern

In der Nähe von Salzburg an einem Feld

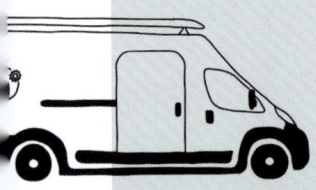

Salzburg

Stellplatz

Auf dem Hin- und Rückweg standen wir jeweils in der Nähe von Salzburg an einem Feld, auf dem uns Bauern kostenfreie Übernachtungen erlaubten. Also immer und überall Augen und Ohren offen halten und freundlich mit den Einwohnern kommunizieren. In Österreich fühle ich mich immer geborgen und sicher und auf das traditionelle Essen freue ich mich vor jeder Reise aufs Neue.

Skifahren/Snowboarden
Auch Skifahren und Snowboarden gehören für mich zu Österreich. Drei meiner Lieblings-Skigebiete sind Saalbach, der Stubaier Gletscher und Schladming.

Bald möchten wir einen Snowboardurlaub im Van verbringen, mit unserem Holzofen sollte das definitiv machbar sein. –14 °C in Schweden haben wir damit schließlich auch schon überstanden.

Die längsten Rodelbahnen

Rodeln
Wer in Österreich ist, muss meiner Meinung nach auch mindestens ein Mal rodeln. Im Folgenden findest du die fünf längsten Rodelbahnen:

Wildkogel-Arena Neukirchen und Bramberg, Salzburg
Bergstation Smaragdbahn
(die längste beleuchtete Rodelbahn der Welt)
Länge: 14 km
Schwierigkeitsgrad: leicht bis mittelschwer

Kellerjoch, Tirol
Schwaz/Pillberg
Länge: 9 km
Schwierigkeitsgrad: mittel

Reith, Tirol
Reither Kogelbahn
Länge: 6 km
Schwierigkeitsgrad: leicht

Rohrmoos, Steiermark
Hochwurzen
Länge: 8 km, 710 m Höhenunterschied
Schwierigkeitsgrad: leicht bis mittelschwer

Nauders, Tirol
Bergkastel
Länge: 7 km, 800 m Höhenunterschied
Schwierigkeitsgrad: leicht

Es gibt zudem eine wirklich schöne **Nachtrodelbahn** in Radstadt, wo man so etwas wie „All you can drive" machen und zwischen 18 und 21 Uhr durch Zahlung eines Fixpreises so oft mit der Gondel rauf- und mit dem Rodel runterfahren kann, wie man will. Rentiert sich schon ab dem zweiten Mal und ist definitiv meine Lieblingsrodelbahn!

Lieblingsorte

Mein Lieblingsort in Österreich

Ich war schon unzählige Male in Österreich und ich kann euch trotzdem keinen absoluten Lieblingsort empfehlen. Das Land ist wunderschön und total angenehm zu bereisen. Überall befinden sich Campingplätze mit traumhafter Bergkulisse, sodass du dich treiben lassen kannst. Ein großer Vorteil ist natürlich auch die gute sprachliche Verständigung und du wirst hier sicherlich keinen negativen Kulturschock erleben.

Somit bietet sich Österreich optimal für eine Tour an, wenn du noch keine Vanerfahrungen hast und dich langsam an das Thema Vanlife herantasten möchtest. Meistens haben wir uns auf den Reisen durch Österreich so frei gefühlt, dass wir unsere Handys beiseitegelegt und uns noch nicht einmal die genauen Standorte gemerkt haben.

PLANE JETZT DEINE
INDIVIDUELLE TOUR
DURCH ÖSTERREICH.

Urlaubsfeeling im schönen Deutschland

47°54'06.0"N 8°09'11.3"E

Zeitraum: Juni 2020
Reisedauer: 3 Tage
Preisklasse: MEDIUM
Level: MEDIUM
gefahrene Kilometer: ca. 5.000
Highlight: abwechslungsreiche Landschaften
Spots: 34

Aufgrund der Corona-Situation haben sich unsere Pläne für 2020 komplett geändert. Wie immer wollten wir das Beste aus allem machen, also haben wir uns für eine Reise quer durch Deutschland entschieden. Viel zu selten lernt man sein eigenes Land kennen, was sehr schade ist, denn **auf dieser Tour haben uns so einige Orte zum Staunen gebracht** und uns an Erfahrungen in anderen Ländern erinnert: blaues Seewasser wie in der Karibik, Felsenformationen wie im Grand Canyon, Sonnenaufgänge mit traumhaften Ausblicken, die an Afrika denken lassen, oder wunderschöne Badebuchten wie in ebenfalls weit entfernten Urlaubsregionen. Die Vorteile dieser Reise sind die wenig aufwendigen Anfahrtszeiten und die einfache Verständigung. Jede Region, die wir erkundet haben, hat noch so viel mehr zu bieten und wir waren über die Vielfalt wirklich positiv überrascht.

Vier Wochen reichen lange nicht aus, um die Schönheit unseres Landes zu entdecken. Lasse dich also gerne von unseren Erfahrungen inspirieren, zugleich aber auch unabhängig treiben und mache dich auf die Suche nach deinem Urlaubsfeeling im schönen Deutschland.

WILDCAMPING DEUTSCHLAND

In Deutschland ist das Wildcamping mit dem Van von Bundesland zu Bundesland anders geregelt. Allerdings ist festzuhalten, dass Kampieren hierzulande grundsätzlich verboten ist.

Auf Raststätten oder staatlichen Parkplätzen kannst du meist bis zu zehn Stunden bedenkenlos deine Nacht im Van verbringen.

In Deutschland hast du nur eine Chance auf eine legale und idyllische Nacht inmitten der Natur – wenn du mit Zustimmung des Eigentümers auf dessen Privatgrundstück stehst.

Einzimmerfahrtwind | *Irgendwo immer zu Hause* | *#VanlifeDiaries*

Unsere Reisezeit: 4 Wochen

Juni 2020
Einen Monat quer durch Deutschland

Kosten
Lebensmittel: 300 €
Sprit: 690 €
Übernachten: 160 €
Parken/Eintritt: 32 €
Fähre: 16,50 €
Wäsche waschen: 25 €

Total (pro Person): 611,75 €

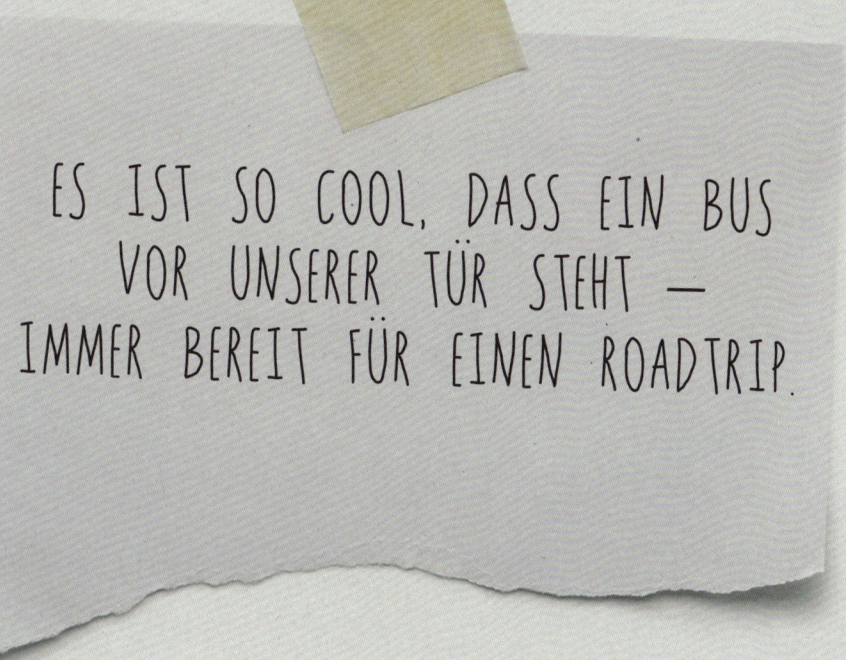

ES IST SO COOL, DASS EIN BUS VOR UNSERER TÜR STEHT — IMMER BEREIT FÜR EINEN ROADTRIP.

Zu jeder Jahreszeit ein besonderer Charme

Hängeseilbrücke Geierlay
Ausflug

Die Hängeseilbrücke Geierlay war noch vor Kurzem mit einer Länge von 360 Metern die längste Hängeseilbrücke Deutschlands und wurde 2017 von der Hängeseilbrücke Rappbodetalsperre mit 458,5 Metern abgelöst.

Hier waren wir bereits einige Male und es lohnt sich immer wieder. Das natürliche Ambiente ist wirklich wunderschön und auch alle Fotografen werden auf ihre Kosten kommen, weil die Brücke zu jeder Jahreszeit einen besonderen Charme hat.

Du kannst auf beiden Seiten der Brücke parken und erreichst sie nach ca. zwei Kilometern. Beachte jedoch, dass sie gerade am Wochenende sehr stark besucht ist. Möchtest du den Menschenmassen entgehen, empfehle ich dir einen Besuch frühmorgens und unter der Woche.

Großartiger Ausblick direkt auf das Schloss

Köln–Schloss Neuschwanstein
Highlight
Campingbrunnen
Seestraße 81
87645 Schwangau

Kosten Parken Schloss Neuschwanstein: 10,50 €
Shuttle: Berg-und-Tal-Fahrt: 3 €
Pferdekutsche: 10,50 €

Von der Marienbrücke aus hast du einen großartigen Ausblick direkt auf das Schloss. Der Eintritt ist frei und die Wanderung hierher dauert ca. 45 Minuten. Alternativ fahren auch regelmäßig Busse oder sogar Pferdekutschen nach oben.

Die meisten Besucher fotografieren die Sehenswürdigkeit von der Brücke aus und gehen danach zurück. Ich empfehle dir dagegen, die Brücke zu überqueren und den Weg etwa zehn Minuten weiter durch den Wald zurückzulegen. Du erreichst so einen höher gelegenen Aussichtspunkt mit einem freien Blick über Schloss Neuschwanstein und über die umliegenden Seen. Falls du dir das Bauwerk von innen anschauen möchtest, solltest du dir frühzeitig Tickets im Internet buchen. Billigere Kombitickets gibt es mit dem Schloss Hohenschwangau zusammen, das in der Nähe liegt und auch einen Blick auf Neuschwanstein bietet – mir persönlich hat es von innen besser gefallen als Neuschwanstein.

Natürlich ist dies Geschmacksache – ein Blick von außen lohnt sich auf jeden Fall. Es befinden sich rund um das Schloss viele unterschiedliche Wanderwege, die dir kontrastreiche und einzigartige Blicke ermöglichen.

47°29'37.6"N 11°03'55.0"E

Abwechslungsreiche
Tage am See

Zugspitze und Eibsee
Garmisch-Partenkirchen
Stellplatz
Maximilianshöhe
82467 Garmisch-Partenkirchen

Direkt an der Zugspitze befindet sich der glasklare Eibsee. Er ist bis zu 32,5 Meter tief und du kannst hier in toller Naturromantik baden oder dich bei einem Spaziergang erholen. Hier werden zahlreiche Freizeitaktivitäten angeboten und du könntest entspannt mehrere abwechslungsreiche Tage in Garmisch-Partenkirchen verbringen. In der Stadt findest du zahlreiche Restaurants und Einkaufsmöglichkeiten sowie eindrucksvoll gelegene Campingplätze.

Uns war vor unserem Besuch nicht bewusst, dass Einheimische von den vielen Touristen nicht selten genervt und die Hauptspots offenbar häufig überlaufen sind. Vermehrt entstehen Probleme mit zugeparkten Straßen und mit dem Müll, der einfach in der Natur hinterlassen wird.

Einzimmerfahrtwind | Irgendwo immer zu Hause | #VanlifeDiaries

Aktivitäten
Zugspitze
Gondel pro Person: 59 €
Parken: 11 €

In wenigen Minuten erreicht die Gondel den **höchsten Berg Deutschlands.** Da es im Tal angenehm warm war, waren wir von der Kälte und vom Schnee auf der Zugspitze leicht überrascht. Prüfe also vorab die Wetterverhältnisse. Bei unserem Besuch lag der Berg leider vollständig im Nebel und dementsprechend war einfach alles um uns herum weiß. Den Spaß einer kleinen Schlittentour haben wir uns trotzdem nicht nehmen lassen.

Wer Zeit hat und fit genug ist, kann den Berg auch aus eigener Kraft erklimmen, so wie mein großer Bruder im Sommer 2019. Der Anstieg ist höchst anspruchsvoll und nicht für Abenteurer mit Höhenangst geeignet, denn teilweise sind die Wege nicht gesichert. So kannst du tief in den Abgrund schauen… Die Tour soll jedoch wirklich einzigartig und herausragend sein und oben angekommen, übermannen dich sicherlich Tausende Glücksgefühle – den Anstieg aus eigener Kraft geschafft zu haben ist schon etwas anderes, als mit der Gondel in wenigen Minuten hochzufahren.

Tandemgleitschirm
https://www.fly-garmisch.com/index.php/de/

Wenn du Lust hast, deinen Puls in die Höhe zu jagen, solltest du unbedingt einen Flug mit einem Tandemgleitschirm wagen. **Du erlebst hierbei einen einzigartigen Blick über die Berge, Flüsse und Seen und wirst dieses Abenteuer garantiert niemals vergessen.** Alternativ kannst du aber auch auf dem sicheren Boden bleiben und findest vor Ort wunderschöne und aufregende Mountainbike-Trails und zahlreiche Wanderwege.

Stehende Welle im Bach

 Eisbachwelle
Surfen
Prinzregentenstraße
80538 München

In München gibt es mit der **„Eisbachwelle"** einen Spot für Surfprofis aus aller Welt. Hier ist es möglich, auf einer stehenden Welle im Bach zu surfen oder den Profis bei diesem Spektakel zuzusehen. Die Welle ist sehr anspruchsvoll und gefährlich, Baden ist also verboten. Durch die Betonbegrenzung an den Seiten, die Fließgeschwindigkeit, eine Schwelle, an der das Wasser durch den Höhenunterschied nochmals an Energie gewinnt, und Störsteine nach der Schwelle türmt sich das Wasser hier bis zu 1,50 Meter auf.

Es macht wirklich Spaß, den Könnern beim Reiten der Welle zuzuschauen, jedoch wird der Spot immer noch klar von den Locals* dominiert. Surfanfänger werden an diesem Ort gerne belächelt und haben nach Meinung der Einheimischen an der Eisbachwelle auch „nichts zu suchen". Da diese nicht mit den Wellen im Meer vergleichbar ist und unsere Surfbretter zu groß sind, um die Welle surfen zu können, blieben wir dieses Mal nur Zuschauer.

Für alle Badenixen empfehle ich an heißen Sommertagen das Naturbad Maria Einsiedel, das sich gleich in der Nähe befindet.

---
* Einheimische

(i) **Bayern**

Zu Bayern ist unserer Erfahrung nach generell festzuhalten, dass die Touristenspots überlaufen sind. Die Einheimischen möchten unbedingt verhindern, dass noch mehr Touristen zu Besuch kommen, denn diese machen teilweise ihre Wohnorte unbewohnbar. Die Parkplätze sind ebenfalls überfüllt und so gut wie alle Freiflächen werden von Campern zum Parken genutzt. Da viele von ihnen leider ihren Müll liegen lassen und zum Teil ihre Chemietoiletten auf den Kuhweiden entleeren, sind die Camper nicht gern gesehen.

Dieses Verhalten ist ein absolutes No-Go; wir kennen glücklicherweise niemanden, der derart rücksichtslos ist. Aber selbst wenn du immer sorgfältig und pflichtbewusst mit deiner Umwelt umgehst, wirst du dennoch mit diesen Unmenschen über einen Kamm geschoren – traurig, aber verständlich!

In Bayern kannst du superviel in den Bergen erleben und findest ein breites Freizeitangebot, im Winter wie auch im Sommer! Ich wusste vor unserer Tour gar nicht genau, dass Bayern wirklich sooo groß ist! Für einige Strecken brauchten wir aufgrund der kurvigen Straßen unerwartet lange. Und das Wetter kann selbst im Sommer schnell umschlagen, daher denke daran, unbedingt eine Regenjacke, Wanderschuhe und auch im Sommer eine dicke Decke für kalte Nächte und ein Stand-up-Paddel für die zahlreichen Seen einzupacken.

Waldcamping am Auwaldsee

Ingolstadt
Campingplatz
AZUR-Waldcamping am Auwaldsee (Ingolstadt)

Hier verbrachten wir eine Nacht nach unserer Kroatienreise im September 2019 auf dem Weg Richtung Köln. Der Campingplatz verfügt über Waschmaschinen, Duschen und über eine schöne naturbelassene Campingfläche. Wir hatten das Glück, direkt am Fluss allein sein zu können, und dadurch kaum das Gefühl, wirklich auf einem Campingplatz zu verweilen. So gefällt es uns am besten! Weitere Besonderheiten des Stellplatzes sind die gute Anbindung an die A9 und die gemütlichen Campingfässer, in denen du alternativ gegen einen Aufpreis eine außergewöhnliche Nacht verbringen kannst.

Umringt von
Tannenwäldern

 Schwarzwald
Highlights: Ravennaschlucht, Titisee, Kreuzfelskurve,
Tannenwälder im Nebel

Naturpark Südschwarzwald
Höllsteig 75
79874 Breitnau

In dieser Ecke befinden sich direkt die **Ravennaschlucht, die Kreuzfelskurve und der Titisee.**
All diese (gut erreichbaren) Spots sind umringt von
wirklich einzigartigen Tannenwäldern, die oftmals
frühmorgens oder spätabends nebelverhangen
sind. Zudem erschienen uns die Menschen vor Ort
geerdet.

Einzimmerfahrtwind | Irgendwo immer zu Hause | #VanlifeDiaries

HIT THE ROAD!

Einzimmerfahrtwind | *Irgendwo immer zu Hause* | *#VanlifeDiaries*

358/359 Deutschland

Die romantischsten *Lagerfeuer*

 Campingplatz Weiherhof
Campingplatz
Bruderhalde 25
79822 Hinterzarten
Terrassencamping Sandbank

Die Campingplätze in Deutschland solltest du spätestens am Nachmittag anfahren, da viele Betreiber ab 21 Uhr keine neuen Besucher mehr auf das Gelände lassen (um die anderen Camper nicht zu stören). Außerdem empfehle ich, sie in der Hauptreisezeit frühzeitig zu reservieren. (Wenn du auf Nummer sicher gehen möchtest, würde ich sogar einen Monat im Voraus einen Platz auf deinem Lieblings-Campingplatz reservieren.) Auf unserer Tour war es leider kein Einzelfall, Campingplätze schon komplett ausgebucht vorzufinden. Bisher war es ehrlich gesagt nirgendwo so beschwerlich, einen Schlafplatz zu finden, wie in Deutschland. Freie Flächen sind beschränkt und die Regeln für das Wildcampen sehr streng.

 Free carpark
Stellplatz
79874 Breitnau

Hier kannst du frei parken, einige Camper haben hier gleich übernachtet Am Titisee gibt es außerdem zwei schöne Campingplätze, die beide direkt am See gelegen sind und ca. 30 € pro Nacht kosten.

47°54'53.4"N 8°04'31.7"E

 Schwarzwaldcamp
Campingplatz
Tipis, Baumzelte, Zelt- und Bulliplätze

Dies ist ein cooles Erlebnis – auch ohne Van. Das Schwarzwaldcamp **zählt zu einem der schönsten Camps Deutschlands** und liegt gleich am Schluchsee-Wasser. Hier findest du die romantischsten Lagerfeuer oder abenteuerlichsten Paddeltouren und jedem Naturliebhaber sollte hier definitiv das Herz höherschlagen.

Wald, Stille und abgelegene Dörfer

 Pfälzer Wald
Wandern

Vorsicht: Wildschweine und Rehe, die häufig die Straße überqueren
Hinweis: Wir hatten nirgendwo Handyempfang.

Am Eibsee haben wir ein nettes Pärchen aus dem Pfälzer Wald getroffen, das sehr von den Sehenswürdigkeiten vor Ort schwärmte. Tatsächlich hat uns dieser Ort positiv überrascht. Überall ist Wald und Stille, und abgelegene Dörfer laden zum ruhigen Übernachten ein. Nirgendwo sonst konnten wir uns so ungestört direkt in der Natur aufhalten und sogar auf Waldparkplätzen übernachten. Die Leute sind sehr freundlich und du bist weit weg von Touristenansammlungen.

Wir hatten zwar nirgendwo Handyempfang, jedoch wurden wir von einzigartigen Aussichten und Sehenswürdigkeiten verzaubert. Um doch wenigstens einmal täglich alle E-Mails und Nachrichten zu checken, haben wir uns in Dorfkneipen oder Restaurants gesetzt, die alle guten WLAN-Empfang hatten.

Besonders lecker war die Pizza im Gasthaus „Kulka" in Fischbach bei Dahn (:

Altschlossfelsen
Ausblick

Grand-Canyon-Feeling, und das mitten in Deutschland. Hier siehst du **die größte Buntsandstein-Felsformation der Pfalz,** gleich an der Grenze zu Frankreich. Die Felsengruppen sind ca. 1,5 Kilometer lang, 30 Meter hoch und bestehen aus Sandsteintürmen und -wänden, die teilweise breit genug sind, um hindurchzusteigen.

Vom Parkplatz läufst du etwa 25 Minuten zu dem roten Gestein, der Weg ist gut ausgeschildert.

Hobbyfotografen wie Profis kommen bei Sonnenuntergang voll auf ihre Kosten, denn dann scheint die Sonne genau durch die Öffnung im Gestein und lässt die natürliche Farbe der Felsformationen noch kräftiger erscheinen.

Toller Ausblick über den Pfälzer Wald

Rötzenfelsen
Ausblick

Parken kannst du auf dem ca. 1,6 Kilometer entfernten Wanderparkplatz Grossweiler-Stein 76857. Der Anstieg auf den 550 Meter hohen Felsen ist recht anstrengend und dauert schätzungsweise 30 Minuten. Oben angekommen, wirst du mit einem tollen Ausblick über den Pfälzer Wald belohnt. Besonders schön ist es hier pünktlich zum Sonnenaufgang. Menschen mit **Höhenangst könnte der Ausblick Überwindung kosten.** Pack dir einfach dein Frühstück ein und genieße den Ausblick auf der Burg Lindelbrunn, in der wohl heute noch häufiger Partys von Jugendlichen gefeiert werden. Wir haben uns dort mit einem netten Pärchen unterhalten, ansonsten einfach geschwiegen und alles um uns herum vergessen.

„Little Africa"

Drachenfels
Wandern und Ausblick

Das mächtige Felsenriff aus Buntsandstein bietet einen Panoramaausblick in den Pfälzer Wald. Für uns ist der Drachenfels das „Little Africa" – da uns der Ausblick bei Sonnenuntergang mit dem rötlichen Gestein an Afrika erinnert hat. Hier kannst du direkt an der Drachenfelshütte parken und läufst ca. 20 Minuten durch den Wald bis zum Berg, der ebenso unbekannt ist wie beinah alle Spots im Pfälzer Wald. Genau das ist das Besondere an dieser Region! **Du findest kaum Orte, die noch so ursprünglich und wenig besucht sind.**

Vom Parkplatz aus kannst du dir nach wenigen Gehminuten eine Burgruine anschauen. Um zum Drachenfels zu gelangen, musst du aber in die entgegengesetzte Richtung laufen; nach der Hütte (die sich direkt auf dem Parkplatz befindet) findest du eine gute Beschilderung zum Felsen.

Teufelstisch
Ausblick

Hier lohnt sich ein Besuch bei Nacht mit einem klaren Sternenhimmel – **eine solche Felsformation haben wir bisher nirgendwo anders gesehen.** Der Anstieg ist einfach und dauert etwa fünf Minuten.

Den Pfälzer Wald legen wir allen Naturliebhabern ans Herz, die einfach mal vollkommen entspannen und abschalten wollen.

 Rhön-Indianer-Hotel/Tipidorf
Übernachten

Lust auf einen kurzen Ausflug in die vergangene Zeit? **Unser nächster Stopp war die Sächsische Schweiz,** und wer auf dem Weg dorthin einen kleinen Halt machen möchte, ist im Indianer-Hotel – bestehend aus zwölf Zelten (Tipis) mit einer Feuerstelle in der Mitte – genau richtig. Das Indianer-Hotel befindet sich auf einem großen Wiesengelände, das von zwei Bächen umsäumt wird. Ein kleiner Badeteich rundet das außergewöhnliche Gelände ab. Hier lebt und isst es sich wirklich sehr gut. Ein absoluter Geheimtipp für alle, die einmal in einem ganz besonderen Flair übernachten möchten.

Ausflug in die
vergangene Zeit

 Sächsische Schweiz
Wandern

Von der Sächsischen Schweiz habe ich bereits vor Jahren tolle Fotos gesehen und uns wurde von der einzigartigen Schönheit der Natur vorgeschwärmt. Endlich angekommen, sah die Realität erst mal anders aus, denn alle Campingplätze waren komplett ausgebucht und die Suche nach einem geeigneten Platz zum Übernachten erwies sich als äußerst stressig. Zudem war leider das Wetter wechselhaft und regnerisch.

Beim Vorbeifahren hat uns der Campingplatz Ostrauer Mühle gut gefallen.

Bastei
Wandern

Parken: 11 €
Die Bastei gehört ebenfalls zur Sächsischen Schweiz. Wir waren etwas
enttäuscht, da zu viele Touristen an
diesem Ort waren und das Flair dadurch leicht verloren ging. Wer der
Menschenmasse entgehen will, sollte
die Bastei stets frühmorgens oder
spätabends besuchen. Ein Selfie mit
Blick auf die Brücke gehört dennoch
dazu.

Wir haben uns dort mit zwei coolen
Typen in unserem Alter unterhalten,
die beiden kamen aus dem Schwär-
men gar nicht mehr raus. Für mich
war es zwar teilweise schwer, den
sächsischen Dialekt zu verstehen,
aber das tat dem Gespräch keinen
Abbruch, es war von beiden Seiten
sehr offenherzig und superamüsant.

Kleiner Winterberg und Idagrotte
Wandern

Die Idagrotte ist eine große Felshöhle und liegt am Felsfuß des 130 Meter hohen „Frienstein". Für diese Region empfehle ich euch die App „Komoot". Sie zeigt euch alle Wanderwege in der Umgebung an und ihr könnt euch die Karten sogar offline runterladen. So seid ihr beim Wandern immer sicher, dass ihr euch auch auf dem richtigen Weg befindet. Geparkt haben wir auf dem Parkplatz Felsmühle und bis zum kleinen Winterberg sind es etwa 45 Minuten Fußweg. Von dort aus gelangst du in weiteren 45 Minuten zur Idagrotte. Wir waren um 5 Uhr morgens zum Sonnenaufgang unterwegs, da die Spots dann am schönsten sein sollen; bei uns hat es jedoch geregnet und gewittert – Wetterverhältnisse, die nicht unbedingt vorteilhaft für eine Wanderung durch den Wald sind. Trotzdem hat alles auch eine gute Seite, denn durch das regnerische Wetter hatten wir alle Spots so gut wie für uns allein. In der Idagrotte kann es bei gutem Wetter nämlich schon mal zu Wartezeiten von bis zu einer Stunde kommen.

Einzimmerfahrtwind | irgendwo immer zu Hause | itvanlifeDiaries

Quer durch die Sächsische Schweiz

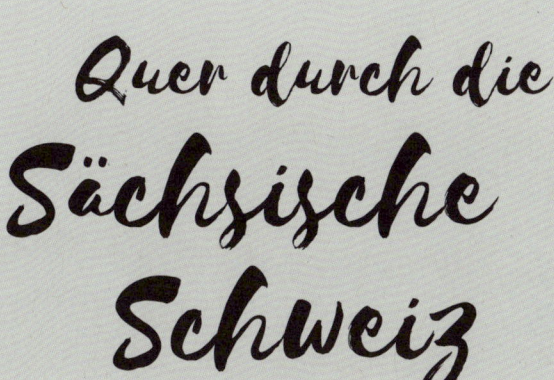

Tipp: Malerweg

Der Malerweg ist **einer der schönsten Wanderwege Deutschlands,** er führt 112 Kilometer quer durch die Sächsische Schweiz. Hier ließen sich früher die Maler zu einzigartigen Kunstwerken inspirieren.

Du kannst den Weg in mehreren Etappen bestreiten. 70 Gastgeber am Malerweg sind als „wanderfreundlich" qualifiziert und bieten dir Übernachtungsmöglichkeiten oder auch Lunchpakete für den Weg. Auf dem Malerweg findest du also eine große Auswahl an Hotels, Pensionen, Herbergen oder Campingplätzen. Der Weg ist stets gut ausgeschildert und führt an den schönsten Orten der Sächsischen Schweiz vorbei.

Zwei fragile Natur-wunder

Herkulessäulen
Klettern

Die Herkulessäulen sind zwei schlanke Felstürme, die wegen ihrer fragilen Struktur als **Naturwunder** bezeichnet werden. Vom Parkplatz aus sind es nur wenige Minuten bis zu den Säulen und bei gutem Wetter ist dieser Spot ein Treffpunkt für begeisterte Kletterer, die sich gegenseitig zu Höchstleistungen zwingen. Im Wald begegneten uns zwei nackte Männer, die einfach nur die Freiheit in der Natur genießen wollten und sich in dem herzlichen sächsischen Dialekt unterhalten haben.

In den Osten Deutschlands kehren wir gerne wieder zurück. In der Sächsischen Schweiz gibt es zahlreiche Wanderwege, die ihre Besonderheit durch das einzigartige Naturschauspiel erhalten. Wir bedanken uns für die unvergessliche Zeit.

Leipzig
Campingplatz

Wohnmobilhafen Lagovida
Hafenstraße 1
04463 Großpösna
23 €/Nacht

Dieser ruhige Wohnmobilhafen liegt an einem See, die Nutzung der Duschen ist kostenlos. Auf der Tour ist uns zum ersten Mal aufgefallen, dass Waschmaschine und Trockner nicht zur Grundausstattung von Campingplätzen gehören müssen. Wir fuhren bereits zuvor ein paar Campingplätze an, die beides nicht hatten.

Um Zeit und Kilometer zu sparen, informiere dich daher vorher im Internet über die Ausstattung der Campingplätze.

Tipp: Damit jeder Mitreisende auch auf engstem Raum etwas **Privatsphäre** hat, sollten Kopfhörer mit Geräuschunterdrückung genutzt werden. Ebenso benutzen wir gelegentlich unsere Ohrhörer während der Fahrt, um die lauten Motorengeräusche auszublenden. **Eine hohe Lautstärke über einen langen Zeitraum bedeutet für mich automatisch Stress. Daher lohnen sich gute Kopfhörer auf deiner Vantour.** Bitte beachte, dass Kopfhörer als Fahrer tabu sein sollten.

„GigaSwing“
in 75 Meter Höhe

Harz
Abenteuer
Hängeseilbrücke Rapbodetalsperre
Eintritt: 6 €
Parken: 4 € (direkt an der Brücke)

Seit 2017 ist die Hängeseilbrücke Rapbodetalsperre mit einer Länge von 483 Metern **die längste Hängeseilbrücke Deutschlands.** Davor war es die Hängeseilbrücke Geierlay, die Jerry und ich schon einige Male besucht haben, weil sie wirklich schön gelegen ist. Das ist bei dieser Hängebrücke allerdings etwas anderes: Sie befindet sich direkt an einer Talsperre und an einer Straße – trotzdem kommen hier besonders die Adrenalin-Freaks auf ihre Kosten.

Auf einer Höhe von 75 Metern bietet die Überführung einiges an Aktivitäten. Der „GigaSwing" gehört zum spektakulärsten Pendelsprung Europas. Raus aus der Komfortzone und einfach mal etwas Neues probieren oder vielleicht sogar die Höhenangst bei dem Besuch der Brücke überwinden. Egal wie, einen Besuch ist das Bauwerk auf jeden Fall wert, und ich empfehle dir, diese Aktivitäten frühzeitig zu buchen.

Hamburg–Ratzeburg
Pause

Reisen mit dem Van ist schön, wenn wir ein Gefühl der Verbundenheit mit der Familie oder Freunden verspüren. Zurück in Deutschland, fühlen wir uns natürlich immer für eine kurze Zeit angekommen.

Und rein pragmatisch gesehen haben wir hier am unkompliziertesten die Möglichkeit, unsere Wäsche zu waschen, Wassertanks aufzufüllen und/oder Batterien (vom Solarsystem sowie extern) zu laden; die Energiequellen laufen aufgrund unseres hohen Verbrauchs schließlich schnell leer.

Übrigens kommt unser Kennzeichen aus Ratzeburg: „RZ". Die Versicherung ist hier nämlich um einiges günstiger als in Köln.

Tipp: Campingplatz Land an der Elbe bei Hamburg am Stover Strand. Ein natürlicher Campingplatz direkt an der Elbe.

Einzimmerfahrtwind | *Irgendwo immer zu Hause* | *#VanlifeDiaries*

Dinge, die in *Erinnerung* bleiben

Rügen
Stellplatz
„park4night" durch den Wald direkt am Meer
Nordstrand
18609 Binz

Auf Rügen habe ich das bisher beste geräucherte Fischbrötchen meines Lebens gegessen. Am Strand Vitt, ganz im Norden der Insel, in der Nähe von Kap Arkona, befindet sich ein kleines Restaurant, das den Fisch direkt am kleinen Hafen räuchert. Außerdem gibt es in dem Minidörfchen einen richtig schönen Süßigkeitenladen. Filme wie „Pippi Langstrumpf" zeigen genau diese Art von Lädchen – solche Dinge bleiben mir einfach in Erinnerung.

Hier waren wir auf unserer Tour zum ersten Mal im Meer baden. Es war zwar kalt, aber supererfrischend und wir hatten einen eindrucksvollen Blick auf die Kreidefelsen.

Rügen war mal wieder der beste Beweis dafür, dass es in Deutschland so viel Schönes zu erkunden gibt. Wir hätten überall Tage und Wochen länger verbringen können, jedoch hatten wir ein klares Ziel: in 30 Tagen durch ganz Deutschland zu reisen. Also ging es weiter, an der Ostseeküste entlang.

Tipp für Freecamper:
Abenteuer auf dem Wasser mit dem eigenen Van? Das ist möglich: Miete dir ein motorisiertes Floß und fahre mit deinem eigenen Camper über das Wasser. Du benötigst keinen Bootsführerschein.

In Deutschland
wellenreiten

 Warnemünde
Surfen

Uns war es ein großes Anliegen, in Deutschland wellenzureiten. An der Ost- und Nordküste ist dies jedoch nur an gewissen Tagen möglich – wenn alle Bedingungen stimmen. In Warnemünde wollten wir unser Glück trotzdem versuchen, denn dort fahren regelmäßig Fähren, die tatsächlich surfbare Wellen erzeugen. Da die Schiffe durch die Corona-Zeit jedoch nicht voll beladen waren, blieben wir auch hier erfolglos. So gingen wir allein zwecks Paddeltraining ins Wasser.

Infos, wann die Fähren kommen, findest du auf www.fleetmon.com, Stellplätze in der Umgebung insbesondere mit der App „park4night".

Ein Wald direkt am Meer

Gespensterwald
Spazieren

Dieser Spot ist besonders schön bei Sonnenuntergang. Die feuchte Ostsee und die vielen wilden Stürme haben diesen direkt am Meer gelegenen Wald geprägt. Der Stamm der Bäume ist karg und hat eine außergewöhnliche Form – besonders bei Nebel oder Dämmerung sorgt der Wald für eine mystische Stimmung.

Hinweis – innere Einstellung:
Ganz wichtig ist es auf Tour, immer optimistisch zu bleiben. Wenn du einen Weg gewählt hast und nicht weißt, ob du den erwünschten Ausblick oder Stellplatz findest, dann vertraue darauf, dass es die nächste Einfahrt wird. Und wenn es diese nicht ist, dann vielleicht die übernächste. Denke und bleibe positiv, denn ansonsten kannst du dir selbst schnell die Laune verderben. An alle Situationen negativ und gestresst heranzugehen kann neben der schlechten Laune dazu führen, dass du deine Abenteuer nur halb so schön in Erinnerung behältst. Auch die schwierigen Momente gehören zum Vanlife und bieten dir oft die spannendsten Geschichten, die du abends am Lagerfeuer erzählen kannst. Sehr passend erscheint mir hierzu die Redensart „Der Weg ist das Ziel", denn genau so ist es auf Reisen mit dem Camper.

Einzimmerfahrtwind | Irgendwo immer zu Hause | #VanlifeDiaries

TIPP!

Kleine Sandbuchten

Beachfeeling
Stellplatz
Zum Strande 3 A
18230 Bastorf
Transporter: 7,50 €

Dieser Stellplatz liegt an einem Strand mit klarem Wasser und wunderschönen kleinen Sandbuchten. Die nächste Stadt ist weit genug weg, um alles um sich herum vergessen zu können. Einige Reisende haben mit ihrem Zelt am Strand übernachtet und nachts Musik mit der Gitarre am Lagerfeuer gemacht. Hier herrscht ein ganz besonderes Flair und es finden sich einige Menschen zusammen, die den gleichen Lifestyle wie wir leben. In der Nebensaison soll dieser wunderschöne Strandabschnitt mit vereinzelten Schatten spendenden Bäumen Übernachtungen mit viel Ruhe bieten. Der Ort ist traumhaft – einer meiner Lieblingsorte an der Ostsee.

Wildcampen

Auch in Deutschland ist das Übernachten außerhalb von Campingplätzen oder gekennzeichneten Flächen nicht erlaubt, trotzdem gibt es – wie überall sonst auch – Plätze, an denen es von der Polizei und den Einwohnern geduldet wird. Ich kann diese Orte aus rechtlichen Gründen leider nicht offiziell aufführen. Wenn du also lieber abseits von gut ausgebauten Campingplätzen nächtigen möchtest, schau dich auf deiner Reise einfach selbst um und versuche dein Glück.

Kleiner
süßer Hafen

 Hafen Lippe
Stellplatz
Lippe 1001
24321 Behrensdorf

Dieser bunte kleine süße Hafen wurde uns von einem netten Pärchen empfohlen, das ebenfalls mit einem selbst umgebauten Camper unterwegs war. Schon allein deswegen ist es gut, sich mit den Menschen unterwegs zu unterhalten, denn dadurch haben sich wirklich die schönsten Orte finden lassen. Das Pärchen hatte die gleichen Ansichten wie wir: Vanlife bedeutet für uns nämlich, ganz allein mitten in der Natur irgendwo stehen zu können – an Orten, an denen Zeit, Geld oder Erfolg keinen Stellenwert haben.

Denn selbst auf Campingplätzen spüren wir oft den Druck der Menschen: Wer hat den tollsten und teuersten Wohnwagen? Manche Leute haben nichts Besseres zu tun, als andere zu beobachten und zu bewerten. Das kann natürlich jeder frei für sich entscheiden, nach unserem Geschmack ist so etwas jedoch nicht.

Irgendwo
im Hintergrund
das Meer

Sankt Peter-Ording
Stellplatz: 14 €

Auf **Deutschlands einzigem Autostrand** mit einer Fläche von 15 Fußballfeldern würden rund 5.000 Fahrzeuge einen Stellplatz finden. Dieser Autostrand ist mein absoluter Lieblingsort an der Nordsee. Mit dem Camper kannst du über den Sand fahren und hast eine endlose Weite vor dir, bis du irgendwo im Hintergrund das Meer erblickst. Unserer Erfahrung nach ist der **Strandabschnitt Böhl in Sankt Peter-Ording** etwas ruhiger. (Der Autostrand ist von mehreren Strandabschnitten zu erreichen.)

Tagsüber mit Van hier zu verbleiben ist erlaubt, du musst den Ort für die Nacht allerdings verlassen haben.

Es befinden sich einige Campingplätze in unmittelbarer Nähe. Alternativ kannst du die Nacht auch sehr günstig auf der Wiese „vom Bauern" verbringen, wenige Meter von der Strandüberfahrt entfernt. Sie ist ein Treffpunkt für Bulli- und Wassersportliebhaber, die sich abends zum Grillen und gemütlichen Beisammensein treffen. In nur wenigen Schritten über den Deich bist du am Strand und kannst jederzeit die Surfbedingungen checken – vergiss hierzu nicht dein Fernglas, denn bis zum Wasser ist es weit.

Tipp Restaurant:

Räucherscheune

Hier musst du essen! Der Besitzer hat uns Fisch und geräucherte Lachswürstchen geschenkt. Selbst Jerry als Vegetarier konnte nicht widerstehen und noch in der Nacht haben wir alles durchprobiert: Butterfisch, Krabben, Thunfischsteak, Krautsalat, Algensalat, Lachswürstchen und, und, und. Es war ein Gaumenschmaus, die geräucherten Lachswürstchen sind einfach legendär.

Tipp Zipfeltour:

Auf dieser Tour haben wir zum ersten Mal von der Zipfeltour erfahren. Ziel ist es, den westlichsten (Selfkant), den nördlichsten (Sylt), den östlichsten (Görlitz) und den südlichsten (Oberstdorf) Punkt Deutschlands anzufahren. An den jeweiligen Checkpoints erhältst du einen Stempel in deinen „Zielpass" und ganz am Schluss dann sogar eine Urkunde. Ich finde die Idee sehr gut!

Kleiner
verschlafener Ort

Glückstadt
Städtchen

Caféempfehlung: „Glückswerk"
Hier hatten wir das beste Frühstück
auf der gesamten Tour! Sehr liebevoll gestaltet – und die Franzbrötchen
sind unvergleichlich gut. Da uns eines
davon nicht gereicht hat, hat die Besitzerin extra für uns ein weiteres Mal
frische zubereitet.

Glückstadt – Wischhafen
Fähre: 16,50 €
Der einzige Grund, weswegen wir
nach Glückstadt gefahren sind, ist
der Name des kleinen verschlafenen
Ortes. Obwohl der Name vielverspre-
chend erscheint, können wir uns nicht
vorstellen, dort alt zu werden.

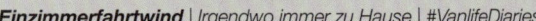

Einzimmerfahrtwind | *Irgendwo immer zu Hause* | *#VanlifeDiaries*

Krautsand
Wohnmobilstellplatz für ca. 6 Camper

Krautsand wurde uns ebenfalls empfohlen. Der Sandstrand an der Elbe ist wunderschön und es gibt dort einen kleinen Wohnmobilstellplatz (ohne Sanitäranlagen), auf dem du für 10 € die Nacht stehen kannst.

Tipp: Kreidesee-Tauchen

Der Kreidesee ist ca. 60 Meter tief. Hier kommen sowohl Anfänger als auch erfahrene Taucher auf ihre Kosten und es befindet sich seit Neuestem sogar ein Camperstellplatz am See. Das Gewässer beeindruckt mit seinen kräftigen Blautönen. Im Wasser befinden sich 41 unterschiedliche Gegenstände, die das Taucherlebnis hier zu einem einzigartigen Erlebnis machen. Der Ort lockt jährlich rund 30.000 Wassersportler an.

TIPP!

Niedersächsisches Wattenmeer

 Nationalpark Niedersächsisches Wattenmeer
26409 Wittmund

Am Strand Hooksiel bieten sich auch für Camper gute Parkmöglichkeiten. Hier kannst du entweder direkt am Meer stehen oder auf den grünen Parkflächen zwischen den Bäumen. Versteckt im Grünen haben dort einige Camper übernachtet. Gegenüber dem Meer befindet sich ein See, auf dem du Wasserski fahren kannst, ein Restaurant am Strand, Außenduschen und Strandkörbe. Übernachtungsmöglichkeiten: Camping- und Wohnmobilplätze in der Umgebung.

 Campingplatz Hooksiel
Kosten: 35 €

Gleich am Wattenmeer liegt der große Campingplatz Hooksiel. Der Preis für die Übernachtung ist vergleichsweise hoch, jedoch haben Jerrys Eltern uns besucht und uns war ein ruhiger Stellplatz ohne lange Stellplatzsuche wichtig.

Der Vorteil des Campingplatzes ist definitiv, dass er **direkt am wunderschönen Wattenmeer** liegt. Für mich war es eine ganz neue Erfahrung, im Meer plötzlich knietief im Schlick zu stecken.

Der Campingplatz Hooksiel bietet auch einen FKK-Bereich an. Wie wäre es, den nächsten Campingaufenthalt mal komplett nackt zu verbringen? Diese Art von Urlaub würde in jedem Fall Platz sparen. In Deutschland sind solche Campingplätze kein Einzelfall – in anderen Ländern haben wir davon bisher noch nichts gehört.

Inseltipp Nordsee:
Langeoog und Norderney

Auf der Insel Langeoog müsst ihr zwar euren Camper zurücklassen, für einen kleinen Ausflug lohnt sich die Tour aber definitiv. Wir haben so viel Positives von Langeoog und Norderney gehört und wären hier auch rübergeschifft, wenn wir etwas mehr Zeit gehabt hätten. Das Flair auf beiden Inseln soll wirklich etwas ganz Besonderes sein.

Restaurant Wattkieker
Am Harlesiel 20
26409 Wittmund

Der „Wattkieker" befindet sich direkt am Nordseestrand und am Harlesieler Außenhafen. Der spektakuläre Ausblick auf Wangerooge, Spiekeroog und Langeoog ist einzigartig. Hier können wir dir den Backfisch mit Kartoffelsalat und dazu ein kaltes Radler empfehlen. Der Ort hat uns sehr gut gefallen: Die Sonne schien und wir haben sogar einen alten Arbeitskollegen von den Dreharbeiten bei „Köln 50667" getroffen. Die Welt ist ein Dorf.

Hinter einem Restaurant entdeckten wir diesen versteckten **Wohnmobilstellplatz mit kleinem Schwimmbad:** für uns einer der schönsten in Deutschland. Nebenan befindet sich zwar ein Campingplatz, dieser erschien uns jedoch etwas zu voll. Auf dem Stellplatz finden ca. 20 Fahrzeuge Platz, wir standen gleich am Wasser mit Blick auf den Hafen. Es gibt Duschen, Toiletten und Strom, die Nacht kostet 20 €.

Rund um
Köln

Tipp Umgebung Köln

Da wir in Köln wohnen und von hier aus gerne kurze Trips am Wochenende oder für eine Nacht planen, kann ich dir in dieser Gegend noch folgende Tipps geben:

Westerwald: Hier begeistern schöne ruhige Wiesen und Wälder. In den Westerwald fuhren wir am Wochenende spontan für eine Nacht, unser Standort direkt an einem wunderschönen Pusteblumenfeld.

Eifel: Am Laacher See oder an der Aar finden sich schöne naturnahe Stellplätze und Campingplätze.

 Rheinbrücke in Köln: Hier findest du auf der „falschen (Rhein-)Seite" – der Schäl Sick – einen Campingplatz und vis-à-vis einen Wohnmobilstellplatz, jeweils mit Blick auf die schönste Stadt der Welt (das muss ich als geborene Kölnerin sagen).

Übernachtung in einem Baumzelt

Baumhaushotel Solling
Übernachten

Die Tour neigt sich dem Ende und es ist wirklich kaum zu glauben, dass wir 30 Tage in Deutschland unterwegs waren. Wir haben zwar nicht den Ort gefunden, an dem wir uns vorstellen können, für immer zu bleiben, jedoch haben uns Vielfalt und Schönheit unseres eigenen Landes einige Male zum Staunen gebracht.

Zum Abschluss der Tour wollten wir noch in einem Baumzelt übernachten. Im Baumhaushotel Solling waren wir im März 2019 an Jerrys Geburtstag. Unsere Geschenke bestehen oft aus Kurztrips an Orte, an denen wir noch nicht waren. Zu seinem 25. habe ich ihm eine Übernachtung in Solling geschenkt. Hier ist es sogar möglich, das Bett nach draußen zu verlegen. Wir lieben es, der Natur so nahe wie möglich zu sein, und wahrscheinlich gefällt uns ebendeswegen dieses schwebende Zelt mitten im Wald.

In der Nacht war weit und breit niemand zu sehen oder zu hören, es ging nicht mal ein leichter Wind. Die Temperatur war zudem genau richtig und wir waren fasziniert, als gegen Mitternacht der ganze Wald von Glühwürmchen beleuchtet wurde. Natürlich hatten wir die Tiere vorher schon mal vereinzelt gesehen, aber noch nie zu Hunderten, gar Tausenden auf einem Fleck. Es war wie im Märchen: ein Wald voller kleiner Lichter.

Wir schliefen sehr gut, wurden dann von einem leichten Regen geweckt. Unter der wasserdichten Plane des Zeltes waren wir vor dem Wetter aber natürlich geschützt.

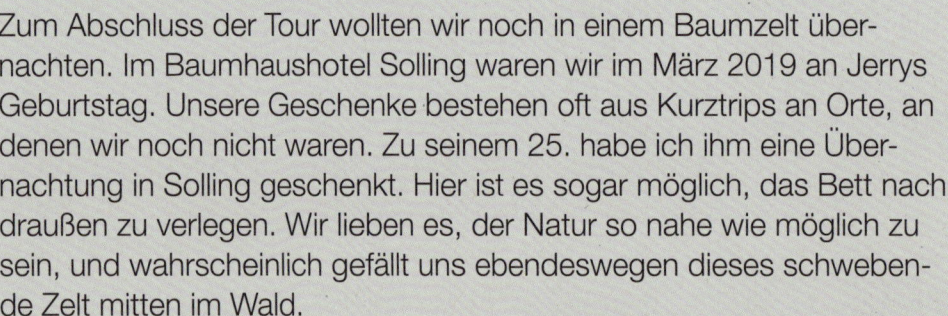

Zusammenfassend war es ein einzigartiger Abschluss einer noch viel einzigartigeren Tour, auf der wir sowohl Emotionen der leichten Verzweiflung als auch der Freude und Zufriedenheit erleben durften. Es fühlt sich gut an, auf diese Art mehr über sein eigenes Land erfahren zu haben. Deswegen: Mache dich auf den Weg zu deiner Abenteuertour durch Deutschland! Ich hoffe, wir konnten dich ein bisschen begeistern und inspirieren. Nimm das Buch als Wegweiser und kleinen Ratgeber mit auf deine Tour. Und schreibe mir auf Instagram, welcher Ort dir am besten gefallen hat.

HIER IST PLATZ FÜR DIE PLANUNG
DEINES EIGENEN TRIPS DURCH
DEUTSCHLAND.

Niederlande
Das Land
der Camper

52°17'39.3"N 4°49'25.6"E

Zeitraum: hier waren wir beinah zu jeder Jahreszeit
Reisedauer: 5 Tage
Preisklasse: MEDIUM
Level: MEDIUM
(da in der Hochsaison beinah alles ausgebucht ist,
solltest du dir einen Campingplatz rechtzeitig
reservieren)
gefahrene Kilometer: ca. 800
Highlights: Riesenrad am Meer, Sanddünen, Pommes
Spots: 8

In diesem Land war ich gefühlt schon Tausende Male. Bereits als kleines Kind bin ich oft mit meiner Familie in die **Camperhochburg** gefahren. Ich weiß somit, was es bedeutet, hier an einem schönen Sommertag spontan auf einem Campingplatz übernachten zu wollen – es ist der blanke Horror! Während wir am Strand waren, ist mein Vater stundenlang alle Campingplätze abgefahren und hat ausnahmslos ausgebuchte Plätze vorgefunden.

Außerhalb der Saison und mit frühzeitiger Reservierung ist diese Situation natürlich deutlich entspannter, wir haben ein paar großartige Campingplätze und Standorte kennengelernt.

In den Niederlanden empfiehlt sich die App **„park4night"**: Dort siehst du, an welchen Orten das Parken tagsüber erlaubt ist, wo es freie Übernachtungsmöglichkeiten gibt und welcher Campingplatz in der Nähe ist. Da diese Stellplätze meistens groß und teuer sind, haben wir hier auch oft unkonventionelle Orte zum Übernachten genutzt. So kam es, dass wir eine Nacht auf einem privaten Grundstück einer Bootswerkstatt, die sich direkt am Meer befindet, bleiben konnten, und das lediglich gegen einen kleinen Aufpreis.

WILDCAMPING IN DEN NIEDERLANDEN

Das Wildcamping mit dem Van ist in den Niederlanden grundsätzlich verboten. Allerdings sind die Regelungen für das Wildcampen von der Region abhängig. Hierbei gelten die jeweiligen Camping- und Naturschutzgesetze. Daher hast du in den Niederlanden nur eine Chance auf eine legale und idyllische Nacht inmitten der Natur – wenn du mit Zustimmung des Eigentümers auf dessen Privatgrundstück stehst.

Einzimmerfahrtwind | Irgendwo immer zu Hause | #VanlifeDiaries

Unsere Reisezeit: 5 Tage

An- und Abreise
(von Köln in nur drei Stunden mit dem Auto zu erreichen)
Sprit (Hin- und Rückfahrt): 80 €

Sonstige Kosten
Campingplatz: 150 €
Lebensmittel: 80 €
Sprit: 80 €

Total (pro Person): 185 €

Von Köln aus sind die Spritkosten bis ans Meer sehr gering, jedoch liegen die Campingplätze mit durchschnittlich ca. 30 € pro Nacht im oberen Preissegment.

Die Niederlande sind das Land der Camper, auch die deutschen Touristen verbringen hier gerne ihren Urlaub. Unter mehreren Hunderten von Campingplätzen hast du die Qual der Wahl.

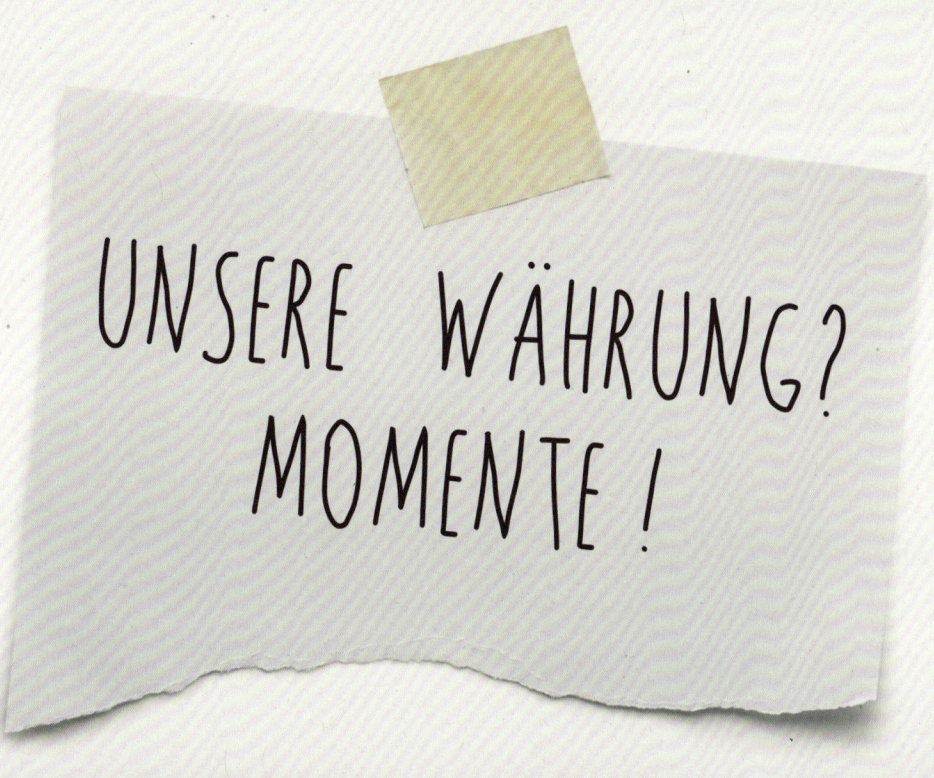

UNSERE WÄHRUNG?
MOMENTE !

Ganz ungestört direkt am Wasser

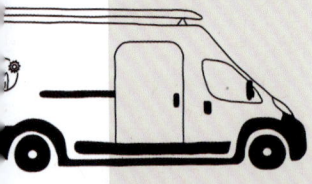

Oever 1
Stellplatz
3221 MB Hellevoetsluis

Unseren ersten gemeinsamen Roadtrip in die Niederlande haben wir mit dem kleinen rostigen Auto meiner Oma gemacht. Zu diesem Zeitpunkt waren wir noch ganz neu in Köln und hatten kein eigenes Auto. Unser Motto lautete: **„Einfach weg, einfach losfahren."** Die Tour war ein voller Erfolg, ohne viel Schnickschnack, aber das Schönste ist es ja auch, mit ganz wenig glücklich zu sein!

Diesen Ort haben wir noch einmal mit unserem Van besucht – tagsüber kannst du auf diesem Stück Wiese ganz ungestört direkt am Wasser stehen! Für unterwegs empfehlen wir dir, ein Luftkissen mitzunehmen. Es ist praktisch, ein gemütliches Sofa zu haben, das du überall mit hinnehmen kannst und das mit wenigen Handgriffen mit Luft gefüllt ist. Außerdem ist es handlich und sehr schnell wieder zu verstauen.

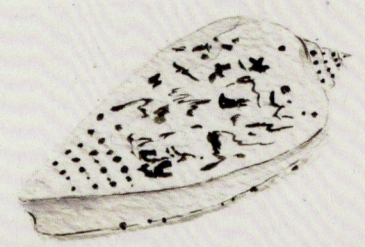

Direkt an den Dünen mit Blick auf einen Hafen

Prinses Alexiahaven
Stellplatz
Maasvlakte

Hier findest du ein **einzigartiges Ambiente direkt an den Dünen** mit Blick auf einen Hafen. Wir haben an diesem Ort einen ganzen Tag auf unserer Tour durch die Niederlande ohne Handy verbracht. Das Schöne an diesem Tagesstellplatz ist, dass du wirklich deine Ruhe hast und der gesamte Strandabschnitt kaum besucht wird. So war es jedenfalls in dem Zeitraum, als wir dort waren. In der Sommer-Hochsaison kann es natürlich anders sein, leider fehlen uns dahin gehend die Erfahrungswerte.

Die Niederlande gelten als die Campinghochburg schlechthin und ich habe es schon als junges Mädchen mit meinen Eltern oft erlebt, dass in der Sommerzeit sämtliche Campingplätze ausgebucht waren. Es lohnt sich also, den Urlaub in Prinses Alexiahaven detailliert zu planen und vor allem einige Wochen vorher einen Stellplatz zu reservieren.

Jachthaven H. Geijsman B.V.
Übernachten
Zanddijk 5 3233 XJ Oostvoorne

Diesen Übernachtungsplatz haben wir mit der App „park4night" gefunden. Der private Jachthafen liegt direkt am Wasser und bietet eine ganz besondere Atmosphäre – allerdings ist dieser Platz sehr begrenzt. Es sind maximal eine Handvoll Camper, die hier in den Genuss kommen, zu „logieren". Damit ist diese Location **superexklusiv und trotzdem eine der günstigsten Übernachtungsmöglichkeiten in den Niederlanden.** Wir haben gerade mal 15 € für zwei Personen gezahlt, erwartet hätten wir mindestens das Doppelte. Wir empfehlen dir, auf privaten Stellplätzen zu übernachten.

Einzimmerfahrtwind | *Irgendwo immer zu Hause* | *#VanlifeDiaries*

TIPP!

Geijsteren
Orange is the new black

Wie schön ist ein oranges Blumenfeld? Ich habe mich direkt verliebt, und Jerry musste sofort anhalten, als ich das Feld während der Fahrt erblickte. Der Ort wurde uns von Freunden empfohlen und nur aus diesem Grund waren wir in dieser Gegend unterwegs. Ihren Geheimtipp wollten wir uns nicht entgehen lassen und haben ihn deshalb direkt im September 2019 erkundet. Von Köln aus benötigen wir nur zwei bis drei Stunden, bis wir die schönsten Örtlichkeiten der Niederlande erreichen. Deswegen haben wir auch schon einige Kurzreisen hierhin gemacht. Wir schätzen die Ordnung in diesem Land sehr, wobei es für uns persönlich manchmal schon fast zu strukturiert ist. Hinzu kommt, dass es hier keine Möglichkeiten gibt, wild zu campen. Wir empfehlen, die Nächte auf Camping- oder offiziellen Stellplätzen zu verbringen, die Strafen für das Wildcampen sind nämlich unwahrscheinlich hoch und Kontrollen werden regelmäßig durchgeführt.

Riesenrad direkt am Meer

Scheveningen
Surfen
Strandweg 1
2586 ZZ Den Haag

Ein Besuch der Stadt Scheveningen lohnt sich auf alle Fälle, denn allein das Riesenrad direkt am Meer macht diese Stadt einzigartig. Hier gibt es tolle Fischrestaurants, **Freizeitaktivitäten wie Bungee-Jumping, Surfen und vieles mehr.**

Zu unserem Erstaunen konnten wir eine Parkmöglichkeit in unmittelbarer Nähe nutzen, und das gegen eine Gebühr von nur ca. 20 € für 24 Stunden. Als Jerry und ich im Januar Scheveningen besuchten, konnten wir dort sogar umsonst übernachten. An diesem recht großen Parkplatz standen zwar immer ein paar Camper, trotzdem hatte jeder seine Privatsphäre. Wenn ich an unseren Aufenthalt in Den Haag zurückdenke, sehe ich Jerry und mich mit einer Flasche Wein mit Blick über die beleuchtete Stadt und dem Riesenrad am Meer sitzen. – Da du hier surfen kannst, gehört dieser Spot zu unseren favorisierten Orten in den Niederlanden.

Camping Duinhorst
Campingplatz

Für alle, die nicht auf feste Sanitäranlagen verzichten möchten, bietet sich dieser Campingplatz in Nähe des Zentrums an. Wir haben uns direkt nach einem ruhigen Plätzchen im Grünen umgeschaut, um so wenig Campingplatz-Ambiente wie möglich zu spüren. Es hat funktioniert! Wir machen uns eigentlich fast immer die Welt, wie sie uns gefällt.

Must-see
Hauptstadt
Amsterdam

Amsterdam
Campingplatz
Camping Amsterdam Forest

Der Campingplatz befindet sich direkt an einem See, du kannst dort wunderbar mit deinem Camper auf der Grünfläche mit freier Platzwahl übernachten. Zudem bietet der Platz im Grünen Übernachtungsmöglichkeiten in unterschiedlich großen bunten Holzhäuschen – also auch eine gute Übernachtungsmöglichkeit ohne eigenen Camper.

Mit dem Fahrrad benötigst du ca. 45 Minuten ins Zentrum. Die 14 Kilometer lange Strecke führt teilweise durch Parkanlagen und ist angenehm zu befahren. Mit dem Fahrzeug in die Stadt zu kommen empfehle ich wegen der hohen Parkgebühren und des Mangels an Parkplätzen allerdings nicht.

Feedback:

Aufgrund der geringen Fahrtzeit lohnt sich ein Besuch in den Niederlanden zu jeder Jahreszeit. Am besten fährst du mit einem leeren Kühlschrank dorthin, denn Supermärkte wie z. B. „Albert Heijn" haben sehr, sehr viele Leckereien zu bieten, die dazu verleiten, Tage und Nächte lang nur mit essen zu verbringen. (Die Preise sind ähnlich wie in Deutschland.)

In den Niederlanden gibt es immer wieder Neues zu entdecken, sie sind also definitiv eine Reise wert, selbst wenn es nur für ein paar Tage ist.

HIER KANNST DU DEINE INDIVIDUELLE TOUR IN DIE NIEDERLANDE PLANEN.

410/411 Niederlande

Irland

Außergewöhnliche
Strände und Buchten

52°35'29.0"N 9°52'22.5"W

Zeitraum: März 2020
Reisedauer: 2 Wochen
Preisklasse: TEUER (da die Anreise recht
kostspielig ist, Lebensmittel sind vergleichbar
mit den Preisen in Deutschland)
Level: EASY
gefahrene Kilometer: ca. 3.500
Highlight: die höchsten Steilklippen Europas
mit einer Höhe von 601 Metern
Spots: 11

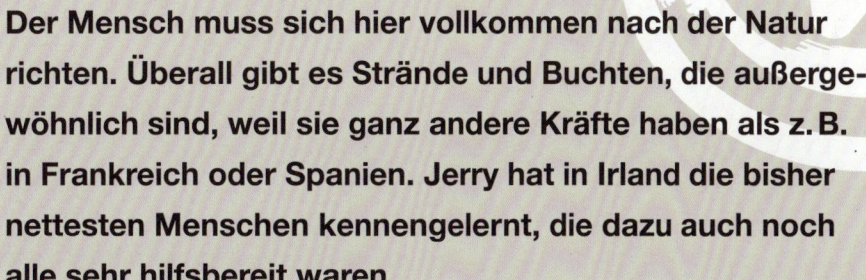

Der Mensch muss sich hier vollkommen nach der Natur richten. Überall gibt es Strände und Buchten, die außergewöhnlich sind, weil sie ganz andere Kräfte haben als z. B. in Frankreich oder Spanien. Jerry hat in Irland die bisher nettesten Menschen kennengelernt, die dazu auch noch alle sehr hilfsbereit waren.

Einen Übernachtungsplatz zu finden stellt hier überhaupt kein Problem dar. Es gibt großartige Berge, einen See in Herzform und wunderschöne Schlösser, die teilweise sogar noch bewohnt sind. Wir planen auch gerne mal Reisen unabhängig voneinander. Jerry war beispielsweise in Irland unterwegs, während ich einen Surftrip nach Guadeloupe gemacht habe. Er findet die Natur wunderschön und wollte unbedingt mehr über Land und Leute erfahren.

Es gibt unglaublich viele Spots, die du dir vor Ort ansehen solltest, weil sie einfach einzigartig sind. Sei dabei immer offen für Gespräche und neue Erfahrungen.

*Ein kleiner Eindruck
vom Wetter*

WILDCAMPING IRLAND

Das Wildcamping mit dem Van ist in Irland grundsätzlich verboten. Allerdings sind die Regelungen für das Wildcampen von der Region abhängig. Hierbei gelten die jeweiligen Camping- und Naturschutzgesetze. Daher hast du in Irland nur eine Chance auf eine legale und idyllische Nacht inmitten der Natur – wenn du mit Zustimmung des Eigentümers auf dessen Privatgrundstück stehst.

Einzimmerfahrtwind | Irgendwo immer zu Hause | #VanlifeDiaries

Jerrys Reisezeit: 10 Tage

An- und Abreise mit der Fähre von Frankreich/Calais nach England/Dover (ca. 1,5 Stunden)
Kosten (eine Strecke): 115 €

Alternative An- und Abreise über den Eurotunnel (ca. 30 Minuten) und weiter über Südengland bis nach Wales
Kosten (eine Strecke): 140 €

Weiterfahrt mit der Fähre von Wales/Goodwick nach Irland/Rosslare Harbour (ca. 3,5 Stunden)
Kosten (eine Strecke): 250 €

Sonstige Kosten
Lebensmittel: 145 €
Sprit: 500 €

Total (pro Person): 687,50 €

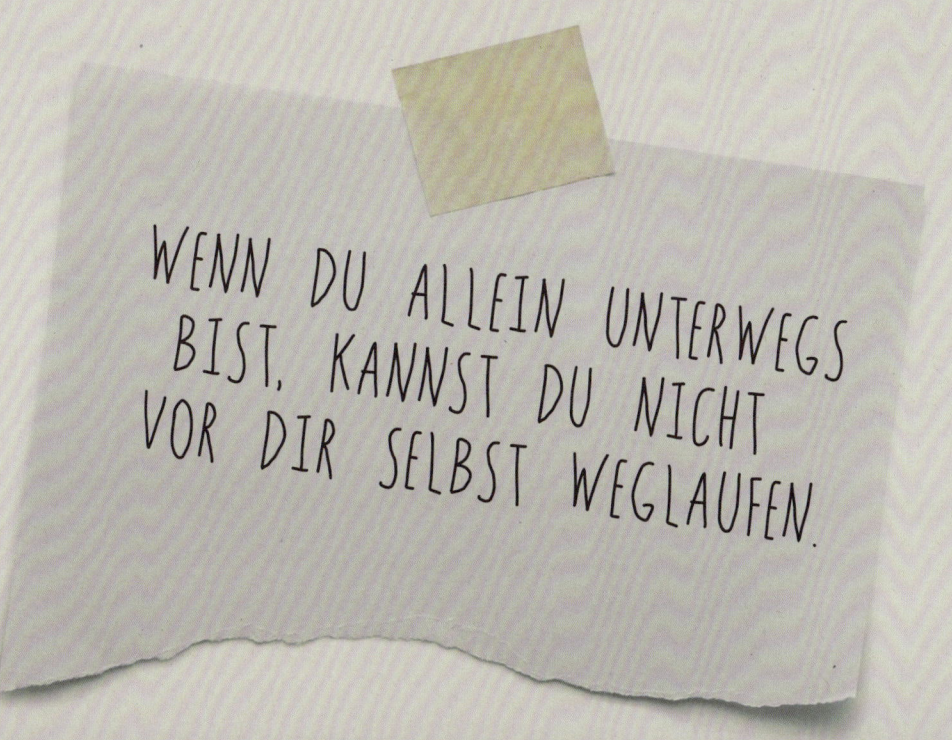

WENN DU ALLEIN UNTERWEGS BIST, KANNST DU NICHT VOR DIR SELBST WEGLAUFEN.

Anreise über Wales

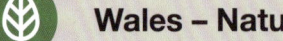

Wales – Natur

Das Land Wales befindet sich im Südwesten von Großbritannien. Das Besondere hier sind die vielen bergigen Nationalparks, die zerklüftete Küste und die keltische Kultur.

Brecon Beacons National Park
Surfen + Stellplatz
Brecon
LD3 Wales
Welsh Road Haverfordwest SA62 Wales

Direkt am Meer gibt es einen großen Parkplatz, auf dem du gegen eine geringe Gebühr stehen kannst. Von hier aus kannst du dich direkt in die Wellen stürzen – am besten mit einem dicken Fünf-Millimeter-Neoprenanzug, das Wasser ist nämlich ziemlich kalt!

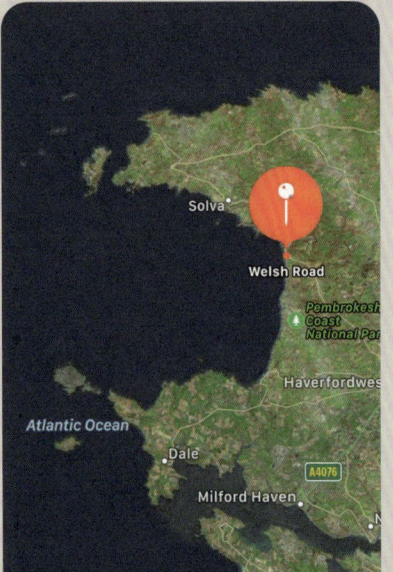

Perfekt, um sich den *Sonnenaufgang* anzuschauen!

 Naturparkplatz
Ausblick
Chour, Co. Wexford

Am Ladys Island Lake befindet sich ein kleiner **Naturparkplatz**, gleich hinter einer Düne **mit direktem Zugang zum Meer.** Der Parkplatz ist perfekt, um sich den Sonnenaufgang anzuschauen und sich eine kurze Pause von der langen Anfahrt, von insgesamt fast 20 Stunden, zu gönnen.

 **Tipp: Ring of Kerry**
Ausblick

Der Ring of Kerry ist eine **Panoramaküstenstraße um die Iveragh-Halbinsel** im Südwesten des irischen County Kerry. Die **179 Kilometer lange Rundstrecke** führt durch zerklüftete grüne Küstenabschnitte mit ländlichen Orten. Jerry hat es zu dieser Küstenstraße zeitlich leider nicht mehr geschafft, denn sieben Tage reichen zur Erkundung von Irland nicht aus. **Plane also mindestens 14 Tage dafür ein.**

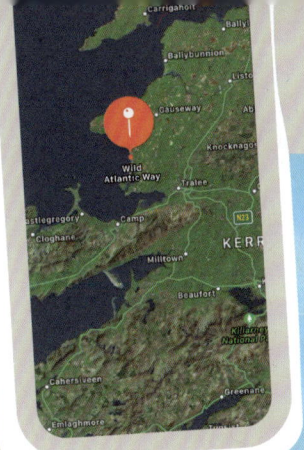

Wild Atlantic Way
Stellplatz direkt am Meer
Ardfert, Co. Kerry

Der Wild Atlantic Way ist eine irische **Küstenstraße, die sich auf einer Länge von über 2.500 Kilometern entlang der Westküste Irlands erstreckt.** Hier befindet sich ein Strandparkplatz, der direkt am Meer liegt. Als Hintergrundkulisse bieten sich dir die ausdrucksstarken Berge an. Dies ist ein Ort, um sich ordentlich einzukuscheln und dem tobenden Meer zu lauschen.

Filmkulisse
*Auch die Filmindustrie erlag dem Zauber der Insel und Regisseure wie **Steven Spielberg brachten die kleinen und großen Schönheiten Irlands auf die Leinwand.** Mittlerweile „lieferte" Irland bereits zu mehr als 100 internationalen Produktionen die passenden Drehorte! Sie verteilen sich über die gesamte Grüne Insel. **„Star Wars", „Vikings" oder „Game of Thrones"** sind nur drei bekannte Beispiele von Filmen/Serien mit eindrucksvoller Kulisse, die in Irland gedreht wurden.*

52°20'47.9"N 9°49'54.2"W

UNGEEIGNET 48%   NIEMALS 52%

Und hättet ihr Lust, hier zu surfen, mit schneebedeckten Bergen im Hintergrund?!

Banna Beach Holiday Homes
Duschen
Ardfert, Co. Kerry

Bei den Banna Beach Resorts durfte Jerry für 5 € duschen. Für solche Gelegenheiten hilft es oftmals, einfach nett nachzufragen. Generell wird es immer eine Möglichkeit zum Duschen geben – und wenn es in einem Bach in der unberührten Natur ist.

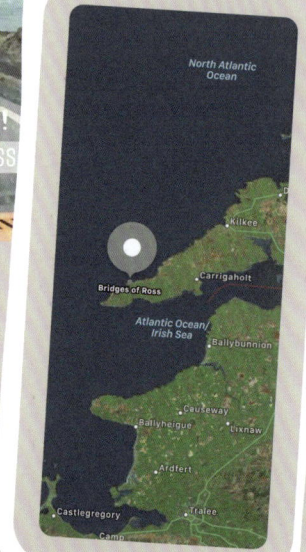

Bridges of Ross
Ausblick

Die Bridges of Ross waren **ursprünglich drei Felsbogen, die als Brücken über tiefe Ufereinschnitte dienten.** Heute sind zwei dieser Überführungen eingestürzt, sodass nur noch eine genutzt werden kann. Um dorthin zu gelangen, kannst du um den Fluss herumfahren oder direkt die Fähre nehmen. Sie kostet ca. 30 €, die Überfahrt dauert eine halbe Stunde.

Als Jerry dort war, war es superwindig – dafür hatte er den ganzen Spot für sich allein. Hier ist es besonders wichtig, sich kleidungstechnisch gegen Wind und Regen zu schützen.

Ein Blick über die Klippen

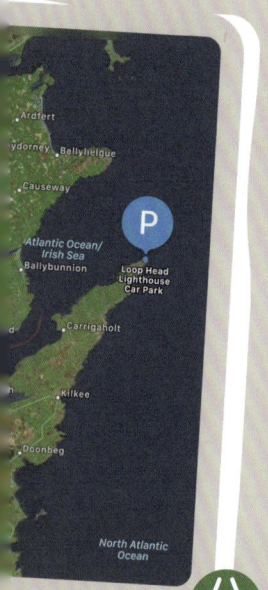

Wild Atlantic Way Kilrush
Picknick - Leuchtturm
Co. Clare

Circa 15 Minuten von den Bridges of Ross entfernt gibt es einen kleinen **Leuchtturm mit einem Parkplatz direkt am Meer.** Dort findest du eine Bank, die perfekt zum Picknicken ist.

Cliffs of Moher
Ausblick
Liscannor, Co. Clare

An diesen Klippen sterben jährlich bis zu vier Menschen, weil sie über die Brüstung klettern, um hinunterzuschauen. Leider unterschätzen viele die starken Winde, die dort herrschen. Der Eintritt kostet hier regulär 10 €. Da Jerry den Spot bei „schlechtem Wetter" besucht hat, musste er nichts zahlen. In der Hochsaison soll es hier allerdings sehr voll sein.

Schöne
musikalische Stadt

 Galway
Stadt

Galway **gilt nicht nur als die musikalischste Stadt Irlands, sondern sogar ganz Europas.** Überall sind Straßenmusiker und Pubs mit traditionellem irischem Bier zu finden. Galway lebt vom Charme der kleinen Gässchen und deren Atmosphäre, die besonders bei den vielen Festivals und Veranstaltungen zu spüren ist. Es gibt außerdem viele Museen und Märkte.

 Slieve League
Ausblick

Die Klippen von Slieve League im Westen der irischen Grafschaft Donegal am Atlantischen Ozean sind eine der Hauptsehenswürdigkeiten dieser Region. **Die steil ins Meer abfallenden Klippen gehören mit ihren 601 Meter Höhe zu den höchsten in Europa.** Leider hat Jerry auch diesen Spot zeitlich nicht mehr einplanen können – jedoch solltest du ihn nicht verpassen.

TIPP!

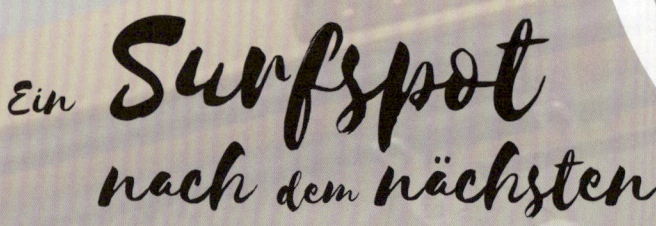

Ein *Surfspot* nach dem nächsten

Sligo bis Donegal
Surfen

Auf diesem Streckenabschnitt befindet sich ein Surfspot nach dem nächsten. Egal ob Anfänger oder Profi – jeder wird hier auf seine Kosten kommen. Öffentliche Toiletten und Strandduschen sind in ganz Irland nicht so stark verbreitet, es empfiehlt sich alternativ klassisch die Raststätte zum Duschen.

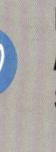
Rathedmond Road
Big-Wave-Surfspot
Sligo

Hierbei handelt es sich um einen wunderschönen Ort mit saftig grünen Wiesen. Wenn du hier ein Picknick machst, kannst du nebenbei den Profis beim **Big-Wave-Surfen** zuschauen.

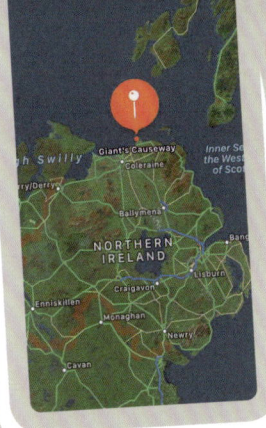

Giant's Causeway
Ausblick
Causeway Road Bushmills BT57

Der Giant's Causeway ist seit 1986 eine **UNESCO-Weltkulturerbe-Stätte.** Er besteht aus nahezu 40.000 gleichmäßig geformten Basaltsäulen, deren Alter ca. 60 Millionen Jahre beträgt. Es ist verrückt, was die Natur alles erschaffen kann. Die Treppen sehen so futuristisch und gradlinig aus, als wären sie extra dorthin gebaut worden.

WANDERLUST

Herz-See
Wandern
Kilafin, Laragh Via Bray,
Co. Wicklow A98 K286

Südlich von Dublin an der Ost-küste erheben sich die **Wicklow Mountains, Irlands größtes zusammenhängendes Berg-areal.** Nicht nur Touristen, son-dern auch Einheimische fahren gerne in dieses Naturgebiet, in dem zahlreiche ruhige Wander-wege zum Abschalten locken. Wer eine Drohne hat, sollte diese hier benutzen, denn je höher sie fliegt, desto besser ist zu erken-nen, dass der See wie ein Herz geformt ist.

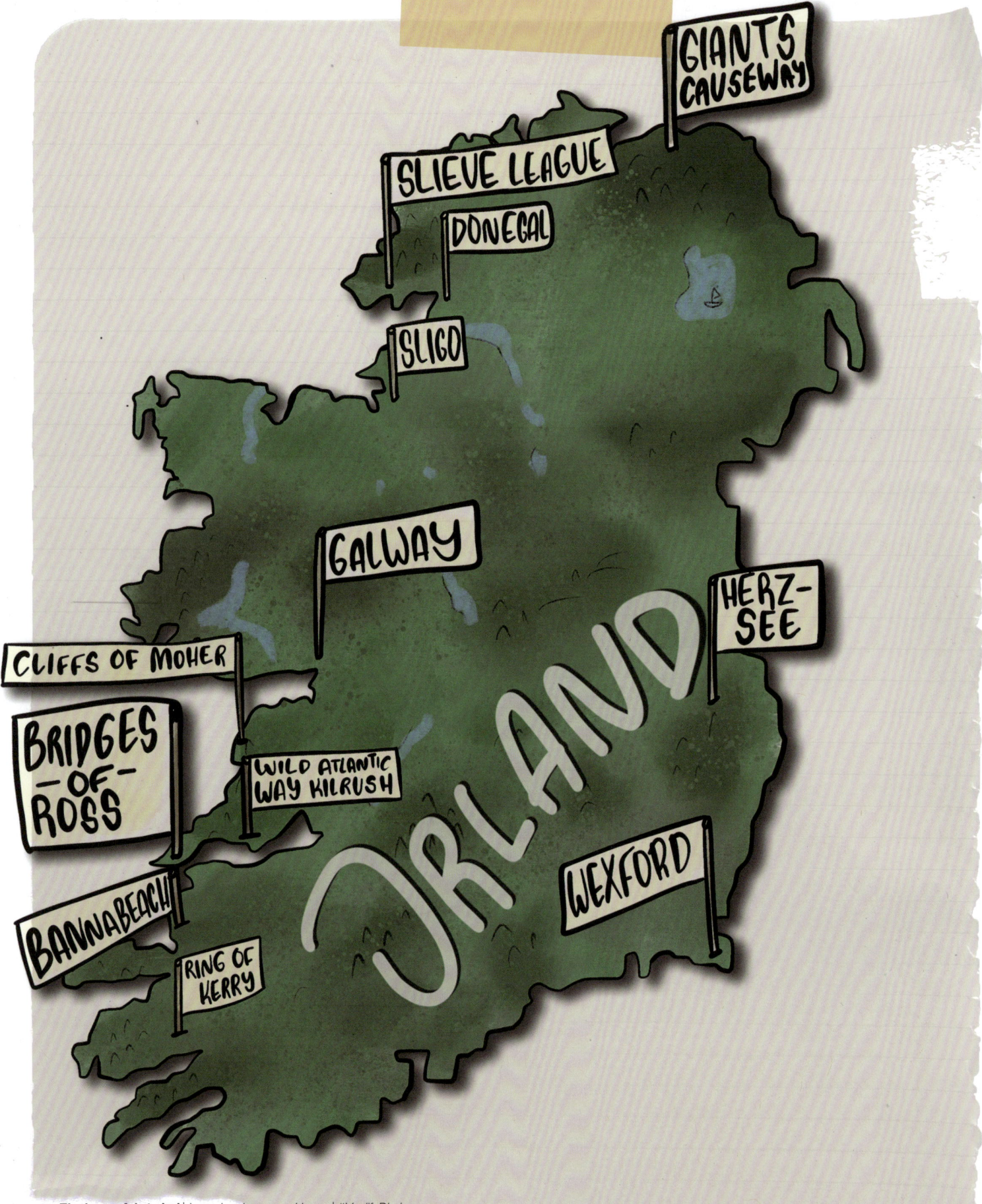

HIER IST PLATZ, UM DEIN
GANZ PERSÖNLICHES
IRLANDABENTEUER ZU PLANEN.

England und
Schottland

Moosbedeckte
mystische Landschaften

53°19'01.6"N 309'33.4"W

Einzimmerfahrtwind | *Irgendwo immer zu Hause* | *#VanlifeDiaries*

Zeitraum: Mai 2018
Reisedauer: 10 Tage
Preisklasse: MEDIUM
Level: EASY
gefahrene Kilometer: ca. 4.500
Highlights: Schlossruinen und moosbedeckte mystische Landschaften
Spots: 16

In Schottland war Jerry für ein paar Tage mit seiner Mutter. Beide lieben die alten Burgen und Schlösser, die du vereinzelt noch besuchen kannst. Alternativ gibt es die Möglichkeit, einfach durch Nationalparks zu fahren, um in die Natur einzutauchen.

In Schottland liegen **viele historisch geprägte Orte und Städte,** wie z. B. Inverness, und sie erzählen Geschichten aus Hunderten von Jahren. Wer Spaß an alten Ruinen hat, ist in Schottland genau richtig. Wechselhaftes Wetter und die moosbewachsene Umgebung sorgen für eine mystische Stimmung und erinnern oft an Filme wie „Herr der Ringe" oder Serien wie „Vikings".

Wer Lust hat, sein Abendbrot selbst zu fangen, wird in Schottland keine Schwierigkeiten haben, einen frischen Fisch zu erwischen.

WILDCAMPING VEREINIGTES KÖNIGREICH – ENGLAND UND SCHOTTLAND

In Schottland gilt eine Art Verhaltenskodex, der besagt, dass die Wildnis grundsätzlich für jede Person frei zugänglich ist. Allerdings umfasst das nicht das Wildcamping mit einem Van; dies nämlich wird vor Ort nur toleriert. Ansonsten eignet sich Schottland sehr gut für eine naturnahe Vantour mit freien Übernachtungen inmitten der atemberaubenden Landschaft.

Mit Genehmigung des Eigentümers kannst du auf dessen Privatgrundstück dein legales idyllisches Nachlager aufschlagen.

Einzimmerfahrtwind | Irgendwo immer zu Hause | #VanlifeDiaries

Jerrys Reisezeit: 8 Tage

An- und Abreise (Fähre von Holland/Zeebrugge nach England/Hull, 15 Stunden)
Fähre (zwei Person und Van): 540 €

Sonstige Kosten
Sprit: 600 €
Lebensmittel: 200 €

Total (pro Person): 670 €

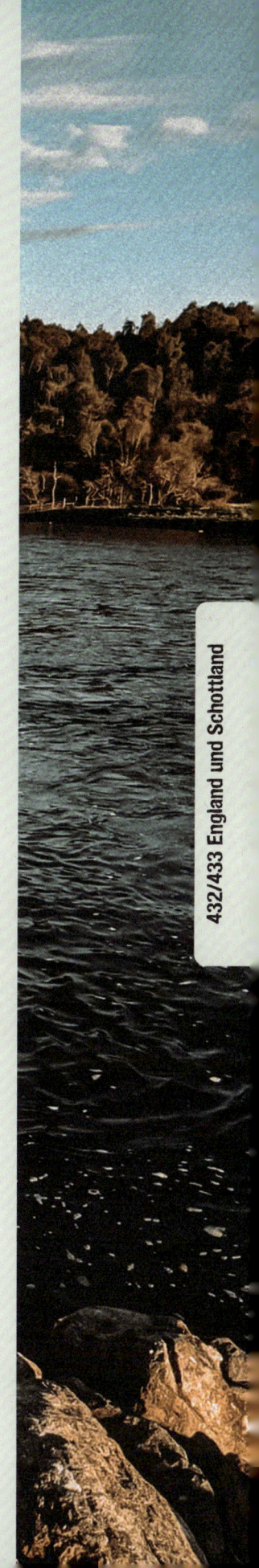

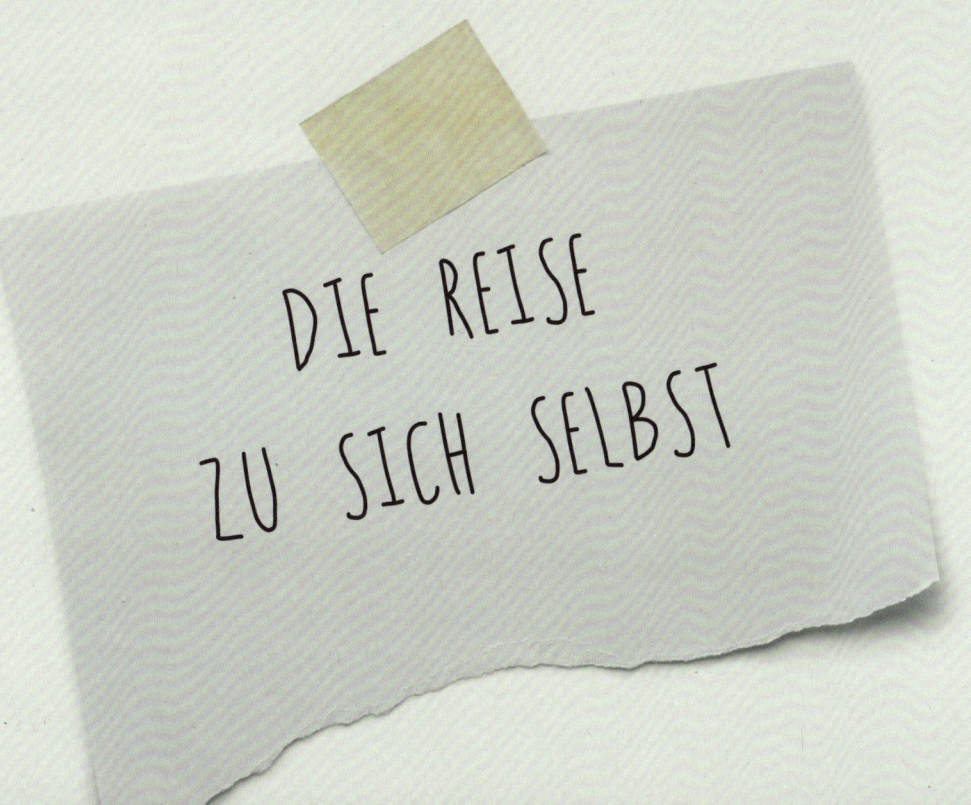

DIE REISE ZU SICH SELBST

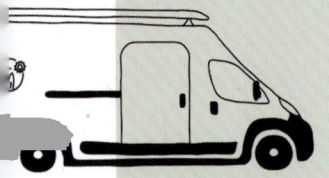

Anfahrt über
England

Von Hull aus sind wir über England am North-York-Moors-Nationalpark vorbei in Richtung Newcastle durch den Northumberland-Nationalpark nach Edinburgh und dann an der Südostküste hochgefahren.

Info Reiseführer
Einen üblichen Reiseführer hatte sich Jerrys Mutter für die Reise besorgt, jedoch waren die aufgeführten Plätze sehr touristisch und damit nicht unbedingt zu empfehlen. Also haben sich die beiden einfach Tag für Tag treiben lassen und sind selbst auf die Suche nach unberührten Orten gegangen. Das hat sich absolut gelohnt und dies hat bestätigt, warum wir unsere Reisen genauso machen – damit wir uns nicht den klassischen Reiseführern anvertrauen müssen, sondern eigene Orte entdecken können, die oftmals schöner sind.

Info: Hier herrscht Linksverkehr!

Surfen unter dem Pier

Saltburn-by-the-Sea
Surfen

Jerry hat an diesem Tag drei Einheimische im Wasser getroffen, die ganze drei Stunden angereist sind, denn bei guten Bedingungen ist es möglich, sogar unter dem Pier zwischen den Stolzen zu surfen. Das ist zwar etwas kompliziert, macht aber bei kleinen Wellen sehr viel Spaß. Die bunten Häuschen direkt am Strand sind dabei ein echter Hingucker und bleiben im Gedächtnis.

TIPP!

Errol Perth
Stellplatz

Nach ca. fünfeinhalb Stunden kamen die beiden endlich in Schottland an. In Errol Perth stand Jerry mit seiner Mutter kostenlos auf dem Hof einer netten Familie. Besonders im Süden und in Stadtnähe gestaltet sich die Suche nach einem geeigneten Schlafplatz etwas schwieriger. Alle Grundstücke abseits der Nationalparks sind in privatem Besitz. Je weiter du dich von der Zivilisation entfernst, desto leichter gestaltet sich die Stellplatzsuche.

Ein altes Kloster
mit einem besonderen Klang

Arbroath
Abenteuer
Abbey St, Arbroath DD11 1EG

In der Stadt befindet sich ein altes Kloster. Dieses Ziel war nicht geplant, wir hatten es bei der Durchfahrt entdeckt. Der Eintritt ins Kloster kostet ca. 10 €.

Jerry erinnert sich an einen Raum, der einen besonderen Klang hatte. Die leisesten Töne hätten geklungen, als würde ein Chor mitsingen.

 **Banchory**
Natur

In der gesamten Zeit haben sich Jerry und seine Mutter hauptsächlich in Flüssen gewaschen. Das ist zwar sehr kalt, jedoch auch supererfrischend.

Und du darfst nie vergessen: Vanlife = simple Life – also das Leben im Einklang mit der Natur.

TIPP!

Culloden Moor
Natur

Auf dem Culloden Moor kam es
am 16. April 1746 zur Schlacht von
Culloden zwischen britischen Regie-
rungstruppen und aufständischen
Jakobiten. Außerdem wurde hier z. B.
„Outlander" gedreht. Dies war der
eigentliche Grund dafür, dass Jerry
und seine Mutter hierhergekommen
sind – sie wollte unbedingt den Dreh-
ort der Serie besichtigen.

Cairngorms-Nationalpark
Ausblick
Ballater, AB35

Der Park besteht aus heidebewach-
senen Hochflächen, zahlreichen
Hochmooren und Wäldern – in dieser
Landschaft sind weit und breit keine
Menschen zu finden. Die Natur hat
hier noch die absolute Oberhand und
vom Van aus hatten Jerry und seine
Mutter einen mystischen Ausblick
über die einzigartige Landschaft und
die schneebedeckten Berge.

 Loch Ness
Natur
Inverness, IV63

Wer alte Geschichten liebt, ist in Schottland genau richtig. **Du kannst hier überall in der Fantasywelt schweben** und dich in eine längst vergangene Zeit zurückversetzen lassen.

Jedermann kennt die Geschichte vom Ungeheuer von Loch Ness. Vor Ort siehst du aber weniger ein Ungeheuer als vielmehr den bekannten See – und der ist gegenüber den Legenden, die mit ihm verbunden sind, recht unspektakulär. Orte wirken im Allgemeinen natürlich immer interessanter, wenn du die Vorstellungskraft besitzt, dich in deren Geschichten hineinzudenken.

 Loch Lomond
Abenteuer
Glasgow, G63

Beim Loch Lomond handelt es sich um einen wunderschönen Nationalpark. In ganz Schottland gibt es Schlossruinen, die du zum Teil kostenlos besichtigen kannst. Diese sind meistens noch abenteuerlicher, weil dort im Laufe der Zeit nur wenig „aufgearbeitet" wurde. Regen ist in Schottland vorprogrammiert, also denke – egal zu welcher Jahreszeit – an wetterfeste Kleidung.

Tipp: Wer etwas länger als eine Woche unterwegs ist, sollte unbedingt noch in den Westen der Insel fahren. Je weiter du dort vordringst, desto schöner soll es werden. Hier befinden sich auch die berühmten Steinkreise, die wahrscheinlich jeder von uns kennt.

Scottish Highlands
Wandern
Muir of Ord, IV6

Die Highlands befinden sich oberhalb mehrerer Seen und sind optisch vergleichbar mit den anderen Spots. Das komplette Ambiente zieht sich durch den gesamten Landstrich. Jerry und seine Mutter haben auf einem Campingplatz übernachtet und den Wassertank meistens kostenlos an Tankstellen auffüllen können.

Faszinierendes *Schloss*

 Eilean Donan Castle
Abenteuer

Dieses Schloss ist faszinierend, aber leider ist es auch ein reiner Touristenort. Die Einrichtung befindet sich noch fast im Originalzustand, jedoch ist es aufgrund ebendieser vielen Menschen nicht einfach, sich in die damalige Zeit hineinzuversetzen.

 **Dalquharran Castle, Girvan**
Abenteuer

Auch dieses Ambiente haben Jerry und seine Mutter durch Zufall entdeckt. Eigentlich waren sie auf der Suche nach einem schönen Stellplatz, als in mehreren Hundert Metern Entfernung das Gebäude auftauchte. Die beiden haben sich also die Wanderschuhe angezogen und sind durch Büsche und Felder zum Schloss gelaufen. Umgeben von Pflanzen und Blumen, standen sie dann auf einmal vor diesem beeindruckenden Anwesen und gingen hinein. Obwohl es etwas gruselig war, fanden sie es wunderschön. Wer sich für solche alten Schlösser interessiert, sollte sich unbedingt mit der jeweiligen Geschichte auseinandersetzen.

Ganz allein in einer alten Schlossruine

Dundonald
Abenteuer

Jerrys Mutter wollte unbedingt das Schloss sehen, leider hatte es jedoch bereits geschlossen. In einem Café vor diesem Ambiente trafen die beiden aber glücklicherweise eine Dame, die ihnen vertrauensvoll einen Schlüssel zur Verfügung stellte, um eine private Tour durch die Festung machen zu können. Die Stimmung war dadurch noch mystischer. Die zwei haben die Energie in den Räumen gespürt und sich komplett in die alte Zeit zurückversetzt gefühlt. Das war wieder einmal einer der Momente, die nicht planbar sind: durch das Zusammenwirken mehrerer Zufälle ganz allein in einer alten Schlossruine umherlaufen – ein unvergessliches Erlebnis.

TIPP!

Barrhill Church
Adventure

Auch diese alte Kirche haben die zwei durch Zufall entdeckt. Obwohl solche Art Kirchen in Schottland überall zu finden sind, wollte Jerrys Mutter hier einmal an- und innehalten.

River Dee
Angeln

Der Fluss Dee, walisisch Afon Dyfrdwy, ist etwa 110 Kilometer lang und fließt durch das nördliche Wales. Angler kommen hier voll auf ihre Kosten. Jerry hat dort das Abendessen gefangen: Es gab Aal, der mit Knoblauch, Zitrone, Kartoffeln, Schnittlauch, Zwiebeln, Paprika und Chili angebraten wurde – ganz sicher superlecker.

Selbst gefangener
Aal zum Abendessen

Eine fast
verlorene Landschaft

Wetherby
Picknick

Wetherby ist ein schöner Ort, um ein Picknick am Fluss zu machen. Solche Örtlichkeiten findest du auf der gesamten Durchreise, was das Land auch so schön macht. Überall sind dazu gelbe Dornblümchen zu finden, die den Wegrand schmücken und die Reisenden begleiten.

Brecon Beacons Nationalpark

Dänemark

Beliebtes Campingland

57°02'39.5"N 8°28'54.7"E

JUMPER

@YvonnePferrer
@JeremyGrube

Einzimmerfahrtwind | Irgendwo immer zu Hause | #VanlifeDiaries

Zeitraum: auf der Durchreise
Reisedauer: 1 Woche
Preisklasse: MEDIUM
Level: MEDIUM

gefahrene Kilometer: ca. 1.700
Highlights: Surfen und Zelten
Spots: 5

Auf der Durchreise

Dänemark gehört zu einem der beliebtesten Campingländer der deutschen Urlauber. Es gibt 400 Stellplätze, ca. 450 Campingplätze und 900 Naturplätze zum Zelten, was auf dieser Fläche wirklich höchst beeindruckende Zahlen sind.

Wir haben leider viel zu wenig von Dänemark gesehen und wollen das Land nach bisher zwei kürzeren Aufenthalten unbedingt irgendwann noch mal richtig erkunden. Einen der Zwischenstopps hatte Jerry in Zusammenhang mit einem Junggesellenabschied gemacht. Da der Bruder von Jerry aus Flensburg kommt, konnte er mir ein paar Tipps geben und es hat sich so gut angehört, dass die Reiselust in mir auf jeden Fall geweckt wurde.

Auf klassifizierten Campingplätzen liegt die Gebühr zwischen 55 und 75 DKK – das sind etwa 7,50 bis 10 €, hinzu kommt eine Gebühr für Strom oder für Plätze in der ersten Reihe direkt am Meer. Aber auch einige Campinghütten kannst du dir in allerlei Größen in Dänemark buchen.

An dieser Stelle möchte ich auf alle von mir ausgewählten Bilder aus dem Internet verweisen, um euch auch optisch einen kleinen Eindruck verschaffen zu können.

WILDCAMPING DÄNEMARK

Das Wildcamping mit dem Van ist in Dänemark grundsätzlich verboten. Allerdings sind die Regelungen für das Wildcampen von der Region abhängig. Hierbei gelten die jeweiligen Camping- und Naturschutzgesetze. Daher hast du in Dänemark nur eine Chance auf eine legale und idyllische Nacht inmitten der Natur – wenn du mit Zustimmung des Eigentümers auf dessen Privatgrundstück stehst.

TIPP!

Kollund Skov
Picknick
Skomagerhusvej 1
6340 Kruså

Ausgewiesener Zeltplatz mit Feuerstelle
Aktivität: Stand-up-Paddling

Direkt an der Grenze zu Flensburg befindet sich ein kostenloser Zeltplatz an einem Waldrand. **Ein toller Blick aufs Meer und auf Flensburg** überzeugen hier. Das Auto kann vorher abgestellt und der Zeltplatz anschließend zu Fuß erreicht werden. Die Feuerstelle lädt zu einem einsamen romantischen und abenteuerlichen Übernachtungsvergnügen ein. Das Übernachten im Fahrzeug ist an diesem Ort verboten.

Tipp: Nahe gelegener Campingplatz ist Frigaard Camping.

Geschichtsträchtige
Hafenstadt am Fjord

Hvide Sande
Angeln, Aussicht, Surfen

An der dänischen Westküste liegt die **Hafenstadt Hvide Sande auf der Landzunge Holmsland Klit am Durchstich zum Ringkøbing-Fjord.** Hier findest du viel Geschichte und alte Bunker, die bis heute begehbar und zu besichtigen sind. Die Bunker stammen noch aus der Hitlerzeit. Es gibt eine kleine Aussichtsplattform und eine Angelstelle zum Fischen von Heringen und Makrelen. Zum Angeln solltest du natürlich deinen Angelschein nicht vergessen. Falls du noch keinen besitzt, kannst du dir vor Ort – ohne eine Prüfung ablegen zu müssen – einen kaufen.

In dem kleinen Städtchen kannst du Eis essen oder dir als deftige Alternative ein traditionelles Fischbrötchen bestellen. Außerdem gibt es dort einen Strand zum Surfen mit Livecam und einem großen Parkplatz direkt am Meer. Der Vorteil der Livecam ist, dass du jederzeit im Internet sehen kannst, wie das Wetter und die Wasserverhältnisse an diesem Tag sind.

Hier der Link zur Livecam:
www.webcamgalore.de/webcam/Daenemark/Hvide-Sande/6239.html

Rømø Autostrand
Kitesurfen, Surfen

Das Wildcampen sowie das Campen an öffentlichen Stränden ist in Dänemark generell verboten. Tagsüber ist das Parken an sogenannten Autostränden erlaubt, die Plätze müssen allerdings für die Nacht wieder verlassen werden. Dafür existieren in ganz Dänemark einige **„Strand-Campings",** die in Strandnähe liegen und auch meist mit einem direkten Zugang zum Meer verbunden sind. Die Übernachtungskosten pro Person belaufen sich auf ca. 13 € pro Nacht. In der Nähe befinden sich außerdem Supermärkte und einige Restaurants.

Skagen
Ausblick

Das Besondere an dem kleinen Ort Skagen ist, dass hier Nord- und Ostsee aufeinandertreffen.
Zur Hauptsaison ist der Andrang deutlich höher und die Ostsee zudem viel wilder. Skagen hat zahlreiche schöne Strände zu bieten, die im Vergleich zu den westlichen Nachbarorten in der Regel kürzer sind. Außerdem ist die dänische Ostseeküste für ihre Steilküste in der Region Møn bekannt.

Bildquelle: https://bit.ly/2BiVOTE

BEACH *life*

Bildquelle: https://bit.ly/3OOKkoN

Sønderborg
Städtchen

Sønderborg liegt zum größten Teil auf der Insel Als, darunter die Altstadt. Der westliche Teil der Stadt befindet sich auf dem jütländischen Festland Dänemarks. Der Alsensund ist 250 Meter breit und verläuft zwischen Festland und Insel. Diesen kannst du über zwei Brücken überqueren. Sønderborg ist **landschaftlich** wirklich **sehr reizvoll.**

Cold Hawaii Dänemark
Surfen

Ob beim Wavesurfen, Kitesurfen, Windsurfen oder beim SUP – Cold Hawaii Dänemark ist ein richtiges Surferparadies und verspricht Surfern aus aller Welt nicht zu viel. Es ist also ein **Must-have für alle Surfer,** die auf „Hippie-Vibes" und ein charmantes Ambiente stehen. Die Wellen sind hier besonders kraftvoll und erreichen eine Höhe von bis zu sechs Metern. Am Strand befinden sich ein Bistro und eine Surfschule. Wer hier selber nicht ins kalte Nass springen möchte, sollte wenigstens die anderen Surfer bei einem Käffchen beobachten.

Bildquelle: https://r-b.gy/torpzz

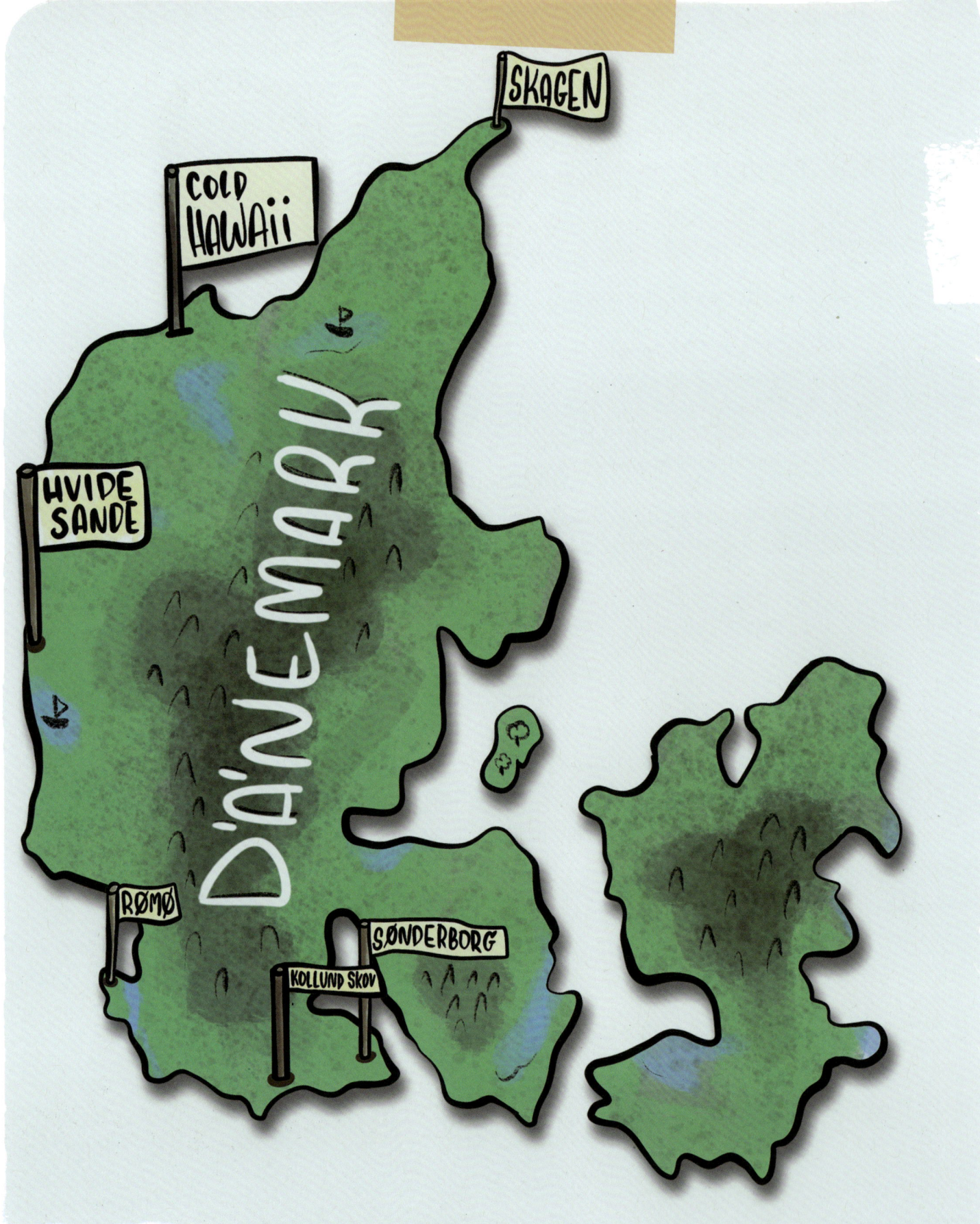

Schweden

Unglaublich schöne und unberührte Landschaft

Zeitraum: Sommer 2015 und Dezember 2019
Reisedauer: 10 Tage
Preisklasse: **TEUER**
Level: **EASY**
(Hier ist es teilweise erlaubt, auf freien Flächen
zu übernachten.)
gefahrene Kilometer: ca. 2.800
(Rückfahrt über Norwegen)
Highlights: unberührte Natur und endlose Seen
Spots: 6

In Norwegen und Schweden waren wir zum ersten Mal im Sommer 2015 mit unserem damaligen Auto. Es war ein Kombi – also genug Platz, um die Sitze umzuklappen und hinten im Auto zu schlafen. Diese Reise war aus einer spontanen Idee entstanden und kurze Zeit später ging es schon los.

Zuvor hatten wir ein Festival im Norden von Deutschland besucht, also war es nahezu perfekt, direkt weiter über Dänemark nach Schweden zu fahren. Von dort aus sind wir über Norwegen mit der Fähre wieder zurück nach Deutschland gereist. Insgesamt dauerte unser Trip gerade mal zehn Tage und es waren in diesem Zeitraum wohl mit die kältesten Sommertage der letzten Jahre in Norwegen und Schweden (denn da oben ist der Sommer nicht so warm wie bei uns). Auf einer unserer Strecken sind wir unwissend einige Höhenmeter zu weit in die Berge gekommen. Hier war alles zugefroren. Mit unserem Gepäck, bestehend aus nur einer Decke und einem Pulli, waren wir überhaupt nicht auf diese Witterungsverhältnisse vorbereitet und mussten uns schnellstmöglich einen anderen Ort suchen. Schweden ist mit seinen Seen und der unberührten Natur zu jeder Jahreszeit ein Highlight und wird Naturliebhaber begeistern.

WILDCAMPING SCHWEDEN

In Schweden gilt das „Jedermannsrecht", das besagt, dass die Wildnis grundsätzlich für jede Person frei zugänglich ist. Allerdings umfasst das nicht das Wildcampen mit einem Van; dies nämlich wird vor Ort nur toleriert. In der Nacht darfst du deinen Van an das Ende von öffentlichen Straßen oder direkt an einen Strand stellen. Allerdings werden die Verbotsschilder in den skandinavischen Ländern immer mehr, sie sind in jedem Fall zu respektieren.

Schweden eignet sich sehr gut für eine naturnahe Vantour mit freien Übernachtungen inmitten der atemberaubenden Landschaft.

Hinweis: Im Juli herrscht in Schweden erhöhte Brandgefahr, Lagerfeuer o. Ä. sind zu dieser Jahreszeit also verboten.

Einzimmerfahrtwind | Irgendwo immer zu Hause | #VanlifeDiaries

Wir waren zwei Mal in Schweden: das erste Mal nur sehr kurz auf unserem Roadtrip mit dem Auto im Sommer 2015 und dann noch einmal mit unserem Van im Winter 2019. Hier habe ich einzig die Kosten der zweiten Reise angegeben.

Schweden beeindruckte uns wie Norwegen durch seine unglaublich schöne und unberührte Landschaft.

Unsere Reisezeit: 1 Woche

An- und Abreise (Köln–Stockholm))
Sprit: 300 €
Brücke und Fähre: 220 €

Sonstige Kosten
(von Stockholm über Norwegen
bis hin zu den Lofoten)
Lebensmittel: 150 €
Sprit: 350 €

Total (pro Person): 510 €

Tipp: Die nächste Tankstelle kann weit entfernt sein, nutze also jede Möglichkeit zum Nachfüllen.

ES IST, ALS WÜRDE DIE ZEIT STILLSTEHEN – VOLLKOMMENE FREIHEIT.

Berg-und-Tal-Landschaft aus der Eiszeit

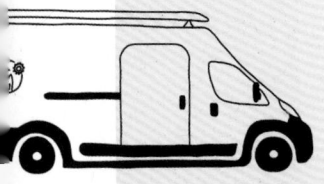

Hilleshögs dalar
Landskrona
(an der Grenze zu Dänemark)
Picknick

An diesem Spot standen wir auf einem Parkplatz am Meer. Bei Hilleshögs dalar handelt es sich um ein Naturschutzgebiet in Form einer hügeligen Berg-und-Tal-Landschaft, die durch das Abschmelzen eines Gletschers in der letzten Eiszeit entstand. Hilleshögs dalar liegt an der Öresundküste und es umfasst eine Fläche von 170 Hektar. Das Gebiet erstreckt sich vom nördlich gelegenen Glumslöv bis nach Landskrova. Wenn du Glück hast, kannst du hier Seerobben beobachten, die zum Schlafen an den Strand kommen.

Stylishe
Landeshauptstadt

Stockholm
Stadt

Besuchern bietet Stockholm **viele Sehenswürdigkeiten.** Darüber hinaus ist die Stadt stylish und auch architektonisch superinteressant. Überall gibt es kleine Cafés und Restaurants. Du solltest dir auf jeden Fall für mindestens einen Tag ein Fahrrad ausleihen, um damit die Stadt zu erkunden. Die Gebäude sind einerseits hochmodern und „recht jung", andererseits bleibt der Charakter der alten Bauwerke erhalten. Aus internationaler Sicht ist Schweden für seine Kreativität bekannt, vor allem bezüglich Musik, Mode und Design.

Und auch das ist großartig an Stockholm: Während das Zentrum alles zu bieten hat, was du von einer Großstadt erwartest, ist es nur ein paar Minuten weiter entfernt sehr ruhig. Hier kannst du dir Übernachtungsmöglichkeiten suchen und einen turbulenten Tag ausklingen lassen.

TIPP!

Ein beliebter
Ausflugsort in den Schären

Östhammar
Angeln
742 92 Östhammar

Auf dem Weg nach Norwegen sind wir hier zufällig vorbeigekommen. In der Schärenregion Roslagen liegt das touristische Zentrum Östhammar, ein beliebter Ausflugs- und Aufenthaltsort. Unter anderem kannst du dort einen großen Rathausplatz mit Kopfsteinpflaster und viele typische Holzhäuser in Pastellfarben entdecken.

Nach Stockholm oder zum Flughafen brauchst du nicht mal zwei Stunden. Das traumhaft schöne Östhammar mit seinen vielen Wäldern und Seen war im 20. Jahrhundert als See- und Kurort äußerst beliebt und auch heute noch ist der See perfekt zum Angeln.

Luleå
Stellplatz
E4
975 97 Luleå

In Luleå übernachteten wir ganz unkompliziert am Rande eines Feldweges dicht am Waldrand. Wir waren immer noch auf der Durchreise, es war dunkel und wir waren müde. Unter diesen Umständen war es uns unwichtig, wo wir stehen. Du wirst merken, dass du beim Reisen mit dem Van in vielen Dingen entspannter und weniger anspruchsvoll wirst.

Selbst gemalt geht auch!

Panne Nr. 1:

Am nächsten Morgen ist uns aufgefallen, dass unser hinteres Nummernschild fehlte. Wir haben daraufhin sofort die Polizei informiert und uns schon mal provisorisch ein neues erstellt; ein amtliches konnten wir zu diesem Zeitpunkt nur in Deutschland beantragen, was dazu geführt hat, dass wir die gesamten drei Wochen mit einem selbst gemalten Schild durch Norwegen und Schweden unterwegs waren. Zum Glück hat niemand was gesagt – das lag aber mit Sicherheit auch daran, dass sowieso alles schmutzig und zugefroren war, sodass bei niemandem irgendwelche Details am Fahrzeug erkennbar waren.

Rückwärtsfahrt

mit Folgen...

Panne Nr. 2:

Einen Tag später sind wir beim Rückwärtsfahren in eine Parkbucht fast einen Hang runtergerutscht, im schlimmsten Fall hätten wir uns in diesem Fall überschlagen. Ein Rad hing bereits in der Luft, der Van wackelte und schaukelte dementsprechend auch ziemlich stark. Ich sprang also sofort auf Jerrys Fahrersitz, um das Gewicht auszubalancieren, und Jerry blieb mit dem Fuß auf der Bremse in der Hoffnung, dass wir so einen besseren Halt erhielten.

Nach fast drei Stunden und mit 220 € weniger in der Tasche ging die Fahrt aber unversehrt weiter. Bitte vergiss nicht, dass die Straßenverhältnisse im Winter nicht mit denen in Deutschland zu vergleichen sind. Du solltest also immer achtsam fahren und auf die Gegebenheiten der Straßen eingehen.

Kiruna
Ausblick
981 92 Kiruna

Im nordschwedischen Norrbottens län und der historischen Provinz Lappland findest du **die nördlichste Stadt Schwedens** Kiruna. Hier verändert sich die Landschaft enorm. Es ist bergig und zu unserer Zeit war es auch noch einmal um einiges kälter als in anderen Regionen. Überall befinden sich zugefrorene kleine Wasserfälle und Seen. In der Nähe eines geschlossenen Campingplatzes konnten wir für 5 € duschen. Ich habe einfach am Haus neben dem Campingplatz geklingelt und die Frau hat uns den Schlüssel zur Ferienwohnung für ein paar Minuten geliehen.

Die Menschen in Schweden sind uns stets freundlich und hilfsbereit begegnet, so war das Duschen auch in einer Ferienwohnung überhaupt kein Problem.

In Kiruna haben wir außerdem mit –14 °C unsere kälteste Nacht verbracht. Gefroren haben wir dank des Ofens nicht, wobei wir allerdings alle paar Stunden aufstehen mussten, um Holz nachzulegen. – Für die Dämmung deines Vans empfehlen wir Armaflex.

Einzimmerfahrtwind | *Irgendwo immer zu Hause* | *#VanlifeDiaries*

Lappland — historische Provinz

 Infos Ofen:

Für genau solche Reisen haben wir uns diesen Ofen gebaut und er hat uns nie im Stich gelassen. In Norwegen und Schweden gibt es jedoch leider keine Briketts, die wirklich mehrere Stunden gehalten hätten. So mussten wir nachts ab und zu aufstehen, um Holz nachzulegen. Wer das verhindern möchte, sollte sich im besten Fall vor Antritt der Reise über eine alternative Variante zum üblichen Holz informieren.

Meisten sind wir gegen Mitternacht schlafen gegangen, nachdem wir den Ofen gut aufgeheizt hatten. Gegen drei Uhr mussten wir dann das erste Mal etwas Holz nachlegen und gegen sieben, also eine Stunde vor dem Aufstehen, ein zweites Mal. Meistens sind wir auf der Tour gegen 23 Uhr eingeschlafen und so um 8 Uhr aufgewacht.

An einem Tag war es so windig, dass der Qualm des Ofens wieder in den Van zurückgeblasen wurde und dieser in der Folge voller Rauch stand, weshalb das Feuer also gelöscht werden musste. Stattdessen übernachteten wir dann auf einem windgeschützten Stellplatz.

Info Holz:

Das Feuerholz erhältst du in Schweden und Norwegen in Baumärkten, Supermärkten und sogar teilweise in Tankstellen.

Bis zum Dach
zugeschneit

Grenze zu Norwegen
E10
981 94 Riksgränsen

Durch die gravierenden Schneestürme ist die ca. 40 Minuten währende Strecke, die nur wenige Kilometer lang ist, von Schweden nach Norwegen in der Winterzeit meistens geschlossen. Natürlich gibt es auch eine andere Route nach Norwegen, diese dauert allerdings ein paar Stunden länger. Wir haben im Internet leider nicht genügend Informationen über die aktuelle Lage gefunden, weshalb wir ganz nach dem Motto „No risk, no fun" einfach unser Glück versucht hatten. Nach etwa zwei Stunden Wartezeit an der Grenze konnten wir die Strecke mit einem vorausfahrenden Unimog-Schneeschieber bestreiten. Der Schneepflug fährt an manchen Tagen mehrmals diese Strecke, damit diese für „normale" Fahrzeuge überhaupt zugänglich bleibt.

Einige Häuser rechts und links waren bis zum Dach zugeschneit und der Schneefall ließ nicht nach. Das war ein echtes Abenteuer, das wir zum Glück heil überstanden haben.

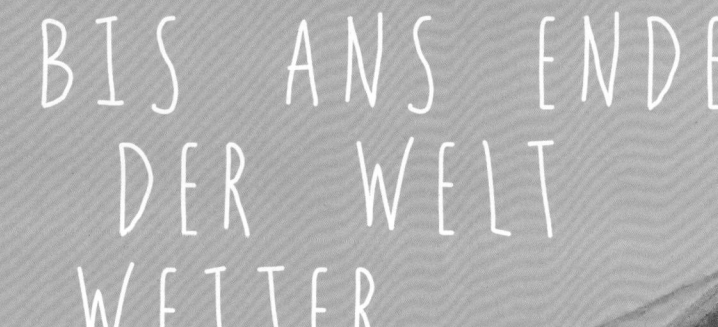

BIS ANS ENDE DER WELT UND WEITER

Vorbereitung im Winter:

- Schneeketten
- großer Besen, um dein Fahrzeug von Schnee zu befreien
- Taschenlampen
- Kerzen
- Teppichboden
- Isoliermatte für die Frontscheibe
- Kühlflüssigkeit kontrollieren
- Reifendruck bei Schnee senken
- Scheibenwischwasser auffüllen
- Enteiserspray
- dicke Decken
- warme Kleidung (Zwiebelsystem)
- Wärmequelle (Ofen oder Standheizung)
- Spaten, falls du stecken bleibst
- Sand oder Kies zum Anfahren auf eisigem Boden

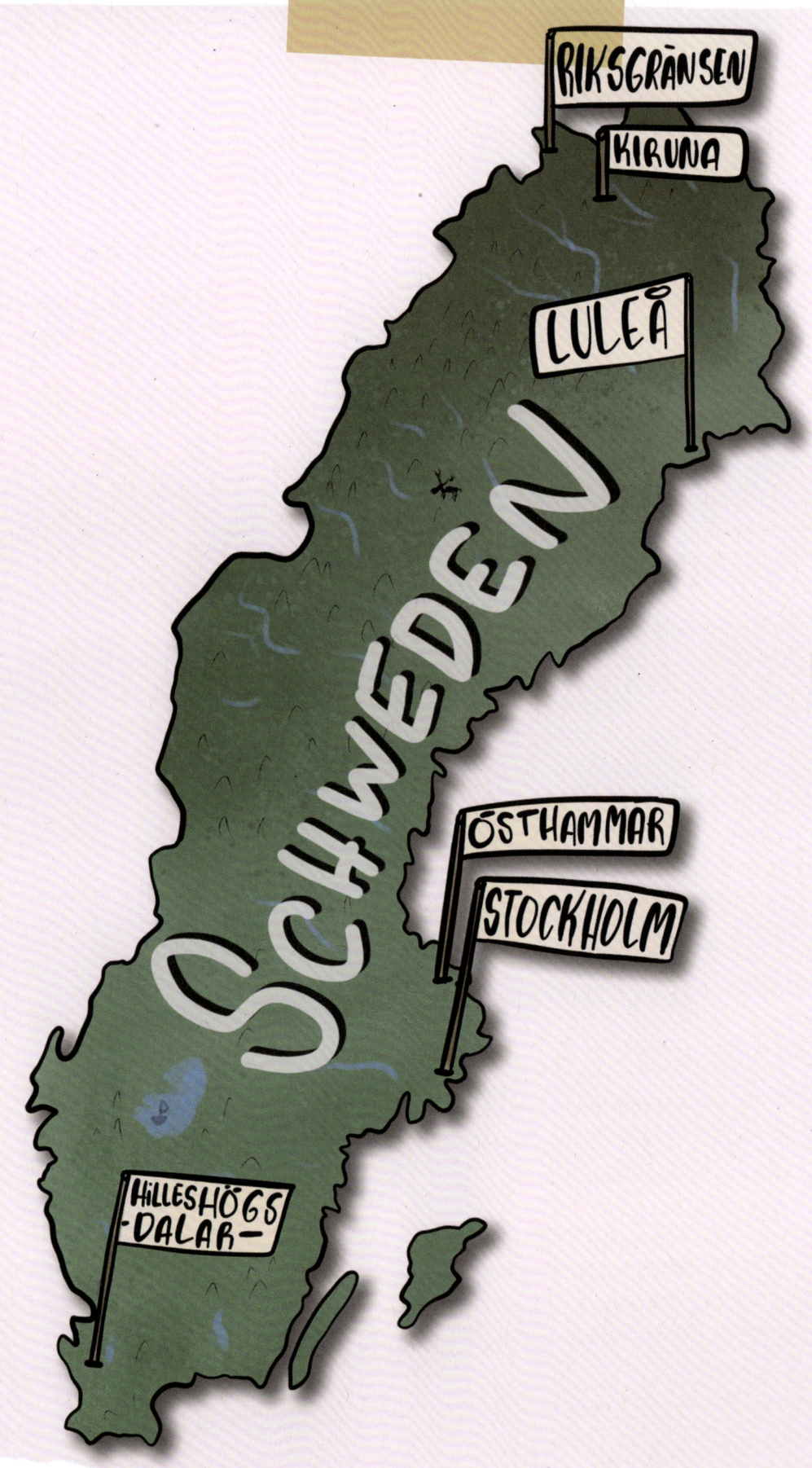

HIER KANNST DU DEINEN
EIGENEN NATURTRIP
DURCH SCHWEDEN PLANEN.

Norwegen/ Lofoten

Ein unvergessliches Abenteuer

68°03'32.8"N 13°08'38.8"E

Zeitraum: Dezember 2019

Reisedauer: 3 Wochen

Preisklasse: **TEUER**

Level: **EASY**

gefahrene Kilometer: ca. 5.800 (Anfahrt über Schweden, zurück nach Köln von den Lofoten über Trondheim, Oslo und Kopenhagen)

Highlight: Traumkulisse Lofoten

Spots: 23

Ich kann es immer noch nicht glauben, dass wir tatsächlich zu einer der dunkelsten und kältesten Zeit Norwegens bis hoch zu den Lofoten gefahren sind. Vor dieser Reise wussten wir nicht, was uns erwarten wird und ob unser Van mit unserem selbst gebauten Ofen überhaupt die Kälte stemmen kann.

Unsere Aufregung stieg noch einmal an, als die Fenster auf dem Weg in den Norden beim Fahren und mit voller Heizungskraft zugefroren sind. Die Außentemperatur in dieser Nacht sank auf bis zu −15 °C. Wir haben diese jedoch warm überstanden und ab diesem Zeitpunkt war uns klar, dass wir beinahe alles schaffen können. Die Nacht hat uns zudem auf alles vorbereitet, was noch folgen wird. **Die gesamte Reise war ein unvergessliches Abenteuer mit dem tiefsten, dunkelsten und kräftigsten Schneesturm, den ich jemals erlebt habe.** Die Sonne hat sich in diesen Tagen nicht gezeigt, da sie zu dieser Jahreszeit den Horizont nicht überschreitet.

Außerdem wurde unsere Reise begleitet von mehreren Elchen und Hirschen, die vor unserem Van den Weg kreuzten, von kräftigen Winden, die den Rauch vom Ofen zurück in unseren Van gepustet haben, und nicht zuletzt von einer Landschaft, die so episch und gemalt aussieht, dass wir unser Glück kaum in Worte fassen konnten.

WILDCAMPING NORWEGEN

In Norwegen gilt das „Jedermannsrecht", das besagt, dass die Wildnis grundsätzlich für jede Person frei zugänglich ist. Dies aber umfasst nicht das Wildcampen mit einem Van; dies nämlich wird vor Ort nur toleriert. In der Nacht darfst du einen Van an das Ende öffentlicher Straßen oder direkt an einen Strand stellen. Allerdings werden die Verbotsschilder in den skandinavischen Ländern immer mehr, sie sind in jedem Fall zu respektieren.

Norwegen eignet sich sehr gut für eine naturnahe Vantour mit freien Übernachtungen inmitten der atemberaubenden Landschaft.

Einzimmerfahrtwind | Irgendwo immer zu Hause | #VanlifeDiaries

Unsere Reisezeit: 3 Wochen

An- und Abreise (über Schweden)
Brücke und Fähre: 220 €
Sprit: 300 €

Sonstige Kosten
Lebensmittel: 150 €
Sprit: 400 €
Feuerholz: 20 €
Camping: 60 €

Rückreise
Brücke und Fähre: 170 €

Total (pro Person): 660 €

DIESER TRIP SOLLTE DIE HERAUSFORDERUNG UNSERES LEBENS WERDEN!

Traumhafte Locations – verlassen und *romantisch einsam*

Wer im Winter nach Norwegen fährt, sollte den Van den extremen Wetterverhältnissen anpassen. Das bedeutet, gute Reifen sowie Schneeketten zu besitzen und auch für eine Wärmequelle zu sorgen. Teilweise sind die Straßen so vereist, dass Schlittschuh laufen darauf möglich ist (was ich auch gemacht habe), und die Schneestürme so stark, dass der ganze Van wackelt und schaukelt und wir das Gefühl hatten, jeden Moment abzuheben.

In einer Nacht war alles so extrem am Schwanken, dass Jerry kein Auge zubekommen hat und wirklich der Meinung war, dass wir mit dem Van jeden Moment ins Meer getragen werden würden. Er wollte auf der Stelle unseren Platz verlassen, was wir aber aufgrund des hohen Risikos beim Fahren durch die unverhältnismäßigen Windstürme dann doch nicht getan haben. Für solche Extremsituationen ist adäquate wärmende Kleidung unverzichtbar. Das gute alte Zwiebelprinzip hat uns in dieser Nacht gerettet.

Auf den Lofoten ist es im Sommer sehr touristisch, dafür sind im Winter bei Minusgraden die traumhaften Locations meistens verlassen und romantisch einsam.

Einzimmerfahrtwind | *Irgendwo immer zu Hause* | *#VanlifeDiaries*

Sonne und Licht: Die Sonne erblickt man im Norden von Schweden und Norwegen für einige Wochen nicht am Horizont. Als wir im Dezember dort waren, wurde es gegen 10 Uhr „hell" und gegen 15 Uhr war es bereits wieder dunkel. „Hell" ist in diesem Fall mehr eine Art Dämmerung, die wir von uns zu Hause nicht kennen. Obwohl die Sonne nie zu sehen war, hatten wir in dieser Zeitspanne von ca. fünf Stunden das Gefühl, einem Sonnenuntergang beizuwohnen. Dies gehört zu den Erlebnissen, die ich niemals vergessen werde. Es war so kuschelig und gemütlich im Van, und du wirst spüren, dass du die Person, die du liebst, ganz neu kennenlernst. Alles ist einzigartig und abenteuerlich. Nirgendwo sonst sind die Naturkräfte so zu spüren und dabei wird das Gefühl noch deutlicher, dass wir als Menschen nichts gegen sie ausrichten können.

In Norwegen solltest du also für alle Strecken etwas mehr Zeit einplanen, zudem langsam fahren und generell achtsam unterwegs sein.

Wenn du dann nach so einer Reise wieder daheim bist, weißt du sicher sonst so Selbstverständliches viel mehr zu schätzen. Du wirst einfach dankbar, glücklich und stolz sein, ein solch unvergleichliches Abenteuer erlebt und gemeistert zu haben.

Lofoten — nördlich des Polarkreises

Die Lofoten bestechen mit einer unverwechselbaren Natur sowie mit einer vielseitigen Landschaft. Diese Region befindet sich im Regierungsbezirk Nordland und ist Teil einer Inselgruppe vor Nordnorwegens Küste.

Stell dir malerische Fischerdörfer vor, die von steil aufragenden Bergen und tiefblauen Fjorden umgeben sind. Dies war unser absolutes Highlight der gesamten Reise! Wir hätten hier mehrere Wochen verbringen können. Auf einer Länge von ca. 320 Kilometern von Norden nach Süden beträgt die reine Reisezeit vier bis fünf Stunden. Wir wollten am liebsten alle zehn Minuten stehen bleiben und ein Foto machen, weil alles so traumhaft schön ist. Es ist verrückt und mit keinem Ort der Welt zu vergleichen. Bisher haben wir noch nie eine Landschaft bereist, die sich über eine so lange Strecke derart malerisch und abwechslungsreich zeigte. Als wir im Dezember dort waren, war alles weiß. Vermutlich würden wir im Sommer kaum einen der Orte wiedererkennen, so stark soll der Kontrast zwischen den unterschiedlichen Jahreszeiten oberhalb des Polarkreises sein.

Diese Region bietet außerdem ein äußerst vielseitiges Programm: Von Abenteuern während der Reise über diverse wunderschöne und einzigartige Aussichten hinter jedem Berg bis hin zum traditionellen Fischen ist hier alles möglich.

Anreise
über Schweden

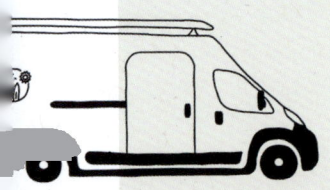

Anreise:
Die Lofoten erreichst du entweder (wie wir es gemacht haben) über Schweden oder du kannst von Norwegen (Bodo) die Fähre auf den süd-lichsten Zipfel nehmen. Von der Fähre wussten wir anfangs nichts, mit ihr ist es möglich, Zeit und einige Kilometer zu sparen (von Toppøy Rorbuer, E10, Reine, aus).

8409 Bogen
Ausblick

Bereits in der ersten Nacht auf den Lofoten haben wir mehrere Elche und Rentiere direkt am Straßenrand stehen sehen. Hier haben wir die Nacht in einer Parkbucht verbracht und waren schon sehr aufgeregt, welches Abenteuer uns am nächsten Tag erwarten würde.

Ein Märchen beginnt genau hier!

Einzimmerfahrtwind | Irgendwo immer zu Hause | #VanlifeDiaries

Der Anfang des Zaubers

8409 Gullesfjorden
Ausblick

Ein Märchen beginnt genau hier! Du hast keine Zeit, um nur kurz die Augen zu schließen, da du sonst etwas von dieser unbeschreiblichen Landschaft verpassen könntest.

8316 Laupstad
Picknick

Als wir bereits gedacht hatten, dass es nicht mehr schöner und beeindruckender werden kann, haben wir gemerkt, dass dies erst der Anfang des Zaubers war.

Peace – weil wir jeden akzeptieren, wie er ist, und weil wir niemanden einschränken wollen.

8300 Svolvær
Angeln

In Svolvær ist es so gut wie überall möglich, zu halten, um die Landschaft in ruhigen Momenten ohne Motorenlärm genießen zu können. Während unserer Reisezeit haben wir nicht viele Menschen gesehen, was uns aber bei den eisigen Temperaturen draußen nicht wunderte. Lass dich von den Temperaturen jedoch nicht abschrecken. Mit der richtigen Kleidung sowie der richtigen positiven Einstellung gewöhnst du dich sehr schnell an die Kälte und alles fühlt sich nur halb so schlimm an wie an kalten, verregneten Wintertagen in Deutschland.

Storvåganveien
Wandern

Storvåganveien besteht aus wunderschönen Seen, in denen sich die Berge episch spiegeln. Hier sind wir in Sachen Fotografie automatisch kreativ geworden. Uns schweben oft gewisse Ideen und Vorstellungen zu unseren Bildern vor, wir merken jedoch immer wieder, dass die besten und schönsten Momente spontan und ungeplant entstehen. Daher lohnt es sich, wachsam zu bleiben um diese Momente nicht zu verpassen.

8310 Kabelvåg
Ausblick

Hier in dieser endlosen Weite war es
für uns eine große Freude, die Drohne
fliegen lassen zu können. Die hohen
Minustemperaturen bereiten ihr keine
Probleme.

VAN LIFE
diaries

8312 Henningsvær
Ausblick Fußballplatz

Henningsvær liegt in der norwegischen Kommune Vågan. Hier ist der wohl außergewöhnlichste Fußballplatz der Welt zu finden, was uns erst bewusst wurde, als wir uns die Bilder unserer Drohne angesehen haben. Für diese Tour lohnt es sich auf jeden Fall, ein solches Gerät mitzunehmen.

TIPP!

Einzimmerfahrtwind | Irgendwo immer zu Hause | #VanlifeDiaries

Unstad-Strand
Surfen
Bøstad

Unstad **gilt als Surferparadies Norwegens.** Es ist kaum zu glauben, dass es Menschen gibt, die hier sogar im Winter das Surfbrett herausholen. Während unseres Aufenthalts konnten wir einige von ihnen beobachten, wie sie sich tapfer im Wasser aufgehalten haben.

Eigentlich hatten wir ebenfalls geplant, an diesem Platz zu surfen, jedoch hatten wir leider etwas zu wenig Zeit und wir wollten noch so viel anderes sehen. Das soll keine Ausrede dafür sein, dass wir nicht ins Wasser gegangen sind, jedoch muss ich zugeben, dass mir bereits beim Zuschauen kalt geworden ist und ich es definitiv favorisiere, bei höheren Außentemperaturen und in warmem Wasser auf den Wellen zu reiten.

Hier haben wir das bisher beeindruckendste Farbspiel am Himmel gesehen.

Die sonderbarsten Lichter, die du dir nur vorstellen kannst

Info Polarlichter:

So hoch im Norden bieten sich die besten Gegebenheiten für Polarlichter – die sonderbarsten Lichter, die du dir nur vorstellen kannst. Polarlichter werden durch elektrisch geladene Sonnenwindpartikel ausgelöst. Die von ihnen erzeugten Wechselwirkungen zwischen verschiedenen Bereichen der Erdatmosphäre lassen am Himmel eine energetische Lichtshow entstehen. Bei klarem Himmel hast du die besten Chancen, dieses Naturereignis wahrzunehmen. Entweder du bleibst nachts wachsam und schaust regelmäßig raus oder du holst dir etwas Unterstützung mit kostenlosen Apps, wie „Polarlicht-Vorhersage" oder „Aurora".

Energetische
Lichtshow am Himmel

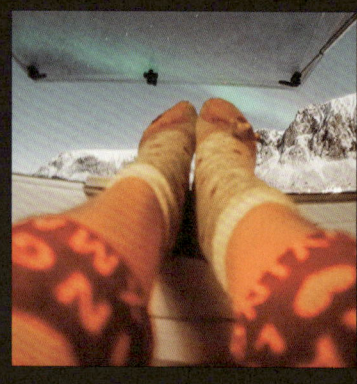

8384 Sund

Ausblick

Irgendwann im Sommer werden wir hierher zurück-
kehren! Ich bin gespannt, ob ich dann auch nur
einen der Orte ohne Schnee wiedererkennen werde.

Besuch im historischen Fischerdorf

Arctic Resort
Übernachten
8380 Nusfjord

Nusfjord gilt als **eines der am besten erhaltenen historischen Fischerdörfer der Lofoten.** Wenn du die spektakulären Gebirgspässe von Flakstad passiert hast, kannst du bereits die salzigen Winde des Nordmeeres einatmen. Das Nusfjord Arctic Resort liegt in diesem abgeschiedenen und ruhigen Dorf. Wir haben uns eine Nacht dort gegönnt, was insbesondere an der Sauna und dem traditionellen Holzbad lag. Das ganze Gelände und die einzelnen Häuser, die du dort buchen kannst, sind eine sehr stilvolle Mischung aus modern und oldschool – einfach entzückend. Das Häuschen, das wir für die Übernachtung gebucht haben, hatte genau die Einrichtung, die wir uns für unser eigenes irgendwann vorstellen können. Überall wurden Naturmaterialien verbaut und sehr liebevoll und elegant in Szene gesetzt, ohne dass es protzig oder luxuriös wirkte. Somit haben wir uns direkt wohlgefühlt.

Hier solltest du unbedingt mindestens eine Nacht verbringen. Auch das Frühstück ist unwahrscheinlich lecker und außergewöhnlich angerichtet. Ich will an dieser Stelle nicht zu viel verraten, aber ich kann mir nicht vorstellen, dass du von diesem Ort enttäuscht wirst. Der Preis für eine Nacht/ zwei Personen liegt bei ca. 200 €. (Achtung – das habe ich bei der Kostenaufstellung [vorne] nicht mit einkalkuliert.)

68°06'13.6"N 13°17'00.3"E

Moskenesoy
Stellplatz
473M+F9 Flakstad

In diesem Ort hat uns nachts ein rauer und heftiger Schneesturm überrascht. Zum Glück kennen die Einheimischen die Wetterverhältnisse sehr gut – uns wurde der Weg vom Parkplatz auf die Straße von einem Schneeschieber frei gemacht. Ich weiß nicht genau, ob wir allein rausgekommen wären, aber wie du siehst, findet sich immer eine Lösung.

Mit uns stand noch ein anderer Camper auf dem Parkplatz und es sah ganz danach aus, dass dieser sein Gefährt auf den Lofoten gemietet hatte; sicherlich auch eine gute Variante für alle, die das Reisen im Van erst einmal testen wollen oder nicht genug Zeit haben, die lange Anreise mit dem eigenen Fahrzeug zu stemmen.

Einzimmerfahrtwind | Irgendwo immer zu Hause | #VanlifeDiaries

WIDEN YOUR WORLD.

508/509 Norwegen/Lofoten

Je höher du kommst, desto unbeschreiblicher wird der Ausblick

Ryten
Wanderung
8387 Fredvang

Hier haben wir eine der besten und abenteuerlichsten Wanderungen jemals unternommen. Wir waren ganz allein oben in den Bergen, alles war vereist und unsere eigenen Fußabdrücke waren nach wenigen Minuten kaum mehr zu erkennen.

Den genauen Weg bis zum Aussichtspunkt kannten wir vorher nicht, weswegen ich an dieser Stelle eine kleine Wegbeschreibung geben möchte: Parke an dem ausgewiesenen Parkplatz an einer Weide und einem kleinen Touristenhäuschen. Wenn du nicht so weit laufen möchtest, empfehle ich – nicht, wie im Internet beschrieben –, am Friedhof zu parken. Zunächst läufst du dann über einige Felder hoch zum Berg. Du erkennst an den Holzbalken am Wegrand, dass du richtig bist. Auf der ersten Ebene in den Bergen befinden sich zwei Seen. Ab dort geht der Pfad rechts bergauf weiter, unverkennbare Holzbalken weisen dir stets die Richtung. Je höher du kommst, desto unbeschreiblicher wird der Ausblick: Von hier aus kannst du Hunderte Meter über das Meer schauen.

Es ist leider nicht empfehlenswert, diesen Weg im Winter zu bestreiten, da dies wirklich sehr gefährlich sein kann. Leider hatten wir diese Empfehlung erst im Nachhinein bekommen, als wir uns mit einem Einheimischen ausgetauscht haben. Das Wetter hier oben kann rasch umschlagen, und wenn du bei einem Schneesturm an einem vereisten Abhang stehst, besteht die Gefahr, die Orientierung zu verlieren. Die Sichtweite liegt dann schnell unter einem Meter und bereits nach wenigen Sekunden sind wie gesagt die eigenen Fußabdrücke nicht mehr zu erkennen, die den Weg zurückweisen könnten. Uns ist das fast passiert, allerdings haben wir noch früh genug den drohenden Schneesturm in der Ferne erkannt und gemerkt, wie rasch sich die Wolkendecke zugezogen hatte. Zum Glück ist alles gut gegangen, jedoch kannst du dir vorstellen, wie froh wir waren, als wir endlich wieder im Van ankamen und uns eine heiße Tasse Tee machen konnten.

Ganz im Süden
der Lofoten

8390 Reine
Ausblick
Norwegen

Das kleine Dörfchen Reine befindet sich ganz im Süden der Lofoten und genau hier wollten wir auf einem Parkplatz die Nacht verbringen. Wie an vorhergehender Stelle erwähnt, ist dies der Ort, an dem uns der Wind den ganzen Rauch vom Ofen wieder zurück in den Van geblasen hat. Wir hatten keine Chance, dagegen anzukommen, also sind wir nachts an eine windgeschützte Stelle gefahren. Für jede extreme Situation findet sich auch kurzfristig eine Lösung.

Reinefjord Sjøhus
Übernachten
Skagen, 8390 Reine

Wir haben hier zwar nicht übernachtet, durften uns die kleine Wohnung, die du mieten kannst, jedoch einmal von innen ansehen. Ich habe ein Bild von den großen beeindruckenden Fenstern und dem markanten Berg auf Instagram gesehen und wollte das unbedingt mal im Reallife betrachten. Diese Art der Ferienwohnungen gibt es übrigens auch für Gruppen.

8276 Ulvsvåg
Highlight - Schlittschuhe

Bereits vor der Reise habe ich mir fest vorgenommen, mindestens ein Mal auf einem zugefrorenen See Schlittschuh zu laufen. Da wir uns jedoch nicht ganz sicher waren, welche Seen definitiv zugefroren sein würden, habe ich die einmalige Gelegenheit einfach auf diesem vereisten Parkplatz genutzt. Ein paar Stolpersteine lagen zwar noch offen herum, was mich aber nicht von meinem Vorhaben abbringen ließ …

Beeindruckende
Eiswände

7873 Harran
Angeln

Solche beeindruckenden Eiswände sind auf dem Weg durch Schweden und Norwegen sehr oft zu finden. Auch hier hat Jerry sein Glück beim Fischen versucht, jedoch leider erfolglos – es wollte kein Fisch anbeißen. Jerry ernährt sich normalerweise vegetarisch, macht bei seinem selbst gefangenen Fisch jedoch eine Ausnahme. Ich ernähre mich von Fleisch und Fisch, jedoch nur in geringen Mengen. Meine Einstellung dazu ist, dass es nicht die Masse, sondern die Qualität macht.

Trones Eye Glass Iglo
Übernachten
Tronesvegen, Verdal,

Eine meiner Freundinnen, Emily, hat hier schon einmal übernachtet, als sie mit ihrem Landrover durch Norwegen gereist ist. (Weiter hinten im Buch gibt's mehr zu Emily.) Der Ort ist mir im Kopf geblieben und da er sowieso auf dem Weg lag, haben wir hier auch eine Nacht verbracht. Diese Iglus sind mit Betten, Heizungen und allem ausgestattet, was sonst für eine Nacht inmitten der Natur benötigt wird.

Wir haben uns gefragt, ob wir damit unserem Van gegenüber „untreu" sind, dann aber den Entschluss gefasst, dass es um all die Momente geht, die wir auf der Tour erleben dürfen. Wir finden es absolut spannend, für eine Nacht die Möglichkeit zu haben, solch eine besondere Unterkunft zu testen, und erweitern so zusätzlich unseren Horizont.

Wenn du also Lust hast, ein oder mehrere Nächte im Wald am Meer zu verbringen, bist du hier genau richtig. Da die Iglus in einem abgelegenen Wald stehen, ist es ein unvergessliches Abenteuer.

Der Preis für eine Übernachtung liegt für zwei Personen bei ca. 165 €, für vier Personen bei etwa 220 €. (Um euch nicht zu irritieren, sind auch diese Preise vorne in der Preiskalkulation nicht aufgeführt.)

TIPP!

Kleine Verschnaufpause

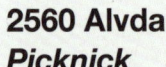
2560 Alvdal
Picknick

Dieser Ort bietet einen guten Zwischen-
stopp für eine kleine Verschnaufpause
oder einen Spaziergang an der frischen
Luft, der dich von der langen Fahrt entspannt und wieder aktiv werden lässt.

Utne camping 30E
Campingplatz
1718 Greåker

Auf diesem Campingplatz haben wir
unsere letzte Nacht verbracht, da er
direkt an der Autobahn liegt und es
bei unserer Ankunft bereits dunkel
war. Leider ist er nicht besonders
schön, aber er erfüllt seinen Zweck
und ist gut zu erreichen. Hier lag auch
bereits kein Schnee mehr und wir
wussten, dass wir am nächsten Tag
pünktlich zu Heiligabend bei Jerrys
Familie in Hamburg eintreffen werden.
Obwohl die Vorfreude groß war, brei-
tete sich ab diesem Zeitpunkt auch
eine gewisse Schwermütigkeit aus,
denn eine weitere wundervolle, spektakuläre Reise ging zu Ende.

Tour durch Norwegen und Schweden mit dem Auto 2015

Die erste Tour, die wir durch Norwegen und Schweden gemacht haben, war unser zweiter gemeinsamer großer Urlaub. Wir sind im Sommer 2015 in den Ferien ganz spontan mit unserem Kombi für ein paar Tage durch Skandinavien gereist. Hier auf der Karte seht ihr die Route, die wir gefahren sind – in Gelb eingezeichnet.

Route: Wir sind an **Oslo** vorbeigefahren, hoch bis nach **Ottadalen** und bis an die Westküste zum **Nordford**. Dann ging es südlich wieder runter bis **Stavanger** und von **Kirstiansand** nahmen wir die Fähre zurück nach Dänemark.

Auf der gesamten Reise gab es viele wunderschöne Seen, Fjorde, Berge und weitere unberührte Landschaften. Das war die erste Reise allein, auf eigene Faust, ohne Planung und mit dem eigenen Fahrzeug und es hat alles richtig gut geklappt.

Wer noch keine Erfahrungen mit dem Thema Camping hat, sollte auf jeden Fall in Skandinavien anfangen, weil dort meiner Meinung nach alles wirklich sehr einfach und unbeschwert ist. Es ist möglich, sein Zelt aufzuschlagen, wo immer es gerade am schönsten ist – zumindest für eine Nacht. Den einzigen Nachteil stellen die hohen Preise für Lebensmittel und Sprit dar.

Von dieser Tour gibt es leider kaum Videos oder genaue Standorte, denn zu dieser Zeit war ich selbst noch nicht mit dem Thema vertraut. Umso mehr konnten wir uns aber von der Landschaft ganz unvoreingenommen verzaubern lassen.

Für uns war dieser Trip definitiv der Anfang unserer „Vanlife-Adventures", denn wir haben uns auf Anhieb in diese Art des Reisens verliebt.

YOUR WINGS
ALREADY EXIST.
ALL YOU HAVE
TO DO IS *fly*

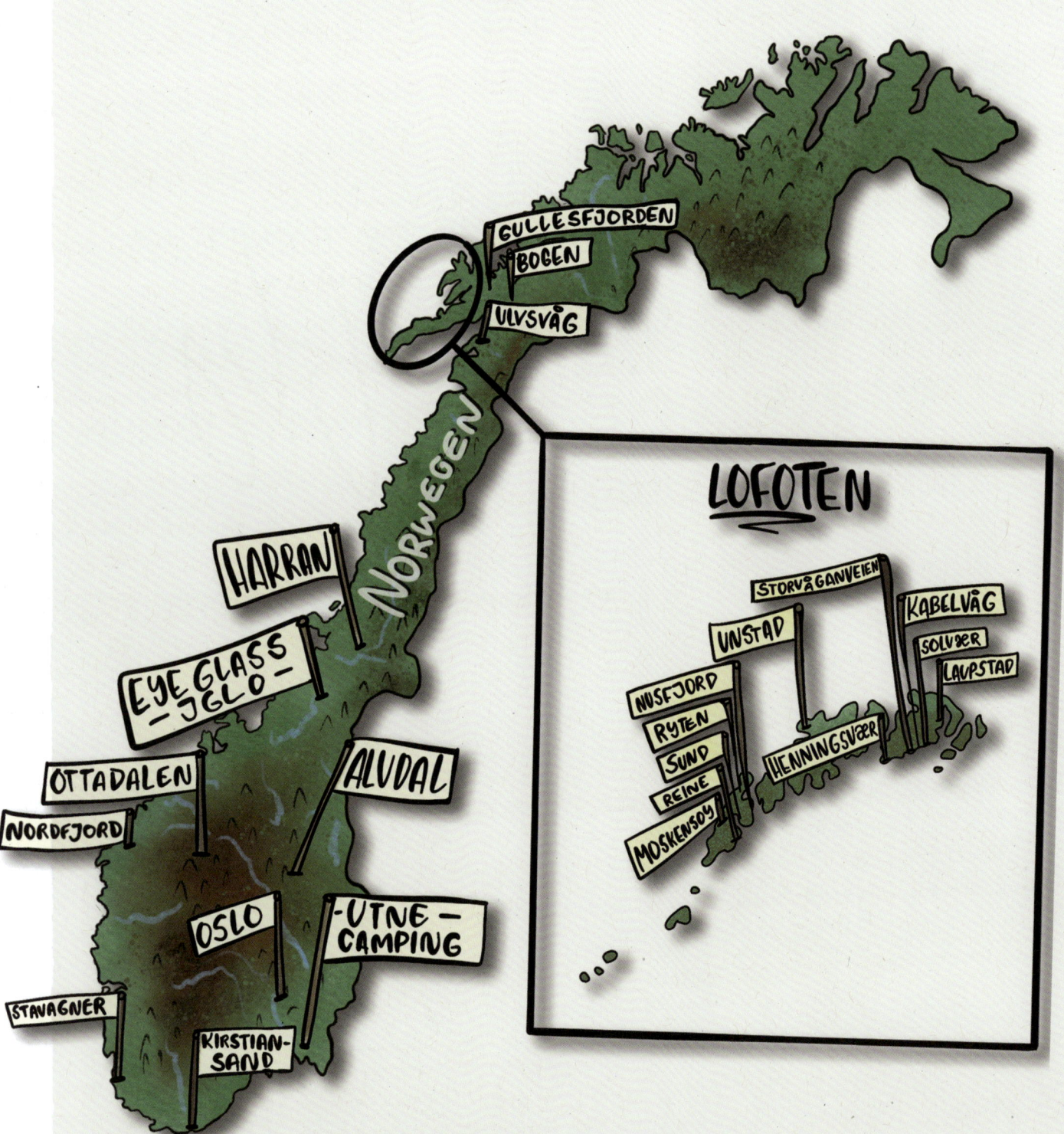

HIER KANNST DU DEINEN
EIGENEN ABENTEUERTRIP
NACH NORWEGEN PLANEN.

Ein bisschen was zum Nachdenken

Wünsche sind endlos.
Sogar eine Milliarde Euro reichen nicht aus. Man ist nur dann frei, wenn man nichts mehr braucht. Man hat erst dann genug, wenn man zufrieden ist.

Warum sind viele Menschen nicht einfach so, wie sie sind, und lieben sich dafür?
Warum immer so viele Selbstzweifel? So oft verspürt man einen gewissen Druck, alles perfekt machen zu müssen, und sobald man einen kleinen Fehler macht, wird man direkt verurteilt.

Jerry und ich reisen auch gerne jeder für sich alleine.
Um einfach Zeit für sich selber zu haben und eigene neue Erfahrungen machen zu können. Wenn wir uns wiedersehen, freuen wir uns dann, stundenlang über unsere Tripps zu quatschen. So was hält eine Beziehung meiner Meinung nach frisch und interessant.

Mir sind viele Dinge egal, ich nehme vieles nicht so wichtig ...
und deswegen mache ich es einfach so, wie ich denke und fühle. Manchmal passieren mir dadurch Fehler, jedoch wär ich ohne diese teilweise naive Einstellung auch nicht da, wo ich heute bin. Auf dem besten Weg, mich selber immer mehr zu finden!

Warum glauben wir, dass wir schwer arbeiten und reich werden müssen, ehe wir zufrieden sind?

Das Problem von zu vielen Möglichkeiten. Heutzutage wünscht sich jeder mehr Freiheit, aber können wir überhaupt damit umgehen? Sind es nicht doch die Regeln und Strukturen, die uns in eine gewisse Bahn lenken – die wir brauchen? Sind wir Menschen überhaupt dazu in der Lage, aus tiefstem Herzen wunschlos glücklich zu sein?

Aber wieso arbeiten gerade die, die es gar nicht mehr nötig hätten, trotzdem Tag und Nacht? Wieso verfallen so viele Hollywoodstars der Drogensucht? Die Sucht nach immer und immer mehr, ohne Limit. Ein exzessiver Rausch, der krank und unzufrieden macht, der Wunsch nach Aufmerksamkeit, der Wunsch danach, nicht vergessen zu werden.

Aber wie findet man denn nun das Glück? Wie wird man erfolgreich, unabhängig und glücklich?

Wahrscheinlich, indem man mehr IST und weniger erzwingt.

Ich meine damit, mehr in dem Moment zu sein, den Moment als den tollsten Moment zu erleben, den es überhaupt gibt. Ich meine damit, dass der heutige Tag, egal was passiert, der tollste Tag deines Lebens wird. Genauso wie der morgige und gestrige der tollste Tag des Leben wird/war. Weil es jeder einzelne Moment ist, der perfekt ist. Egal ob man traurig oder unmotiviert ist.

Weniger das „Negative" als negativ bezeichnen und sagen: DAS IST MEIN LEBEN und so ist es toll! Mehr zu akzeptieren, aber trotzdem jeden Tag zu 100 % bewusst nutzen! BEWUSSTSEIN ist der Schlüssel zu allem! Ganz bewusst faulenzen, bewusst weinen, bewusst sauer sein, ohne Scham und ohne sich dabei schlecht zu fühlen! Das Leben ist nicht nur eitel Freude und Sonnenschein. Gib deinem Leben ganz bewusst einen tieferen Sinn.

Die Heilung für alles!

Ich lasse mich sehr oft von meinen Gefühlen leiten. Mal fühle ich mich superfit am nächsten Tage total müde oder manchmal bin ich grundlos etwas traurig oder schlecht gelaunt.

Auch an unterschiedlichen Orten oder im Umgang mit verschiedenen Menschen fühle ich mich immer etwas anders. Ich spüre, dass ich mit voller Leidenschaft mit dem Van reise und dass es mir verdammt guttut. Trotzdem bewahrt es mich nicht vor den menschlichen Gefühlen, die mich natürlich auch immer und überall begleiten. Gedanken, die einen manchmal nicht schlafen lassen, oder Streitigkeiten, die einen traurig machen, oder die Momente, wo man sich einfach nicht wohlfühlt und verkriechen möchte.

Den Schlüssel zum Glück findest du also meiner Meinung nach nicht, indem du einfach nur unterwegs bist. Dazu gehört noch einiges mehr.

Selbstliebe?

Für mich bedeutet es, mich selbst auf eine gesunde Art und Weise nicht so wichtig zu nehmen.

Viele denken, sie müssen immer funktionieren und immer 100 % geben!

Dabei ist es doch total menschlich, wenn es mal nicht so gut läuft. Wenn einem alles etwas schwererfällt!

Das ist Leben! Das ist Menschlichkeit!

Das gesamte Leben ist voller Unvollkommenheiten.

Das lässt sich nicht ändern. Daher ist es besser, sich bewusst für bestimmte nicht ideale Dinge zu entscheiden, die man bevorzugt, damit man sie auf seine eigene Weise steuern kann, als von unerwarteten suboptimalen Situationen überrascht zu werden.

Morgen werde ich glücklich sein.

Für all diejenigen, die glauben, dass sie glücklich sein werden, wenn sie irgendwas erreicht haben, ist das Glück nur ein Zukunftstraum. Diese Menschen werden nie im Leben „danach" glücklich sein.

Alles hat Vor- und Nachteile.

Alles hat seinen Preis. Niemand hat es superleicht. Jeder hat sein Päckchen zu tragen. Jeder muss selber entscheiden, was er opfern möchte, um sein Ziel zu erreichen und seine Träume zu verwirklichen. Jeder braucht etwas Glück und Mut. Wer jedoch gönnen kann und sein eigenes Ziel verfolgt, wird am Ende ein glückliches Leben führen. Alle anderen bleiben auf der Strecke.

Lebe dein Leben, gucke weniger auf andere!

Schon mal ernsthaft drüber nachgedacht, wieso du das tust, was du eigentlich tust?

Ob es wirklich Sinn macht und dich erfüllt? Wenn nicht – jetzt ist es an der Zeit, etwas zu ändern!

Nur bei dir kann ich so sein, wie ich wirklich bin.

Sagen, was ich wirklich fühle. Machen, was ich wirklich machen will. Es tut mir leid, wenn ich manchmal so störrisch bin. Dein Wirbelwind und ein Dankeschön kann gar nicht groß genug sein, um dir damit wirklich danken zu können!

5. Organisatorisches

Versicherungen

Autoversicherung im Ausland

Für Marokko haben wir eine Versicherungsbescheinigung für das Ausland beantragt. Dafür musst du einfach bei deiner Versicherung Bescheid geben, wann und für wie lange du dich in dem jeweiligen Land aufhalten wirst. Wir bekamen einen grünen Zettel (die sog. Grüne Karte), den wir natürlich stets mitführten, denn bei Grenz- und Verkehrskontrollen wird danach gefragt. (Wir wurden in Marokko recht häufig kontrolliert.) Wer auf Nummer sicher gehen möchte, kann sich vor der Reise einen europäischen Unfallbericht ausdrucken, diesen gibt es in elf Sprachen.

Unsere Wahl für die Auslandsversicherung des Vans war die Itzehoer.

ADAC-Plus-Mitgliedschaft

Die ADAC-Plus-Mitgliedschaft bietet uns eine zusätzliche Pannen- und Unfallhilfe in Deutschland und Europa. Sie beinhaltet den Fahrzeugrücktransport, den Krankenrücktransport, die Unfallrechtshilfe und vieles mehr.

Auslandskrankenversicherung

Eine Auslandskrankenversicherung haben wir bei der HanseMerkur zusätzlich zu unserer privaten Haftpflichtversicherung abgeschlossen. Damit sind wir im Ausland vor medizinischen Notfällen und damit verbundenen Kosten geschützt. Wie können diese Absicherung nur empfehlen, ein Rücktransport kann nämlich sehr teuer werden.

Für alle weiteren Informationen solltest du direkt bei deiner Krankenversicherung nachfragen oder dich gegebenenfalls im Internet oder bei deinen Freunden und/oder deiner Familie erkundigen.

DAS SOLLTEST DU IMMER DABEIHABEN:

- **die Grüne Karte** (Nachweis des Kfz-Haftpflichtschutzes)
- **Personalausweis/Reisepass**
- **Führerschein**
- **Impfpass**
- **Kfz-Fahrzeugschein**
- **Notfallnummern** (z. B. europaweite Notrufnummer 112)
- **Warnweste und Warndreieck**
- **Auslandskrankenversicherungs-Police**

Fotografiere die Dokumente ab und sende sie dir per E-Mail, damit du im Notfall immer einen Zugriff darauf hast.

Vorbereitung zu Hause
Post und Briefe, wenn wir mit dem Van unterwegs sind

Glücklicherweise haben wir nette Nachbarn, die während unserer Reisen unsere Pakete annehmen. Mit dem gegenseitigen Hinterlegen unserer zweiten Wohnungsschlüssel gibt es zudem keine Probleme, wenn wir uns beispielsweise mal ausgesperrt haben. Ansonsten warten wir mit wichtigen Bestellungen, bis wir wieder zu Hause sind, oder fragen bei Dringlichkeit unsere Eltern; sie wohnen nur 35 Minuten mit dem Auto von unserer Wohnung in Köln entfernt. – Sollte dies in deinem Fall weniger gut funktionieren, kannst du sicherlich auch den einen oder anderen Freund wegen der Postannahme fragen. Die Pakete lassen sich überdies an eine DHL-Packstation liefern, für Briefe gibt es für gute 20 € Miete im Jahr Postfächer der Deutschen Post.

Empfehlung: Verzichte auf (Internet-)Bestellungen während der Zeit im Van.

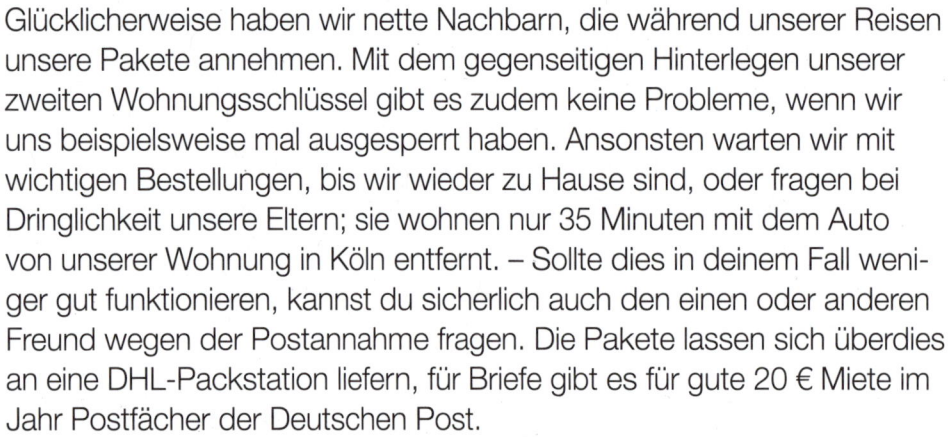

Internetempfang

Ohne Aufpreis im Internet surfen

Wir haben eine EU-Flat und können somit in den meisten Ländern mit unseren Handys ohne Aufpreis im Internet surfen. Solch eine Flat lohnt sich, wenn du oft im Ausland unterwegs bist. Mit dem Handyanbieter O2 hatten wir leider auf der Deutschlandtour den schlechtesten Empfang. Empfehlen können wir euch die **Telekom oder Vodafone.**

Mit „Google Maps" oder „Komoot" kannst du dir deine Routen runterladen und bist somit weniger auf einen guten Empfang angewiesen. Auch Filme, Musik oder Hörbücher kannst du dir vorher auf dein Smartphone leiten, das kann dir unterwegs viel Stress ersparen – ich spreche aus Erfahrung.

Ebenso empfehlen wir dir, stets ein **Navigationssystem** dabeizuhaben, das im Notfall auch offline funktioniert, und eine Karte von dem jeweiligen Reiseland. Safety first.

Ansonsten ist anzuraten, in den jeweiligen Ländern eine **Prepaid-SIM-Karte** zu kaufen, diese erhältst du beispielsweise an Kiosken. Damit hast du in der Regel den besten Empfang in dem jeweiligen Reiseland – und deine Telefonrechnung immer im Blick.

Wenn du nicht unbedingt auf dein Handy angewiesen bist, dann schalte es doch einfach mal aus oder lass es zu Hause. Unterwegs wird dir auch ohne Handy garantiert nicht langweilig.

6. Unterwegs zu Hause

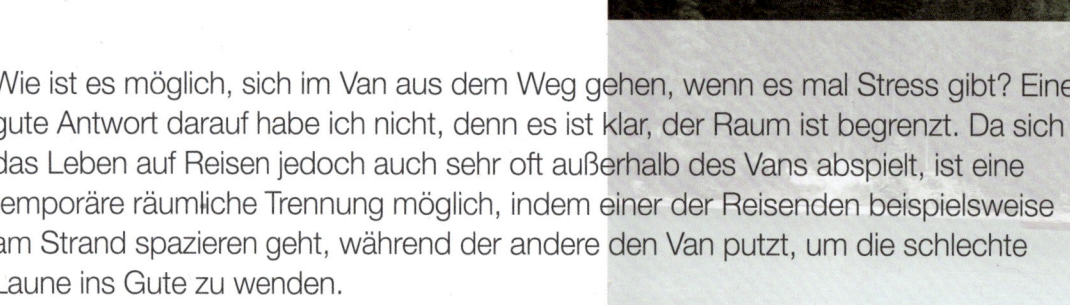

Streit und Stress

Wie ist es möglich, sich im Van aus dem Weg gehen, wenn es mal Stress gibt? Eine gute Antwort darauf habe ich nicht, denn es ist klar, der Raum ist begrenzt. Da sich das Leben auf Reisen jedoch auch sehr oft außerhalb des Vans abspielt, ist eine temporäre räumliche Trennung möglich, indem einer der Reisenden beispielsweise am Strand spazieren geht, während der andere den Van putzt, um die schlechte Laune ins Gute zu wenden.

Bisher kann ich sagen, dass wir uns immer besser verstanden haben, je länger wir unterwegs waren. Wahrscheinlich liegt das daran, dass Reisende unterwegs zusammenhalten müssen. In Teamarbeit sind die meisten Dinge viel schöner und einfacher. Auch bei Jerry und mir gibt es einige Schwierigkeiten mit dem begrenzten Platz – da helfen eine gute Aufteilung und Absprachen.

Manchmal hast du vielleicht nachts bei einem starken Unwetter Angst und kannst dich an deinen Partner kuscheln. Ihr müsst euch vertrauen und euch gegenseitig helfen, selbst wenn es Streitigkeiten wegen Kleinigkeiten gibt: Sie verfliegen, wenn ihr mal im Sand feststeckt und die Reifen durchdrehen, euch ein Hirsch fast ins Auto läuft oder ihr Angst habt, eine enge und rutschige Straße runterzustürzen. Diese Situationen und Momente sind viel wichtiger, sie dienen dem Drang, zu überleben.

46°41'40.851"N   12°5'7.179"E

Ebenso relativieren sich derlei Kleinigkeiten, wenn du in ärmlichen Gegenden unterwegs bist und siehst, wie glücklich die Menschen dort mit nur ganz wenig sind. Du wirst keine Zeit haben, darüber zu diskutieren, wer den Kleiderschrank offen gelassen hat. Ihr werdet viele schöne Momente teilen, die euch immer mehr zusammenschweißen werden. Natürlich solltest du dir gut überlegen, mit wem du eine solche Tour auf engstem Raum startest. Ob die- oder derjenige eine gute Reisebegleiterin/einen guten Reisebegleiter darstellt, merkst du allerspätestens im Van. Falls nicht, kannst du nur noch hoffen, dass euch eure Wege früh genug trennen. Denn wenn es nicht passt, solltest du es auch nicht erzwingen, und Mr. oder Mrs. Perfect steht sicher bald vor deinem Van. (Wobei natürlich kein Mensch perfekt ist, und das ist auch gut so.)

ALLES AUF EINEN BLICK
FÜR EIN HARMONISCHES MITEINANDER:

- Wünsche und Vorstellungen vor der Reise miteinander besprechen
- klare Einteilung der Aufgaben
- Probleme ansprechen
- Ich-Botschaften formulieren (damit sich keiner angegriffen fühlt)
- keine unrealistischen Erwartungen
- Auszeiten planen

Liebesleben

Die Zweisamkeit, die Innigkeit und das Liebesleben kommen auf den Vanreisen auch nicht zu kurz. Wir fühlen uns weniger gestresst und im Van machen wir es uns viel häufiger mit Kerzen kuschelig. Wenn ihr dann noch an einer einsamen Klippe direkt am Meer seid, steht einem romantischen Abend nichts mehr im Wege. Wir haben keinen Fernseher im Van und schauen auch selten etwas auf dem Laptop, also verbringen wir die Zeit automatisch viel intensiver miteinander. Du lernst deinen Partner auf eine ganz andere Art und Weise kennen und verbringst die Zeit mit ihr/ihm schöner und inniger.

Der Van stellt also eher eine Liebeshöhle dar statt einen Liebeskiller und der Rest liegt an euch.

Kriminalität/schlechte Erfahrungen

Wenn du nachts ein schlechtes Gefühl hast oder dich bei dem Gedanken unwohl fühlst, ganz allein irgendwo in einem fremden Land zu übernachten, dann solltest du definitiv auf Campingplätzen übernachten. Diese werden meistens gut bewacht oder sind eingezäunt und beleuchtet. Hier stehst du neben mehreren anderen Vans dicht an dicht und das sollte dir auf jeden Fall auch nachts ein sicheres Gefühl geben. Auch wir tasten uns in fremden Ländern erst mal langsam ran. In Marokko waren wir fast ausschließlich auf Campingplätzen. Wir versuchen ebenfalls, so wenig Risiko wie möglich einzugehen. Wenn wir uns nachts mal nicht wohlfühlten, weil wir z. B. Stimmen oder ungewöhnliche Geräusche vernahmen, haben wir immer auf unser Bauchgefühl gehört und einen anderen Platz gesucht oder sind doch noch auf einen nahe gelegenen Campingplatz gefahren.

Vorsicht ist besser als Nachsicht

Jeder Mensch hat seine individuellen Grenzen und jeder fühlt sich unter anderen Bedingungen wohl. Das solltest du vollkommen akzeptieren und diese Gründe sollten deiner Vantour keinen Abbruch tun. Campingplätze sind so gut wie überall zu finden. Um sicherzugehen, kannst du dir vor Reisebeginn schon Plätze heraussuchen und diese vorab kontaktieren. Du wirst merken, dass du mit der Zeit ganz automatisch lockerer und entspannter in allem wirst, gib dir dafür nur genug Zeit.

SICHERHEIT UND NOTFALLMASSNAHMEN:

- ☐ **Lass dein Fahrzeug nicht lange unbeaufsichtigt stehen.**
- ☐ **Zusätzliche Sicherheitsschlösser und eine Alarmanlage** geben dir mehr Sicherheit.
- ☐ **Lass keine Wertsachen offen liegen.**
- ☐ **Notiere dir wichtige Notfallnummern** (Rettungsdienst EU: 112 – ADAC 222222).
- ☐ **Bewahre deine Wertgegenstände in einem fest installierten Safe auf.**
- ☐ **Verstecke einen zweiten Schlüssel im Fahrzeug** (falls du deinen verlierst).
- ☐ **Merke dir immer den Ort, an dem du übernachtest,** damit du im Notfall schnell Hilfe erhalten kannst. Wenn du nicht weißt, wo du dich befindest, kann dir keiner schnell zu Hilfe kommen.

7. Hilfreiches für entspanntes Reisen

Apps und Bücher

Natürlich ist das Reisen ohne Smartphone möglich. Auch wir waren schon über einen längeren Zeitraum unterwegs und haben unsere Handys zu Hause gelassen. Trotzdem kann die ein oder andere App hilfreich sein und deine Reise vereinfachen. Hier stellen wir dir also die Apps vor, die wir dir empfehlen können.

Die meisten Apps sind kostenlos oder für ein paar Euro upzugraden.

park4night
Mit der „park4night"-App kannst du Übernachtungsmöglichkeiten sowie Orte für ein gemütliches Picknick oder zur Entspannung finden. Zudem werden besondere Strände, Buchten, Aussichtspunkte und Wälder hervorgehoben und empfohlen.

Landvergnügen – Stellplatzführer
Für diese App musst du einmalig 38 € bezahlen und kannst dann kostenlos einen Stellplatz auf Hunderten von Bauernhöfen und Weinfarmen in Deutschland finden. Vor Ort freuen sich die Menschen natürlich, wenn du ihren Hofladen besuchst und sie mit deinem Einkauf unterstützt. Häufig kannst du Strom und Wasser umsonst nutzen (aktuell nur in Deutschland verfügbar).

Pin365
Dank Pin365 vergisst du nie mehr einen Ort. Markiere deine wichtigsten Orte mit Stecknadeln, Markierungen und Bildern. Plane deine nächste Tour oder teile die Orte mit deinen Freunden.

MyWährung

Mit dieser App kannst du jede Währung ganz einfach in eine andere umrechnen lassen.

Rome2rio

„Rome2rio" schlägt dir für deine Route verschiedene Transportmittel vor und gibt zusätzlich die Fahrtzeit an. Falls dich jemand auf deiner Vanreise besuchen möchte oder du nicht weißt, wie du auf die nächste Insel kommen sollst, wird dir die App auf jeden Fall weiterhelfen.

Daily Budget

Diese App gibt einen optimalen Kostenüberblick über deine Reisekosten. Wir notieren uns hier immer alle unsere Ausgaben, um den Überblick darüber zu behalten. Mit „Daily Budget" kannst du tagesaktuell sehen, wie viel du ausgegeben hast, und Geld sparen kann damit sogar Spaß machen.

Campercontact

Die „Campercontact"-App stellt die größte Datenbank an Wohnmobilstellplätzen Europas dar. Du findest Bewertungen und Fotos und kannst dir somit ein bestmögliches Bild der unterschiedlichen Stellplätze machen.

... und noch mehr Apps ...

camping.info

Auf dieser Seite werden Camping- und Stellplätze in ganz Europa vorgestellt. Dazu zählen insgesamt 44 Länder und Regionen. Dir wird eine Vielzahl der Campingplätze in deiner direkten Umgebung angezeigt. Die App ist einfach zu bedienen und hilfreich bei der spontanen Suche nach Stellplätzen vor Ort.

blitzer.de

Mit dieser App kannst du dich vor deiner Fahrt über Blitzer und Baustellen deiner Route informieren. Beachte allerdings, dass du die App während deiner Fahrt nicht im Hintergrund laufen lassen darfst, da dies rechtliche Konsequenzen nach sich ziehen kann.

Google Maps

„Google Maps" kann zum Navigieren oder zum Suchen von Stellplätzen genutzt werden. Ich habe die Erfahrung gemacht, dass die Navigation besonders im Ausland hiermit genauer ist als mit anderen Navigations-Apps.

Komoot

Die perfekte App zum Wandern, Joggen oder Fahrradfahren. Hiermit kannst du deine Routen planen und siehst, wo welcher noch so kleine Weg entlangführt. Lade deine Karten runter und greife darauf zu, wenn du unterwegs bist und schlechten Internetempfang hast. So bist du immer auf der sicheren Seite, dein geplantes Ziel zu erreichen.

BookBeat

Mit dieser App hast du Zugriff auf über 50.000 Hörbücher, die du jederzeit auch offline hören kannst. Die App ist perfekt für lange Fahrten oder zum Einschlafen und Entspannen im Van. Die Nutzung der App kostet monatlich einen kleinen Beitrag.

Meine Playlist

Spotify
Über den digitalen Musikdienst Spotify höre ich immer Musik auf unseren Reisen. Unter anderem kannst du in der Datenbank dieser App auch meinen Podcast **„Memo an mich selbst"** finden.

DIESE PLAYLISTS GEFALLEN MIR PERSÖNLICH GUT UND BEGLEITEN ALL UNSERE REISEN:

- ☑ **Hits Deutschland**
- ☑ **Coffee Club**
- ☑ **The Sound you need**
- ☑ **Deep House Relax**
- ☑ **Chill & Relax**
- ☑ **Tropical Vibes**
- ☑ **Chillout Lounge**
- ☑ **JERY. & die Traveler**

Running

Für alle, die gerne joggen gehen, kann ich zur Motivation die App „Running" empfehlen. Hier siehst du, wo du langgelaufen bist, wie viele Kilometer die Strecke hatte und wie viel Zeit du dafür gebraucht hast. Mit dieser App hast du einen Überblick über deine Leistungen und damit auch einen persönlichen Ansporn, diese zu toppen.

Magic seeweed

Diese App ist für alle Surfer zu empfehlen. Hier kannst du genau nachverfolgen, an welchem Ort die besten Wellen gerade sind und wie sich die Bedingungen in den kommenden Tagen verändern werden.

Mapify

Lass dich inspirieren von Reisenden aus aller Welt und stell dir auf Basis dieser außergewöhnlichen Reiseerfahrungen einen eigenen Reiseplan zusammen.

Bild von Lukas Zischke

Bildbearbeitung

Wie ihr wisst, machen wir gerne Fotos und Videos, die wir meistens ganz einfach direkt auf unserem Handy bearbeiten.

PicsArt
Mit dieser App kannst du deiner Kreativität freien Lauf lassen. Mit ihr sind der Bildbearbeitung keine Grenzen gesetzt.

Facetune
„Facetune" ist speziell zur Bearbeitung von Porträts gedacht oder wenn du Menschen im Hintergrund verschwinden lassen möchtest.

Lightroom
Mit dieser App kannst du meine Presets benutzen, womit deine Bilder den perfekten Look bekommen. Auf dieser Website findest du alle meine persönlichen Filter und mehr Infos: www.yve-pictures.de

RetroCam
Du magst Fotos, die einen Retrolook haben? Dafür empfehle ich dir „RetroCam". Verwandle deine Aufnahme ganz einfach in ein Oldschoolbild.

Video-
bearbeitung

InShot
Diese App eignet sich hervorragend zum Schneiden und Bearbeiten von Videos.

Hyperlapse
Mit „Hyperlapse" kannst du Zeitraffervideos in unterschiedlichen Geschwindig-
keiten direkt erstellen und speichern.

Prequel
Die App bietet verschiedene Videofilter. Klick dich einfach mal durch, du findest
sicher etwas Passendes für deine Stimmung.

DFS Drohnen
In dieser App siehst du, in welchen Gebieten du mit einer Drohne fliegen darfst.

Info: In Naturschutzgebieten, über Bundes-
straßen oder beispielsweise über Privatgelände
ist das Drohnenfliegen generell verboten. (Das
haben wir dieses Jahr auf der Deutschlandtour
gelernt.) Achte also darauf, dass du niemanden
damit störst oder verärgerst. Auch wir haben
es schon häufig erlebt, dass sich manche Menschen durch eine Drohne schnell belästigt oder
beobachtet fühlen.

Aber eine Beschäftigung findest du unterwegs natürlich auch ganz ohne Handy.

MEINE FAVORISIERTEN BÜCHER:

- Der große Trip
- Boarderlines
- Mit 50 Euro um die Welt
- Cat Person
- Realitätsschock
- Die Kuh, die weinte
- meine Bücher „Was mich happy macht" und „Was mich stark macht"
- Jerrys Taschenkochbuch
- Weite Wege wandern
- Eine kurze Geschichte der Menschheit
- AUSREISSER: Abenteuer Panamericana
- Das Café am Rande der Welt
- Lieb und teuer
- 1000 places to see before you die
- Journey man
- Wüstenblume
- Macht's gut, Ihr Trottel!
- Bear Grills
- Insight Africa
- **Stormrider Surf Guide** – ein echter Klassiker und ein Muss für Surfer. Hier werden alle Surfspots und deren Eigenschaften und Bedingungen ganz genau und strukturiert aufgelistet.

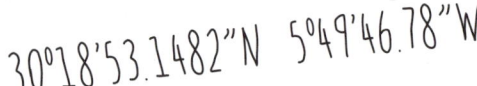

30°18'53.1482"N 5°49'46.78"W

8. Food –
Liebe geht durch den Magen

**Kochen ganz nach dem Motto
„Keep it simple"**

Einfache und schnelle Gerichte sind oft die besten. Spare nicht an frischen Gewürzen und frischen regionalen Zutaten. Uns persönlich bereitet das Kochen im Van viel mehr Freude als das Kochen zu Hause. Meistens kannst du währenddessen einen Blick über traumhafte Landschaften genießen und hast nicht nur den Duft von frischen Lebensmitteln in der Nase, sondern oft auch eine leichte Brise des Meeres.

Bei unseren Vanreisen kochen wir meistens frisch und vor allem selbst. Vielleicht liegt es an der Verbindung zur Natur, dass wir mehr Lust auf gesunde Ernährung haben. Unser generelles Motto „Weniger ist mehr" leben wir auch beim Kochen aus. Um leckere Gerichte zu zaubern, brauchst du nicht mehr als eine Pfanne, einen Topf, einen Wasserkessel, ein scharfes Messer und eine Schüssel. Zudem ist das Kochen im Van natürlich im Vergleich zu Restaurants auch die kostengünstige Variante.

Hier findest du vier leckere Rezepte aus **Jerrys Taschenkochbuch.** Alle Gerichte sind auf unseren Reisen im Van entstanden.

Weniger ist manchmal mehr...

Ehrlich gesagt macht mir kochen am meisten Spaß wenn der Kühlschrank leer ist. Dann heißt es nämlich: kreativ sein! Und genau so ist in Holland eines meiner favorite Gerichte entstanden!

Du brauchst:

1/2 Hand voll Cranberrys, 1 Hand voll Schnittlauch, 1 Paket Fetakäse, 2 Schalotten, 3 Hände voll Kartoffeln, Olivenöl, 1 Hand voll Wallnüsse.

So wird's gemacht:

Schneide zuerst die Kartoffeln in dünne Scheiben. Gib in die Pfanne soviel Olivenöl, dass der Boden leicht bedeckt ist und verteile dann die Scheiben in der Pfanne. Falls du einen Deckel für die Pfanne hast: Top! Falls nicht geht auch ein großes Stück Alufolie. Lass die Kartoffeln bei mittlerer Hitze garen und drehe sie alle paar Minuten um. Sobald sie gar sind, bei voller Hitze die Scheiben schön goldbraun braten und für die letzten 2 Minuten die Zwiebeln mit rein schmeißen. Zu guter Letzt hackst du den Schnittlauch klein & würfelst den Feta. Gib alles zusammen mit den Cranberrys in eine Schüssel und streue zum Schluss noch die Walnüsse drüber - Fertig!

DISTRITO FEDERAL INM DE DICOBE MEXICO ABPB60

Asiatisches Feuergemüse

Berry Potatoes

Pan Viejo

Brotzeit

Spanien ist das Land der Sonne. Aber nicht an diesem Morgen. Graue Wolken, Regen, 9 Grad - doch leider waren die Wellen zu gut. Also rein in den eiskalten, noch nassen Neo. Denn der Ozean ruft!

Nach zwei Stunden im Wasser hatte ich einfach nur Kohldampf. Also hieß es: ab in den Van und Frühstück machen. Ich weiß nicht wie es euch geht, aber Brot gehört für mich am morgen dazu. Leider war das Brot was wir noch hatten zwei, drei Tage alt und schon pappig & trocken. Die Lösung: Pan Viejo.

Du brauchst:

1/4 klein gehackte Paprika,
3 Eier, 1 TL Salz,
1 gehäufter EL gehackte Zwiebel, Olivenöl,
Brot nach Wahl(trocken oder frisch ;),
2 EL Parmesan, 1 EL Tomatenmark.

So wird's gemacht:

Wenn das Brot an manchen Stellen schon hart ist, einfach leicht mit Olivenöl einschmieren. Dann machst du dich an die Marinade. Eier, Zwiebeln und die Paprika zusammen mit dem Parmesan und dem Salz in eine Tasse oder Schüssel geben und gut umrühren. Das ist deine Marinade. Die trägst du auf eine Seite des Brotes auf, und brätst dann zuerst diese marinierte Seite an. Brate danach die nicht bestrichene Seite, bis sie schön knusprig ist. Ein wenig Tomatenmark oben drauf und: fertich.

Auf dem Weg ins Nirgendwo.

Nach frühem Aufstehen mit marokkanischem Sunrise im Rückspiegel und 6 Stunden schlecht geteerter Straße ging es immer weiter Richtung Süden. Bei 38 Grad fanden wir dann das kleine Surfer-Village Imsuane - eine kleine Oase am Ende des Nichts.

Du brauchst:

2 Tassen Reis, 2 Hände voll Kartoffeln, 1/2 Dose Kidneybohnen, 3 EL Kichererbsen, 1/2 rote Zwiebel, 1 grüne Paprika, 2 Knoblauchzehen, 1 Hand voll Erdnüsse, 1 EL Curry, 1 EL Salz, 4 EL Olivenöl, 1 TL Siracha Chilisauce.

So wird's gemacht:

Zuerst kochst du den Reis & die Kartoffeln. Achte darauf, dass die Kartoffelstücke höchstens daumendick sind, weil sie sonst zulange zum garen brauchen. Ich koche Reis und Kartoffeln immer zusammen & schäle die Kartoffeln auch nicht, sondern ich wasche sie einfach nur gründlich ab. Probiert immer zwischendurch, um zu sehen wann der Reis & die Kartoffeln den richtigen Biss haben. Währenddessen gibst du alle anderen Zutaten in die Pfanne und brätst das ganze mit dem Olivenöl an. Jetzt noch Kartoffeln & Reis dazu, alles gut vermengen und ab auf den Tisch damit!

Imsu Pfanne

Mit Freunden und Familie einfach mal dem Alltag entfliehen ...

Ich liebe es, Zeit mit meinen Herzensmenschen unter freiem Himmel zu verbringen, am Lagerfeuer zu sitzen und über Gott & die Welt zu quatschen. Und wenn dann im Feuer noch ein kleines leckeres Gericht vor sich hin köchelt ist der Abend perfekt!

Du brauchst:

1 Stange Poree, 1 Zwiebel, 2 Karotten, 1/2 Broccolikopf, 4 Knoblauchzehen, 1 Süßkartoffel, 4 EL Sojasoße, 1 Chili, 1 Prise Meersalz.

So wird's gemacht:

Den Poree & die Zwiebeln in Scheiben schneiden, die Möhren und Kartoffeln in Würfel. Die Broccoli-Röschen vom Stamm trennen, den Knoblauch und die Chilischote dann klein hacken.

Jetzt aus Alufolie 4 Schalen formen. Achte darauf, dass du sie so groß machst, dass du sie am Ende noch gut verschließen kannst. Verteile das Gemüse nun gleichmäßig in die Schalen. Den Knoblauch & die Chilischote über das Gemüse verteilen und zuletzt eine Prise Meersalz mit einem EL Sojasoße in jede Schale geben. Jetzt ab in die Glut damit. Check das Ganze einfach mal zwischendurch, um für dich den richtigen Biss zu finden.

9. Nature is magic — let's take care of it! —

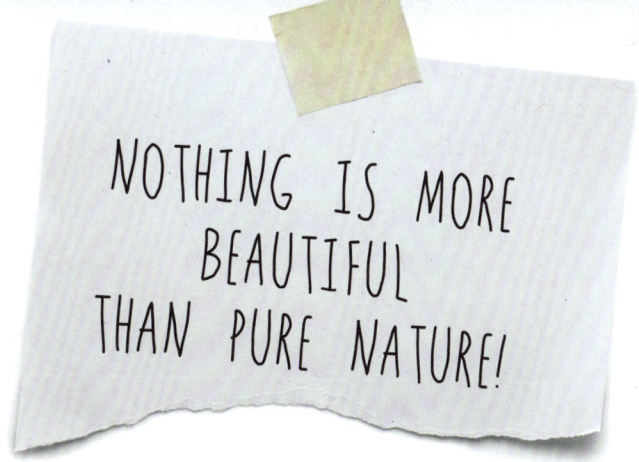

NOTHING IS MORE
BEAUTIFUL
THAN PURE NATURE!

Unsere Einstellung zum Thema Müll: Nothing is more beautiful than pure nature!

Die oberste Regel beim Reisen im Van ist: Hinterlasse keine negativen Spuren. Beeinträchtige die Natur oder Lebewesen nicht negativ. Nimm deinen eigenen Müll wieder mit und verlasse den Ort sogar besser, als du ihn vorgefunden hast, indem du dir nicht zu schade bist, auch den Müll anderer aufzusammeln!

Auf unserer ersten Vanreise haben wir angefangen, uns mehr und mehr mit dem Thema Umweltverschmutzung zu beschäftigen. Die Anlagen der Ferienresorts sind oft sauber und gepflegt, weshalb diese oft nicht die tatsächliche Situation im Land widerspiegeln. Wenn du dich aber von solchen Orten entfernst und dein Zuhause überall dabeihast, sollte es schließlich auch drum herum sauber und ordentlich sein. Vielleicht sind wir deswegen auch viel schneller, viel bewusster und sensibler geworden, was das Thema angeht.

Mach dir einfach dein eigenes Bild, wenn du unterwegs bist. Leider wirst du in jedem Land feststellen, dass die Auseinandersetzung mit dem Thema Müll unumgänglich ist.

HIER HABE ICH EIN PAAR TIPPS FÜR DICH, WIE DU UNTERWEGS MÜLL VERMEIDEN KANNST:

1. Benutze bei deinem Einkauf Stofftaschen.

2. Benutze Tupperdosen als Vorratsbehälter.

3. Achte darauf, dass du deine Lebensmittel möglichst unverpackt einkaufst.

4. Entsorge die jeweilige Verpackung direkt im Supermarkt.

5. Leere Tüten von z.B. Nudeln kannst du weiterhin als Müllbeutel verwenden.

6. Leere Konservendosen kannst du als „Tagesmülleimer" umfunktionieren.

7. Dein Altpapier kannst du als Notiz- oder Einkaufszettel nutzen.

8. Um deinen Müll einfacher zu entsorgen/zu verbrennen, sollte dieser vorher getrennt werden.

Müllentsorgung

iNFo

Lass auch dein benutztes Toilettenpapier nicht in der Natur liegen. Lege keine „Tretminen" und grab dir im besten Fall mit einer kleinen Handschaufel ein Loch. Ansonsten empfehlen wir Biotoiletten – wir sind kein Fan von Chemietoiletten. Wir haben tatsächlich von Leuten gehört, die ihre Chemietoiletten einfach auf Kuhwiesen entleert haben, woraufhin die Tiere erkrankt sind. Verhalte dich also immer bewusst und verantwortungsvoll in der Natur, um niemanden einzuschränken oder zu schädigen.

Achte also bitte immer auf die richtige Entsorgung deines Mülls, dafür bieten sich beispielsweise Campingplätze an. Das benutzte Toilettenpapier kannst du auch in deinem Ofen oder im Lagerfeuer verbrennen. (Verbrenne kein Plastik o. Ä.)

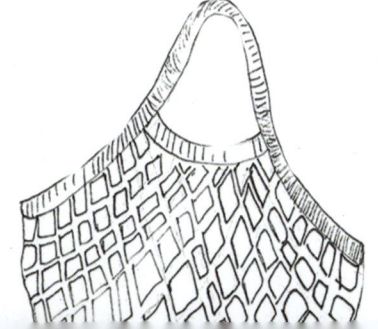

Toilettenpapier

Toilettenpapier ist gar kein Papier, sondern stabiles Vlies und **braucht** damit **mehrere Jahrzehnte, um vollständig zu verrotten.**

Du kannst deinen Hintern auch mit Naturmaterialien säubern:
- **große Blätter**
  (reißfest und mehrere Lagen)
- **Wasser** (aber nicht zurück in den Bach oder See schütten!)
- **Schnee, wenn Winter ist**
  (ja, das kann kalt werden)

Recyclingklopapier ist besser als normales

Laut Greenpeace werden hierfür bis zu 60 Prozent weniger Energie und bis zu 70 Prozent weniger Wasser benötigt. Es lassen sich CO_2-Emissionen einsparen, die durch den Transport und die Bearbeitung des Holzes anfallen würden. Du solltest also auf Klopapier mit dem Logo „Blauer Engel" zurückgreifen.

Beachcleaning-Challenge

Challenge: Wegschauen bringt nichts – werde selber aktiv!

Achte nicht nur auf deinen eigenen Müll, sondern versuche, den wundervollen Orten oder Stränden, an denen du dich befindest, etwas zurückzugeben, und sammle während deines Aufenthalts nebenbei Müll auf.

Diese Aktion eignet sich auch super als Challenge, um mehr Spaß in das Säubern der Natur zu bringen. Stelle dir einen Wecker auf beispielsweise 30 Minuten und entferne mit deinem Partner so viel Müll wie möglich. Wer am meisten gesammelt hat, gewinnt und der Verlierer muss z. B. das Abendessen zubereiten.

Ihr könnt uns auch Fotos von eurem Beachcleaning schicken. Wir werden eure Beiträge gerne reposten und damit wahrscheinlich noch mehr Menschen zu solchen Aktionen anregen können.

Du wirst sehen, dass es sogar guttut, nicht einfach nur am Strand zu liegen und zu versuchen, sich den Müll wegzudenken. Es wird dich mit Stolz erfüllen, wenn du einmal am Tag eine gute Tat für die Allgemeinheit und vor allem für unsere Erde vollbringen kannst. Besonders in ärmeren Gegenden fehlt es eindeutig an Aufklärung zum Thema Umweltverschmutzung. Zudem gibt es in diesen Regionen oft kein funktionierendes Müllabfuhrsystem.

Hinterlasse immer und überall einen positiven Eindruck und schütze das Öko-system, wo immer du bist, damit wir Camper nicht negativ in der Gesellschaft angesehen werden und die Vanlife-Community noch lange und unbeschwert reisen kann.

Leider wurden wir bei unserer Deutschlandtour oft mit den Leuten über einen Kamm geschert, die sich nicht rücksichtsvoll bei ihrer Reise verhalten haben. Man erntet böse Blicke oder Sprüche und es war in einigen Regionen sogar zu spüren, dass man nicht erwünscht ist. So was kann die Reise zum Negativen entwickeln.

MÜLL RICHTIG ENTSORGEN:

☐ **Entsorge deinen Müll stets auf Recyclinghöfen.**

☐ **Dem Müll in kleinen Mengen kannst du dich auch auf großen Rasthöfen entledigen.**

☐ **Verbrenne deinen ganzen Müll nicht und lass ihn nicht achtlos liegen.** Leider werden immer mehr Stellplätze gesperrt, weil sich zu viele Camper falsch benehmen! Das wirft ein schlechtes Bild auf uns alle, also verhalte dich auf Reisen anständig und hinterlasse nirgendwo einen negativen Eindruck.

Beachte: Auch Kaugummis und Zigarettenstummel haben nichts in der Natur zu suchen.

Im Ausland gibt es oft kein Flaschenpfand, daher empfehle ich, einen großen Kanister dabeizuhaben, den du dir selber mit Trinkwasser auffüllen kannst. Sonst staut sich schnell dein Van mit leeren Pfandflaschen, das ist zudem alles andere als umweltfreundlich.

Umweltfreundlich

Flüssiges Shampoo für Haut und Haare ohne Plastikmüll. nada – simply care

Ich finde es toll, was es für Alternativen im Kosmetikbereich gibt, um den Konsum von Plastik einzudämmen. So funktioniert es: Du füllst warmes Wasser in die Flasche, die aus recyceltem Kunststoff besteht und die du einfach immer wieder nachfüllen kannst. Dann gibst du aus der komplett kompostierbaren Pyramide das Pulver aus pflanzlichen Waschsubstanzen und pflegenden Stoffen hinzu, schüttelst kurz – FERTIG. Schon kannst du dir mit gutem Gewissen Haut und Haare waschen.

48°31'51.996"N -4°44'52.313"E

10. Surfen

Surfen —
happiness comes in waves, it'll *find you* again!

Da wir unsere meisten Trips nach den Wellen richten, musste auch dieses Kapitel unbedingt ins Buch!

GOLDENE SURFREGELN

„Keep Smiling!" Habe Spaß im Wasser und zeige Respekt und guten Willen. Respektiere die Locals, zeige Durchhaltevermögen und bewege dich im Wasser. „Give a wave and get a smile!"

Unser Start in das Surferleben:

Im Sommer 2016 sind wir in Sri Lanka zum ersten Mal gesurft. Wir haben uns für ein paar Euro einen Tag lang einen Surflehrer gebucht, der uns dann in die Wellen geschubst hat und genau in dem Moment, in dem wir aufstehen sollten, „Stand" rief. Wir haben es beide geschafft, direkt auf dem Board stehen zu bleiben. Voller Elan und Vorfreude haben wir es dann am nächsten Tag ohne Surfguide versucht – eine ernüchternde Enttäuschung. Wir hatten keine Idee, wo wir uns auf dem Board positionieren sollten, um auch nur eine einzige Welle zu bekommen (damit meine ich kein white wash*). Wir haben ausschließlich Wasser geschluckt und nach kurzer Zeit bereits aufgegeben. Trotzdem hatte uns die Surflust gepackt, wir wollten dranbleiben.

Surfen lernen

Ich war im Anschluss in Mexiko und ein paar Monate später in Portugal in einem Surfcamp. Mir hat es geholfen, das Meer und die Wellen zu verstehen: Wo ordne ich mich im Wasser ein, wie sind die Regeln, an welcher Stelle des Brettes muss ich stehen und welche Brettgröße brauche ich überhaupt? Jerry dagegen hat sich das alles allein angeeignet. Er hat sich Surfvideos und -tutorials angeschaut und es dann im Wasser „einfach nachgemacht". Wir beide fahren Snowboard, Jerry zudem relativ gut Longboard, und meiner Meinung nach helfen diese Vorkenntnisse auf jeden Fall für das Gefühl auf dem Brett.

Es gibt also unterschiedliche Arten, das Surfen zu lernen. Das Wichtigste ist, dass du nicht aufgeben darfst. Lass dich also nicht runterziehen, wenn es Tage gibt, an denen einfach gar nichts klappt, denn auch das gehört zum Lernen.

Welches Surflevel haben wir?

Seit fast vier Jahren surfen wir nun immer mal wieder. Leider ist das trotzdem noch viel zu selten, und wenn wir surfen, sind wir auch meistens nur ein paarmal im Wasser. Oft sind die Wellen zu groß oder zu klein, es sind zu viele Leute im Wasser oder wir fühlen uns einfach nicht fit genug. Alternativ scheinen die Wellen perfekt zu sein, aber es befindet sich kein anderer Surfer im Wasser. Auch das ist dann etwas ungewöhnlich. Es müssen also schon einige Kriterien passen, damit wir überhaupt loslegen können. – Ich würde uns als gute Anfänger betrachten. Wir können Wellen allein surfen und bekommen mit der Zeit ein immer besseres Gespür für sie, überhaupt für die unglaubliche Kraft des Wassers. Die Gegebenheiten sind nun mal überall anders, sodass es für uns noch viel Praxis braucht, um eines Tages vielleicht da hinzukommen, wo wir hinwollen.

Equipment

Welches Surfboard surfen wir?

Einsteiger: Unser erstes eigenes Surfboard ist ein **Torq 7.6.,** es hat ein Volumen von 52 Litern und kostet ca. 419 €. Dieses Board ist der beste Allrounder für alle, die schon einmal auf einem Surfboard standen und ein relativ gutes Gefühl für Wellen haben. Es hat eine Einsteigergröße für Mann und Frau zwischen 50 und 100 Kilogramm.

Medium: Du bist schon einige Wellen gesurft und möchtest ein kleineres Surfboard, welches drehfreudiger ist? Dann empfehlen wir dir diese Bretter:

Mann: Modern 6'8 | 46L, Preis: 500 €
Frau: 7S Double Down PU 6'6 | 46.7L, Preis: 480 €
Diese Boards surfen wir seit dem Sommer 2020 und sind sehr zufrieden mit der Qualität und dem Fahrgefühl. Durch das Boardvolumen haben wir im Wasser einen guten Auftrieb und durch die minimierte Boardlänge können wir uns in den Wellen besser bewegen.

Mal ein kleineres Board

Fortgeschritten: Wir haben uns zusätzlich ein **Softop Olaian 6.0** mit einem Volumen von 56 Litern für ca. 190 € zugelegt – bei Decathlon, da wir gerne mal ein kleineres Board testen wollten, mit dem wir auch unter den Wellen duckdiven** können. Die Vorteile dieses Boards sind auf jeden Fall die Größe und das Gewicht. Es ist um einiges handlicher und leichter, jedoch solltest du für dieses Brett auch um einiges erfahrener sein.

Der Preis ist ansprechend, jedoch komme ich aktuell damit nicht so gut zurecht.

OUTFIT:

☐ **Surfen in Frankreich oder Spanien:**
Neoprenanzug 4/3 mm von der Marke Hurley

☐ **Surfen in Bali oder Mexiko:**
In tropischen Ländern ist der Neoprenanzug zu dick, dafür verwenden wir einen **Shorty der Marke Billabong, beispielsweise 2 mm.**

☐ **Surfen in Norwegen oder Island:**
Für das Surfen in kalten Regionen solltest du dir einen **dickeren Neoprenanzug** zulegen, **z. B. 5/6 mm.**

Darauf solltest du achten

Wir haben euch in diesem Buch einige Surfloca-
tions aufgelistet – denn wir lieben Wellen und ganz
allgemein die sportliche Herausforderung im Wasser. Trotzdem zollen wir dem Ganzen aber auch
großen Respekt. Unsere empfohlenen Orte sind
nicht unbedingt für Surfanfänger geeignet und
unabhängig davon sind die Wellen zu unterschiedlichen Jahreszeiten auch unterschiedlich intensiv
und groß. Daher gilt stets die Regel, sich selbst
über den jeweiligen Spot zu erkundigen.

Gehe also bestenfalls nicht einfach allein irgendwo
ins Wasser, sondern buche dir einen Surflehrer,
um die jeweilige Location erst einmal kennenzulernen. Ein weiterer guter Tipp ist, sich mit den
Locals*** auszutauschen.

Wir haben auch unangenehme Erfahrungen gemacht: Zum Beispiel haben wir die Wellen erst zu
klein eingeschätzt, die uns dann im Wasser doch
unheimlich wurden, oder die Strömung hat uns
weggetrieben und wir hatten das Gefühl, kaum
mehr das Ufer erreichen zu können. Außerdem
sind wir bereits auf Seeigel getreten oder fast auf
Steine gestoßen, die aus dem Wasser ragen.

37°20'34.429"N -8°51'8.848"E

Spüre die Kraft des Wassers!

Wenn du dich sicher fühlst, dann genieße die Surfsession, spüre die Kraft des Wassers und vergiss alles um dich herum. Natürlich gibt es auch immer diese Tage, an denen es besser oder weniger gut funktioniert, aber wenn du dranbleibst und um jede Welle kämpfst, wirst du auch belohnt werden. Das Gefühl, eine tolle Welle in den Sonnenuntergang zu surfen, ist unbeschreiblich. Meistens haben Jerry und ich dann so ein breites Lächeln auf dem Gesicht, dass wir unser Glück selbst kaum fassen können. Nach fast jeder Surfsession fühlen wir uns wahnsinnig ausgeglichen und zufrieden. Das Surffieber hat uns auf jeden Fall gepackt!

Probiere es einfach auch mal aus, und wenn es dir gefällt, lass nicht locker und versuche – so handhaben wir es auch – in jeder freien Minute zu surfen.

---

* *Weißwasserwellen/white wash/soupm: gebrochene Wellen, die durch eine weiße Schaumkrone erkennbar sind*

** *„Duckdiven" ist eine Surftechnik, um einzelne gebrochene Wellen oder Brandungszonen zu durchqueren. Dabei wird die Boardspitze unter Wasser gedrückt, um im Anschluss mit Fuß oder Knie den Rest des Boards runterzudrücken. Der Surfer zieht sich also selbst mit dem Board unter Wasser und taucht hinter der Welle wieder auf – eine effektive Methode, Weißwasserwellen zu überwinden.*

*** *Bezeichnung für die einheimischen Surfer. Es ist keine Seltenheit, dass diese ihren Surfspot aggressiv verteidigen, daher solltest du ihnen mit dem nötigen Respekt gegenübertreten.*

11. Wie baue ich einen neuen Van aus?

Wie baue ich einen neuen Van aus? (DIY)

Geschätzte Umbaukosten: 10.000 €

Die Kosten hängen davon ab, wie hoch deine Ansprüche sind, wo du deine Materialien einkaufst und womit dein Fahrzeug schon ausgestattet ist. Kaufst du dir einen fertig ausgebauten Van, liegen die Anschaffungskosten meistens erst mal etwas höher, dafür musst du jedoch weniger in den Umbau stecken, bei dem sich die Kosten schnell anhäufen können. Setze dir also einen klaren finanziellen Rahmen und lass noch etwas Spielraum für eventuelle Reparaturen oder sonstige unerwartete Kosten.

Der Ausbau in neun Schritten

Schritt 1:
Planung und Recherche

1. **Fragestellung:**
Was will ich? Wie soll der Bus am Ende aussehen? Gibt es Designvorlagen? Was gefällt mir? Was ist mir wichtig? Mach dir hierzu gerne Listen und besprich alles ganz genau mit deinem Partner.

2. **Lass dir** also ein paar Monate **Zeit bei der Findung des richtigen Fahrzeugs.** Nimm in der Entscheidungsphase am besten stets eine zweite Person mit, die Ahnung von Fahrzeugen hat; insbesondere sollte sie bei der Probefahrt dabei sein. Ansonsten rate ich dir, dich auf dein Bauchgefühl zu verlassen.

3. Ich empfehle dir **für die Recherche** alle gängigen Portale wie **eBay Kleinanzeigen, mobile.de** oder **autoscout24.**

4. **Bist du handwerklich begabt und traust dir zu, einen Van selber auszubauen, oder kaufst du dir einen Camper, in dem schon alles so weit funktioniert?** Auch diese Variante ist vollkommen in Ordnung, schließlich sollst du nur das tun, womit du dich wohlfühlst.

5. **Wir haben viele Wochen und Monate damit verbracht, das richtige Fahrzeug zu finden.** Am Schluss sind wir bis an die Grenze nach Frankreich gefahren und haben uns für ein Fahrzeug entschieden, in dem wir innen stehen können und das einen niedrigen Kilometerstand hat. Wir haben leider keine Standheizung oder Klimaanlage, was wir jedoch im Nachhinein jedem empfehlen würden.

6. **Unser Fahrzeug ist vergleichsweise lang und groß,** das war auch der Grund, weshalb wir uns für „Trie" entschieden haben. Jerry kommt damit super beim Einparken klar, ich jedoch habe ab und zu meine Schwierigkeiten.

Checkliste:
Zustand des Vans

ZUSTAND DES VANS, UM WEITERE ARBEITEN UND KOSTEN ZU VERMEIDEN:

- ☐ **Das Fahrzeug sollte rostfrei sein.**
- ☐ **Der Zahnriemen sollte neu sein.**
- ☐ **Überprüfe den Keilriemen.**
- ☐ **Der Van sollte eine grüne Umweltplakette haben.**
- ☐ **Der Kilometerstand sollte nicht höher als 200.000 sein.**
- ☐ **Welches Baujahr?** Bei älteren Fahrzeugen besteht das Risiko, dass du auch unterwegs dran schrauben musst.
- ☐ **Die Reifen sollten in einem guten Zustand sein.**
- ☐ **Die Elektrik des Fahrzeugs muss einwandfrei funktionieren.**
- ☐ **Für längere Reisen empfehlen wir Dieselmotoren,** die in der Regel langlebiger sind. Meistens ist hier der Sprit auch günstiger.
- ☐ **Sind die Bremsbeläge in einem guten Zustand?**
- ☐ **Dichtigkeitsprüfung – sind alle Übergänge dicht?**

Du kannst das Fahrzeug vor dem Kauf von einer unabhängigen Prüfstelle durchchecken lassen, beispielsweise von GTÜ-, ADAC- oder TÜV-Stellen.

Wunschliste

JA NEIN

Kreuze an, was dir wichtig ist und worauf du nicht verzichten kannst.
Dies hilft dir, dich immer an deine Wünsche zu erinnern.

☐ ☐ **Standheizung**

☐ ☐ **Klimaanlage**

☐ ☐ **Solarpanel** für autarkes Campen

☐ ☐ **externe Batterie**

☐ ☐ **Campingtoilette**

☐ ☐ **Außendusche**

☐ ☐ **Innendusche**

☐ ☐ ein **Bett,** indem du ausgestreckt schlafen kannst

☐ ☐ **Zeltdach**

☐ ☐ **Für Offroadreisen** sollte dein Reisemobil entsprechend **höhergelegt** sein.

☐ ☐ **Kühlschrank**

☐ ☐ **Küchenzeile innen**

☐ ☐ **Küchenzeile außen**

☐ ☐ **Moskitogitter** vor jedem Fenster und den Türen

☐ ☐ **Möchtest du im Van stehen können?**

☐ ☐ **Soll dein Fahrzeug schon ausgebaut sein?**

☐ ☐ **Möchtest du das Fahrzeug selber ausbauen?**

☐ ☐ **Ist dir die Farbe deines Fahrzeugs wichtig?**

☐ ☐ **Soll dein Fahrzeug offroadtauglich sein?**

☐ ☐ **Brauchst du eine Sitzecke?**

☐ ☐ **Brauchst du mehr als zwei Fahrersitze?** (Pro Person 1 fester Sitz mit Anschnallgurt) Die Anschnallpflicht gilt auch im Wohnmobil in der Wohnkabine.

Schritt 2:
Entkernen.
Alles muss raus!

1. **Der Innenraum ist komplett zu entkernen** – alles muss raus. Der Van muss am Ende „komplett nackt" sein. Eventuell müssen hier schon einige Elemente geflext* werden, um Fenster setzen zu können.

2. **Für die Dämmung empfehlen wir Armaflex.**

Schritt 3:
Fenster

Wohin mit den Seiten- und Dachfenstern? Zeichne die Stellen vorher an. Schneide die Löcher für die Fenster aus. (Achtung, sehr aufwendig, kann also einiges an Zeit kosten!) Wir haben ein Seitenfenster und ein Dachfenster eingebaut. Alle Materialien findest du im Baumarkt oder beim Campingzubehör. Das kannst du umgehen, indem du dir direkt ein Fahrzeug mit entsprechenden Fenstern kaufst. Wählst du eventuell getönte Scheiben, damit bei dir niemand reinschauen kann? Alternativ dazu kannst du natürlich auch Vorhänge benutzen. Auch das ist eine Überlegung wert und liegt an dir und deinem Budget.

Elektrisch angetriebene Handmaschine, um beispielsweise Metall zu trennen

Schritt 4:
Strom- und Wasserleitungen

> Achte darauf, dass die Batterie des Solarsystems und die externe Autobatterie nie völlig entleert sind, denn das kann die Batterien beschädigen oder zerstören.

1. **Stromleitungen legen.** Zeichne dazu ebenfalls vorab Pläne und lege fest, wo der Strom hinsoll. Auf Campingplätzen hast du immer Zugang zu Strom. Stehst du jedoch oft und gerne frei, solltest du die Dauer deiner Energieversorgung erhöhen.

2. **Fragestellungen: Wo brauche ich überall Strom? Wo möchte ich Steckdosen verbauen? Wie groß ist der Wassertank? Sind es zwei Tanks – ein Frischwasser- und ein Abwassertank?**

3. Es folgt das **Einbauen des Waschbeckens und der Wasserleitungen zu den Tanks.** Wo soll die Dusche hin?

4. Hier haben wir eine **externe Batterie** verbaut und ein **Solarpanel auf dem Dach** angebracht. Jerry hatte anfangs keine Ahnung von Elektronik und hat sich teilweise Hilfe aus dem Bekanntenkreis geholt oder sich im Internet das nötige Wissen angeeignet. Jetzt läuft die Wasserpumpe und der Kühlschrank über unser Solarpanel.

5. Wenn du nicht genug Sonne hast, hast du auch weniger Strom. Wir haben zur Sicherheit noch eine **externe Batterie** verbaut, **die sich beim Fahren automatisch auflädt.**

6. **Wie viel Strom brauchst du?** Ein Solarpanel sollte für den normalen Verbrauch reichen. Da wir aber häufiger unser ganzes Kameraequipment laden müssen, reichen uns ein Solarpanel und die externe Batterie leider nicht für ein komplett unabhängiges Leben im Van. Daher wollen wir noch ein **zweites Solarpanel** auf dem Dach anbringen.

Schritt 5:
Lackierung/Folierung
außen anbringen

1. **Lackiere/foliere den Van in deiner Wunschfarbe.** Wer auch hier schon den Van in der richtigen Farbe findet, kann diesen Schritt umgehen und damit Kosten sparen.

2. **Wir haben bei unserem ersten Van außen kleine Elemente hinzugefügt.** Das kannst du selbst machen – einfach mit einem üblichen Beamer das Motiv auf den Van projizieren und mit einem Lackstift nachzeichnen.

3. Möchtest du einen **Dachgepäckträger** anbringen? Damit lassen sich Kisten oder Surfbretter auf dem Dach befestigen.

4. Seitlich kannst du eine **Markise für Regen- und Sonnenschutz** anbringen.

5. Möchtest du die **Fläche auf dem Dach nutzen,** um beispielsweise dort sitzen oder liegen zu können? Denke über den Bau einer **Dachterrasse** nach. Im Kapitel über die DIYs findest du mehr Infos dazu.

Schritt 6:
Baugerüst im Innenraum

- ☑ **Säge das Material auf die richtige Größe zu.**

- ☑ Baue das Gerüst für den **Schlafplatz, Staumöglichkeiten, Küche** und Co. nach dem Bauplan von Schritt 1; ebenfalls anzubringen: **Schubladen, Seilhalterungen, Knäufe.**

- ☑ **Das Gerüst muss mit der Innenwand des Busses verschraubt werden.**

- ☑ Baue die Küchenelemente wie **Waschbecken und Gasherd** ein.

- ☑ Achte darauf, dass dein **Boden möglichst wasserbeständig** ist.

- ☑ Anschließend baue Teile wie **Matratze, Lampen, Bilder, Küchenequipment etc.** ein.

- ☑ Zum Schluss kommen die **Vorhänge für die Fenster,** die du selbst aus Stoffen nähen und anpassen kannst.

- ☑ Achte darauf, dass aufgrund des geringen Platzes alles gut durchdacht ist. **Je multifunktionaler** deine Konstruktion, **desto besser** ist es meistens und du musst weniger deiner Ansprüche zurückstellen.

Aktueller Stand:
Der Bus ist entkernt, lackiert, gedämmt und verkleidet, alle Leitungen (Strom und Wasser) liegen, der Boden ist verlegt, innen ausgebaut, die Küche inklusive des Wasser- und Stromanschlusses und aller Steckdosen ist funktionstüchtig.

Wie geht es jetzt weiter?

iNFo

Auch hier kannst du Geld sparen, wenn du dir die Einrichtung gebraucht zulegst, z. B. bei eBay Kleinanzeigen oder auf Flohmärkten.

Schritt 7:
Dekorative Ausgestaltung

- ☐ **Feinschliff für den Bus:** Streiche die letzten Teile und gestalte sie bunt.
- ☐ Bringe **Poster, Traumfänger, Lichterketten und Wanddekorationen** an.
- ☐ Bringe die **Skateboardhalterungen** an und hänge die Boards ein.
- ☐ Hänge den **Spiegel** in die Badecke und verstaue die **Biotoilette.**
- ☐ **Räume die Küche ein** (Töpfe, Schüsseln, Teller, Messer, Besteck, Bretter, Lebensmittel etc.).
- ☐ Bringe die **Regale** an und räume sie ein.
- ☐ Schließe den **Kühlschrank** an.
- ☐ Bringe kleine **Handtuchhaken** sowie das **Gewürzregal** an.

Achte darauf, dass alles gut befestigt ist und auch während einer holprigen Fahrt nichts aufgehen oder rausfallen kann. Auch eine eventuell unangenehme **Geräuschkulisse** sollte dir im Vorhinein bewusst sein. Stundenlanges Quietschen während der Fahrt kann anstrengend werden. Wir sprechen aus Erfahrung.

 INFO

Nutze auch den Platz an der Decke!

Etwa mit Haken kannst du Surfbretter, Skateboards, Lampen, Pflanzen, Deko und alles möglich Denkbares befestigen. Das ist zum einen superplatzsparend und gleichzeitig dekorativ.

Das geht beispielsweise mit Fischernetzen, mit Spanngurten, Gummibändern, Magnetleisten oder Klebehaken.

Schritt 8:
Schlaf-
und Wohlfühlecke

- Räume die **Matratze** ein und beziehe das **Bett** mit den selbst genähten Stoffen.
- Bringe **Vorhänge** an und drapiere die **Kissen.**
- An die Innenwand kannst du kleine **Pflanzen** anbringen.
- Bringe außerdem kleine **Lese/-Schlaflichter** an.
- Vergiss das **Probeliegen** nicht!

Achte darauf, dass du **tagsüber** dein **Bettzeug sicher verstauen** kannst. Staub landet immer im Van und wir haben oft abends husten müssen, wenn wir uns ins Bett einkuscheln wollten und damit den ganzen Staub aufgewirbelt haben.

Uns war es wichtig, dass der Van von innen **hell, modern und harmonisch** wirkt. Daher haben wir bis auf die robuste Holztisch- und Küchenplatte alles weiß gestrichen. Die beigen Vorhänge und Kissenbezüge, kombiniert mit den Lichterketten, Hängepflanzen, einer Vintage-Weltkarte, Makramee, Traumfänger und einer Kerzenhalterung aus Holz, verwandeln den Van in eine gemütlichen Boho-Wohlfühloase.

Nimm dir Zeit, im Internet zu recherchieren und zu vergleichen, wo du deine Materialien und Utensilien am günstigsten herbekommst. Das kostet nämlich viel Zeit. Jerry und ich haben das meistens abends gemütlich auf der Couch gemacht. Neben Netflix ist das ein toller Zeitvertreib am Abend, bei dem du deiner Fantasie freien Lauf lassen kannst. Wir haben am liebsten natürliche Materialien verwendet.

Schritt 9:
Erste kleine Reise
und Feedback

1. Feedback: **Wie war der Umbau für dich?** Hat alles funktioniert? Würdest du es noch einmal so machen?

2. **Wie lebt es sich im Bus?** Was gefällt dir an dem Bus?

3. **Welche große Reise planst du als Erstes?** Wann soll es losgehen?

Wir haben bisher nach jeder Reise noch etwas angepasst, sodass wir jetzt, nach fast drei Jahren, angekommen sind und es wirklich nur noch Kleinigkeiten gibt, die wir verbessern oder verändern würden. **Dein Van wird demnach nie richtig fertig und das ist auch nicht der Sinn. Er soll deine große Leidenschaft sein und dazu gehört, alles immer und immer wieder zu optimieren:** Da unser Van von innen fast komplett weiß gestrichen ist, sind Flecken schneller sichtbar und der Anstrich muss daher regelmäßig erneuert werden. Hier und da löst sich auch noch mal eine Schraube oder du möchtest vielleicht doch andere Vorhänge haben. Es gibt immer etwas zu tun.

Kosten

30°50'32.312"N 9°48'48.117"W

Wir haben zusätzlich einen **Gepäckträger von Rhino** auf der gesamten Dachfläche montiert, damit wir effektiver den Platz auf dem Dach nutzen können, und außerdem Dachleisten verlegt, damit wir darauf liegen und sitzen können. Der Gepäckträger hat 1.000 € gekostet, ebenso unser **Stromgenerator Honda 20i,** um im Notfall Strom erzeugen zu können. Die **Markise von Prostor,** die uns vor Regen und Sonne schützt, hat ebenfalls fast 1.000 € geschluckt. Das sind Investitionen, die gut überlegt sein wollen. Zudem war uns ein hoher Schlafkomfort enorm wichtig. Also haben wir eine hochwertige **Matratze** gewählt, diese längs in vier Einzelteile geschnitten und mit einem ebenso hochwertigen dicken und robusten Stoff bezogen. Er ist abwaschbar und das Bett mit wenigen Handgriffen zu einer Sitzecke umzufunktionieren. Wir haben ihn in einem kleinen Geschäft in Köln gekauft. Diese Aktionen haben ein weiteres Mal knapp 1.000 € ausgemacht. Hinzu kam das **Verlegen des Laminatbodens** (in Weinkisten-Optik, inklusive des Holzes zur Verkleidung) und der Einbau von **Herd** (Phönix 102SBT – 100 €) und **Kühlschrank** (Kompressorkühlschrank Engel CK 47, Preis: ca. 600 €) usw. An die 10.000 € wurden so für den gesamten Umbau fällig. Zur Erinnerung: Der Transporter hat uns ebenfalls 10.000 € gekostet.

Seit 2017 hatten wir also Aufwendungen für unser Fahrzeug von ca. 20.000 €, mit dem wir 17 Länder bereist haben, 130.000 Kilometer hinter uns gelassen haben und ohne auch nur eine einzige Panne über 43 Wochen unterwegs waren.

Zu den einzelnen Arbeitsschritten findest du übrigens zahlreiche DIY-Videos im Internet.

Vanausbau
im Ausland?

Vanausbau im Ausland? Van verschiffen lassen?

Schon einige Deutsche haben sich ihren Van im Ausland gekauft und dort auch direkt zurechtgemacht. Das ist alles möglich und vor allem vorteilhaft, wenn du beispielsweise eine Vanreise durch Australien planst. Dort kannst du sehr günstig einen Transporter kaufen und ihn vor der Abreise für nahezu das gleiche Geld wieder verkaufen. Das kommt jedoch immer auf seinen Zustand nach deinem Gebrauch an. In diesem Fall macht der Ausbau im Ausland auf jeden Fall Sinn.

Für Jerry und mich kommt das erst mal nicht infrage, da wir viel in Europa unterwegs sind und es hier genug zu entdecken gibt. Wir planen zwar gerade eine Tour durch Zentralamerika, hierzu lassen wir unseren Van dann jedoch verschiffen. Das dauert circa drei Wochen und kostet hin und zurück rund 3.000 €, abhängig von der Größe des Fahrzeugs. Es existieren viele Häfen, die direkt aus Deutschland angefahren werden. Die Kosten der Überfahrt werden durch den günstigen Lebensunterhalt vor Ort wieder ausgeglichen. Sprit und Lebensmittel sind nämlich um einiges günstiger und je länger du unterwegs bist, desto mehr lohnt sich auch die Überfahrt.

Jerry und ich planen bereits, einen neuen Van für diese Tour auszubauen, denn wir brauchen definitiv ein geländefähiges Fahrzeug mit Allradantrieb. Es soll außerdem etwas kleiner und mit Klimaanlage und Standheizung ausgestattet sein. Den „alten" Van werden wir natürlich trotzdem behalten und nutzen, denn er hat für uns so einen hohen Stellenwert, dass er mit keinem Geld dieser Welt zu bezahlen ist.

Wir machen den Ausbau lieber zu Hause, da wir dort genau wissen, wo wir was bekommen – das stelle ich mir im Ausland ziemlich stressig vor. So kaufen wir also lieber in Deutschland, bauen hier auch aus und nutzen dann das große Angebot der Fähren.

TÜV

Muss ich meinen Umbau überhaupt eintragen lassen?

Beim Thema TÜV kommt es darauf an, ob du einen Lkw, einen Kleintransporter oder ein Auto zum Camper-Van umbauen möchtest. Es gibt dazu eine wichtige Richtlinie, zudem können die monatlichen Kosten bei unterschiedlichen Eintragungen variabel sein.

So war es in unserem Fall:

Wir haben einen Transporter zum Camper-Van umgebaut. Das Fahrzeug ist bislang immer noch „ganz normal" eingetragen, wir überlegen jedoch, ihn als Wohnwagen bestätigen zu lassen, denn dadurch können wir eventuell Kosten sparen. Bisher haben wir das ehrlich gesagt leider etwas verplant.

Wir sind mit dem umgebauten Transporter regulär zum TÜV gegangen, bei uns gab es keine Probleme.

Wenn du dir unsicher bist, dann informiere dich besser noch mal detailliert im Internet. Grundsätzlich ist es wichtig, dass alle Gegenstände fest montiert sind und nichts im Straßenverkehr zum Hindernis oder gar zu einer Gefahr werden könnte.

12. Vier Beispiele/Varianten von anderen Campern

Wie du am Schluss deinen Van umbaust, wie viel Geld du dafür ausgibst und für welches Fahrzeug du dich entscheidest, liegt einzig und allein bei dir. Es gibt da keine Richtlinien.

Ich habe für dieses Buch nun vier Freunde dahin gehend befragt, damit ihr weitere Ansichten diskutieren könnt.

Familie mit Kind und Hund

1. Uns verbindet mit **Julie und Moritz** die Liebe zum Vanlife! Daher wollte ich euch die beiden hier unbedingt mal vorstellen, da sie mit Hund und Kind in ihrem Van unterwegs sind.
@sol.and.pepper

Reisen mit Kind und Hund, wie meistert ihr diese Hürde?

„Für uns fühlt sich die Reise mit Kind und Hund mehr nach einer spannenden Herausforderung und weniger nach einer Hürde an. Wir ziehen an einem Strang und haben viel Geduld miteinander. In einem Van ist per se schon sehr wenig Platz und Raum für Privatsphäre. Mit Kind und Hund wird das natürlich nicht unbedingt besser. Deshalb ist es uns umso wichtiger, liebe- und verständnisvoll miteinander umzugehen und uns gegenseitig den nötigen Freiraum zu geben."

Was ist am schönsten beim Reisen im Van?

„Das Schönste am Vanlife ist, täglich die uneingeschränkte Freiheit zu erleben. Wir haben die Möglichkeit, den Ort zu wechseln, wann immer uns danach ist. Es ist möglich, die großartigsten Strände zu entdecken, neue Menschen kennenzulernen und zu erfahren, was es bedeutet, glücklich zu sein, ohne viel zu haben. Durch die Reise setzen wir unsere Prioritäten neu. Vor allem in Bezug auf unser Konsumverhalten wird uns immer wieder bewusst, dass es nicht viel braucht, um wirklich erfüllt zu leben. Diese Erkenntnis an unseren kleinen Sohn weitergeben zu können und ihn in der Natur aufwachsen zu sehen ist für uns das größte Glück."

Was ist am schwierigsten beim Reisen im Van?

„Schwierig beim Vanlife sind besonders die ganz alltäglichen Dinge. Wo ist der nächste Supermarkt? Wo können wir unsere Wäsche waschen und wo die Toilette ausleeren? Wann kann ich das nächste Mal duschen und, o nein, die Windeln sind schon wieder leer. Im Grunde sind wir ständig damit beschäftigt, Dinge, die im „normalen" Leben selbstverständlich für uns sind, zu klären oder herauszufinden. Wäsche waschen kann durchaus einige Stunden dauern, mit Hund und Kleinkind ist das manchmal eine echte Odyssee."

Gibt es bei Kind und Hund Probleme mit der Hitze im Sommer?

„Da unser Van keine Klimaanlage hat, war es teilweise unerträglich warm. Vor allem in den heißen Sommermonaten schauen wir, dass wir nur im Schatten sind und Kind/Hund genügend Abkühlung haben. Empfehlenswert ist im Sommer vor allem der Norden, da es dort nicht so warm wird. Für Solly haben wir außerdem eine Strandmuschel dabei, in der er seinen Mittagsschlaf machen kann. Pepper liegt meist mit in der Muschel, so sind beide vor der Sonne und der Hitze geschützt."

Was machen Kind und Hund, wenn ihr surfen geht?

„Es geht immer nur einer von uns surfen und der andere bleibt bei Sol und Pepper. Das werden wir auch so beibehalten, bis Solly groß genug ist und sicher schwimmen kann. Dann kommt er vielleicht schon bald mit uns surfen."

Wo und wie schlaft ihr? Habt ihr eine Hundebox?

„Wir schlafen zu dritt auf einer Matratze, die 130 Zentimeter breit und 180 Zentimeter lang ist – klein, aber fein. So richtig ausgeschlafen sind wir dadurch zwar leider nicht, trotzdem ist es gemütlich. Solly liegt immer zwischen uns und hat natürlich den meisten Platz von allen. Pepper schläft unter unserem Esstisch in ihrem Körbchen. Eine spezielle Hundebox haben wir aus platztechnischen Gründen nicht."

Wir haben gelernt, uns zu öffnen

Stinkt der Hund manchmal?

„Die Frage ist eher: Wann stinkt Pepper nicht? Jede Nacht wird ein Furz-konzert eröffnet, dass sich die Balken biegen. Leider bleibt auch so etwas in einem Van nicht aus. Alles ist sehr eng, intensiv und manchmal zu nah bei-einander."

Wie ist das mit den sozialen Kontakten und wie wollt ihr das mit Kin-dergarten und Schule später mal machen?

„Auf Reisen ist es sehr einfach, neue Menschen kennenzulernen und Kon-takte zu knüpfen. Solly spielt täglich mit anderen Kindern, die vielleicht nicht immer seine Sprache sprechen und dennoch Freunde von ihm sind. Beim Reisen haben wir gelernt, uns zu öffnen, auf andere zuzugehen und das ein oder andere Vorurteil über Bord zu werfen. Genau das lieben wir am Reisen, denn wir lernen selbst jeden Tag viel Neues dazu. Zu unseren Familien und engen Freunden halten wir via FaceTime regelmäßig Kontakt. Allerdings ha-ben wir mit so einer Reise auch gemerkt, wer zu den wirklich wahren Freun-den zählt. Es ist nicht immer leicht, über Monate hinweg eine Freundschaft aufrechtzuerhalten, ohne sich zu sehen. Doch der harte Kern bleibt und das ist, was zählt.

In den Kindergarten wird Solly voraussichtlich nicht gehen. Wir sind der Meinung, dass er davon profitieren wird, wenn er die ersten Jahre mit uns gemeinsam die Welt entdeckt."

Was darf auf keinen Fall in einem Van fehlen?

„Ganz klar: der Handbesen."

Wie duscht ihr euch? Wie geht ihr auf Toilette?

„Oft gehen wir tagelang nicht duschen. Unsere Haut und unsere Haare haben sich gut an diese Umstellung gewöhnt. Da wir täglich am oder im Meer sind, war das irgendwann kein Problem mehr für uns. Solly badet regelmäßig in einem kleinen Badeeimer. Wenn wir duschen müssen, gibt es verschiedene Optionen: Entweder wir fahren auf einen Campingplatz oder an eine Tankstelle oder wir duschen an einer Stranddusche. Eine Solardusche haben wir auch dabei, diese wird aber nie benutzt. Wenn es hart auf hart kommt, duschen wir uns einfach mit einer Flasche Wasser."

Was habt ihr für einen Van, wie ist er ausgebaut und was habt ihr insgesamt ausgegeben?

„Wir haben einen Peugeot Boxer Pössl, Baujahr 2002. Dies ist ein Van, der die Funktion eines Wohnmobils hat. Die Grundausstattung war in unserem Zuhause auf vier Rädern schon vorhanden, allerdings sehr veraltet, sodass wir alles neu gemacht haben. Wir haben den Boden neu verlegt, eine neue Matratze gekauft, den Tisch, die Küche und alle Arbeitsflächen neu gemacht. Wir haben neue Gardinen angebracht, die Polster erneuert und vieles mehr. Für den Van haben wir damals 15.000 € bezahlt und anschließend noch mal 3.000 € investiert, damit er von innen so richtig gemütlich wird."

Wieso habt ihr euch im Sommer 2020 für ein Wohnmobil entschieden?

„Nachdem wir über ein Jahr in unserem geliebten selbst umgebauten Van als Familie unterwegs waren, merkten wir allmählich, dass uns der Platz fehlte. Wir schliefen zu dritt in einem Bett, das nicht mal 140 Zentimeter breit war, und um essen zu können, mussten wir jedes Mal alles umbauen. Wir standen uns ständig im Weg und konnten kaum Ordnung halten, weil wir schlichtweg zu wenig Platz in unserem Van hatten. Durchschlafen? Fehlanzeige! Jede Nacht hatte ich entweder den Fuß meines Sohnes oder den Arm meines Freundes im Gesicht. Je größer Solly wurde, desto mehr sehnten sich alle nach einem größeren Zuhause auf vier Rädern. Und so beschlossen wir schweren Herzens, unseren Van zu verkaufen und auf ein Wohnmobil umzusteigen.

Seit etwa zwei Monaten bereisen wir nun mit unserem Wohnmobil Norwegen und genießen den Luxus, aneinander vorbeigehen zu können oder auch einfach mal durchzuschlafen. Der Van fehlt uns trotzdem, da hängt einfach unser Herz dran, aber wie so oft im Leben gehören Veränderungen eben dazu, um glücklich zu sein."

Julie und Moritz

Allein reisende junge Frau

2. **Lara** kenne ich vom Kickboxen und von den Dreharbeiten bei „Köln 50667". Sie ist eine großartige Künstlerin und hat ihren Van allein und ganz simpel umgebaut, daher fand ich es superspannend, ihre Story zum Thema Vanlife mit euch zu teilen.
@larry.werth

Wie hast du den Umbau als Frau allein gemeistert?

„Mein Traum war es schon immer, meinen eigenen Bulli auszubauen. In einem T5 ist es nicht möglich, zu stehen, deshalb habe ich beschlossen, es so einfach wie möglich zu halten. Ein Bett über die Radkappen, Regale, Surfboard und gekocht wird draußen. Dieser Umbau ist zwar auch allein zu bewältigen, mein Papa hat mir allerdings etwas geholfen."

Wie planst du deine Reisen?

„Den ersten Roadtrip 2018 nach Tarifa habe ich gezielt geplant, was mich allerdings im Nachhinein sehr eingeschränkt hat. Ich finde es besser, nur ein grobes Ziel zu haben, zum Beispiel Meer, See oder Surfen."

Was ist dir im Van am wichtigsten? Worauf könntest du nicht verzichten?

„Auf das Bett und das Surfboard."

Lara

Gute Laune, Kaffee und Glücksbringer

Ist das Reisen als Frau allein im Van gefährlich?
„Es kommt darauf an – gefährlich ist relativ. Es geht natürlich darum, dass du dich entspannen kannst und eine gute Zeit hast. Du solltest nicht leichtsinnig handeln und dein Glück herausfordern. Wenn du jede Nacht Angst hast, solltest du vielleicht einfach eine Freundin oder einen Hund mitnehmen. Ich würde mich nicht unbedingt allein an eine Raststätte in Frankreich stellen, sondern lieber abfahren und mich an die Felder stellen. Generell ist es aber eine Wahnsinnserfahrung, allein im Van zu reisen."

Was sollte auf einer Vanreise sicherheitshalber nie fehlen?
„Pfefferspray, gute Laune, Kaffee und ein Glücksbringer."

Welche Vorsichtsmaßnahmen triffst du?
„Ich schließe meinen T5 nachts meistens ab – das war's, denn ich stehe auch nicht so gerne auf einem Campingplatz."

Hast du nachts Angst?
„Nein, ich habe nachts keine Angst."

Sind viele Menschen bereit, dir zu helfen? Was würdest du bei einer Panne allein machen?

„Ich habe mich in Spanien komplett im Sand eingefahren, es war hoffnungs-los. Der ADAC kommt in so einem Fall nicht, aber der ganze Strand hat ge-holfen. Die Menschen vor Ort haben einen Traktor organisiert und es war ein absolutes Highlight, als der Bus nach drei Stunden endlich befreit war."

Sind gute Technikkenntnisse beim Alleinreisen wichtig?

„Ich habe mich am Anfang kaum ausgekannt, mittlerweile aber etwas mehr, weil ich schon viele Pannen hatte. Überall sind die Menschen hilfsbereit, egal ob es um den Campingkocher oder den Motor geht."

Hast du das Gefühl, in anderen Ländern respektloser behandelt zu werden?

„Nein, überhaupt nicht."

War das Reisen im Van schon immer ein Traum von dir?

„Ja, ich wollte immer unabhängig und frei einfach wegfahren können. Gleich fahre ich zum Beispiel für ein paar Tage los und habe noch keine Ahnung, wohin. Ich suche mir einen Fluss oder See und dann gibt es nichts Schöne-res, als dort ein paar Tage zu verbringen."

Wie bereitest du dein Essen im Van zu?

„Ich habe eine Kochplatte, die mit einer kleinen Gasflasche läuft. Das ist vollkommen ausreichend für mich. Ich koche meistens draußen, mit Blick aufs Meer. Gasflaschen sind zum Beispiel bei Decathlon oder an Tankstellen erhältlich."

Die Kunst,
sich selbst auszuhalten

Wie duschst du dich und wie gehst du auf Toilette?
„Ich habe tatsächlich beim letzten Roadtrip durch Portugal vier Wochen nicht geduscht. Ich war jeden Tag im Meer und habe mich gewaschen. Früher war ich immer ,illegal' auf Campingplätzen in der Nähe duschen und eben auch auf Toilette."

Woran erkennst du, dass ein Ort sicher zum Übernachten ist?
„Das ist schwer, da vertraue ich auf mein Bauchgefühl."

Musstest du das Alleinsein lernen?
„Ja, das musste ich lernen. Ich empfehle dazu das Buch ,Die Kunst, sich selbst auszuhalten' von Professor Michael Bordt."

Ist es möglich, schnell Anschluss zu finden und neue Leute kennen-zulernen?
„Ich bin generell sehr offen und wenn ich will, geht das sehr schnell. Manch-mal möchte ich aber auch nur alleine sein und mit einem Buch früh ins Bett."

Was hast du für einen Van? Wie viel hast du dafür bezahlt und was hast du bisher in den Ausbau gesteckt?
„Ich habe einen weißen T5, der 4.900 € gekostet hat. Der Ausbau war nicht teuer, mit Ausstattung zum Kochen kostet das circa 500 €. Allerdings müs-sen die Versicherung, Reparaturkosten und TÜV immer bedacht und einkal-kuliert werden."

Lara

Unterwegs
mit einem
Geländewagen

3. **Emily** kenne ich noch von ganz früher – als wir uns mit 16 auf Partys ab 18 geschmuggelt haben. Sie reist mit ihrem Partner in ihrem Offroadmobil durch die Weltgeschichte. Ziemlich cool und deswegen unbedingt eine Erwähnung im Buch wert.
@miller_emily

Fakten zum Fahrzeug

Modell: Land Rover Defender 110 TD5
Kilometerstand: 125.000, Fahrzeug
aus erster Hand
Wert: ca. 50.000 €
Leistung: aufgerüstet auf 140 PS
(laut Serie hat er 122 PS)
Änderungen/Optimierungen

- Scheinwerfer auf LED umgebaut
- hinten zusätzlichen LED-Scheinwerfer eingebaut
- vorne Nebelscheinwerfer aufgerüstet
- Unterbodenschutz erneuert
- neue Frontstoßstange installiert
- neue Blinklichter in Orange eingebaut
- Warnseilwinde installiert
- LED-Scheinwerfer auf dem Dach für Fernlicht aufgerüstet
- neue 16-Zoll-Felgen in Schwarz gekauft
- Reifen: 265 breit, BF Goodrich 265/57/16

- neuen Kühlergrill eingesetzt
- Riffelblech auf den Kotflügeln nachgerüstet
- Ersatzreifen gekauft
- Schnorchel installiert
- Schutzgitter vor Lampen nachgerüstet
- Dachgepäckträger der Marke Patriot ergänzt
- Dachzelt der Marke Nakatanenga Rooflodge nachgerüstet
- Rockslider an den Seitenschwellern neu angebracht
- an den hinteren Seitenfenstern Gitter installiert
- Zusatz-Durchlauftank auf 110 l aufgerüstet
- ExTec-Fach an der linken Außenseite angebracht
- eingebaute Rückfahrkamera installiert
- Markise nach hinten und zur Seite nachgerüstet
- neues Fahrwerk: Heavy Duty vom Defender 130
- neue Stabilisatoren

Innenausbau
- komplette Liegefläche
- zwei große Schubladen für Küchenartikel und Anziehsachen
- diverse Staufächer
- Kühlschrank
- ausklappbarer Tisch an der Kofferraumtür
- Hi-Fi-System

Wieso habt ihr euch für einen Geländewagen entschieden?
„Das Fahrzeug war schon in der Familie und wurde 2005 als Neuwagen gekauft. Nach und nach wurde unser Geländewagen umgebaut und umgerüstet, sodass wir ihn nun als Reisemobil nutzen."

Wie lange habt ihr für den Umbau gebraucht?
„Der Umbau kam wie gesagt nach und nach. Nun ist der Defender schon vier Jahre umgebaut und es finden sich immer wieder Kleinigkeiten, die wir dann verändern. Unser Geländewagen ist ein kleines Langzeitprojekt, aber wir fühlen uns jetzt schon sehr wohl mit ihm und sind sehr glücklich."

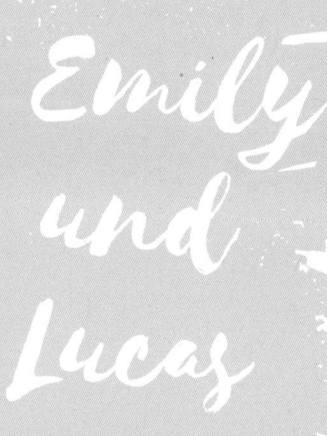
Emily und Lucas

Leben im Defender

Wie lebt ihr im Defender?

„Der Innenausbau vom Defender ist so konzipiert, dass wir den Innenraum eigentlich nur zum Schlafen nutzen. An sich bauen wir unser Campinglager immer so auf, dass der Fokus auf das Draußensein gelegt ist. Wir stellen unser Vorzelt auf, der Grill, die Stühle und der Tisch kommen raus, gegebenenfalls noch eine Hängematte, und dann machen wir es uns gemütlich. Wir schlafen in unserem Dachzelt, dass eine Größe von 160 mal 220 Zentimeter hat und damit größer als unser Bett zu Hause ist – und es ist wirklich supergemütlich oben im Dachzelt. Es wird nicht zu heiß, weil es gut isoliert ist, und auch bei Wind können wir oben gut schlafen. Wenn das Wetter sehr schlecht ist, schlafen wir im Innenausbau vom Auto, da es dort windstill ist und das Zelt am nächsten Morgen nicht nass wieder eingeklappt werden muss. Außerdem ist das Auto durch das Dachzelt auf den Campingplätzen günstiger, da wir dort in der Regel nur für ein Fahrzeug bezahlen müssen, denn das Zelt befindet sich ja auf dem Dach."

Wie lange wart ihr mit eurem Fahrzeug schon unterwegs?

„Unsere längste Reisezeit betrug vier Wochen. Wir machen jedes Jahr unseren Sommerurlaub mit dem Defender. Mehr Urlaub am Stück können wir uns leider nicht einrichten, da wir dann wieder zur Arbeit nach Köln müssen."

Welche Länder habt ihr bereist?

„Vom westlichsten Punkt Europas in Sintra (Portugal) bis hin zum Nordkap, dem nördlichsten Punkt Europas. Wir waren schon in einigen Ländern und haben viel auf unseren Reisen gesehen und erlebt. Dazu gehören die Länder Griechenland, Italien, Slowenien, Österreich, Kroatien, Portugal, Frankreich, Spanien, Montenegro, Albanien, Bosnien, Finnland, Dänemark, Schweden, Norwegen und natürlich auch Deutschland mit seiner schönen Eifel."

Was war eure aufregendste Reise?

„Eigentlich war jede Reise auf ihre eigene Art total aufregend. Unser absoluter Favorit war jedoch die Skandinavientour bis hin zum Nordkap, denn dabei hatten wir das erste Mal ein Ziel und es war einfach nur toll, dort zu stehen, die Aussicht zu genießen und zu wissen, dass wir nun ganz im Norden Europas sind. Der Weg durch die Bergstraßen Albaniens in Richtung Griechenland war ein Abenteuer für sich und nichts für Menschen mit Höhenangst. Erschwerend kam hinzu, dass bei unserem Defender das Licht ausgefallen ist. Am Ende ging zwar alles gut, trotzdem war das sehr, sehr nervenaufreibend und aufregend."

Was macht für euch das Reisen einzigartig?

„Das Einzigartige an unseren Reisen ist, dass wir nie gebunden sind. Mit dem Defender sind wir frei und in der Natur und können jedes Land so erkunden, wie wir es möchten. Es gibt uns die Möglichkeit, noch mal viel besser das Land, die Kulturen und die Menschen kennenzulernen. Durch die Offroadeigenschaften des Defenders können wir auch an Orten stehen und diese anfahren, zu denen andere Campingwagen nicht hinkommen. Besonders schön war es mit dem Defender in Norwegen, wo die Tiere frei herumlaufen und direkt aus dem Auto heraus beobachtet werden können."

Ist auch schon mal was schiefgegangen?

„Das kommt immer mal wieder vor: Mal hat die Musikanlage einen Wackelkontakt, dann geht das Licht am Auto kaputt oder das Internet funktioniert plötzlich nicht mehr, um eine Route zu lesen. Kleinigkeiten gehen immer mal wieder zwischendurch am Auto kaputt, Defenderfahrer kennen dieses Phänomen. Aber für alles gibt es Lösungen und Improvisationen – wir haben uns bisher von nichts aufhalten lassen und nehmen alles mit Leichtigkeit und einer guten Portion Humor."

Jeden Tag etwas anderes

Worauf könnt ihr unterwegs nicht verzichten?

„Wir verzichten bei unseren Reisen nie auf gutes Essen und Komfort beim Schlafen, denn diese Dinge sind uns sehr, sehr wichtig. Und natürlich Mückenspray!"

Was macht ihr bei schlechtem Wetter?

„Da fahren wir die meiste Zeit und wechseln den Ort, immer der Sonne entgegen. Aber manchmal trotzen wir auch dem schlechten Wetter und machen uns dann einfach gemütliche Tage im Dachzelt und lümmeln die meiste Zeit herum, ein bisschen Auszeit mit Regenprasseln auf dem Zelt tut auch mal gut."

Wie kocht ihr und wie verpflegt ihr euch unterwegs?

„Wir kochen immer selbst auf unseren Gaskochern. Zudem lieben wir unseren kleinen aufklappbaren Skotti-Grill, es gibt jeden Tag etwas anderes und immer frische Gerichte. Wir kaufen gerne regional auf Märkten ein und kochen uns auch liebend gern etwas Traditionelles aus dem Land, in dem wir gerade sind. Natürlich haben wir von nun an auch Jerrys Taschenkochbuch ,Reisehunger' dabei und lassen uns davon inspirieren."

Könnt ihr euch das Reisen mit einem anderen Fahrzeug vorstellen?

„Grundsätzlich lieben wir unseren Defender und würden diesen niemals hergeben. Wir haben jedoch auch schon mal darüber nachgedacht, uns einen Vier-mal-vier-Sprinter zuzulegen, da dieser mehr Platz für einen Innenausbau hat und geländefähig ist. Allerdings werden dann auch die Maut- und Fährenkosten höher."

Emily und Lucas

Einzimmerfahrtwind | Irgendwo immer zu Hause | #VanlifeDiaries

Low-Budget-Umbau

Vanum- und -ausbau

Modell: **Fiat-Ducato-Transporter, 2,5 l**
Kilometerstand: **20.000 beim Kauf**
Zustand: **neuwertig**
Ausstattung: **Klimaanlage, Navigation**
Preis: **13.000 €**

Bei diesem Projekt ging es darum, für wenig Geld einen Van bestmöglich umzubauen. Das Ziel dabei sollte sein, maximal 1.000 € auszugeben. Jerry hat sich diesem Projekt gemeinsam mit seinem Vater innerhalb eines Wochenendes angenommen und es fertiggestellt.

Hier also eine kleine Inspiration für eine günstige Variante des Vanum- und -ausbaus:

Jerry: „Für die Schall- und Wärmedämmung haben wir die Hohlräume des Vans mit Bauschaum gefüllt und zusätzlich die freien Flächen mit Styropor gedämmt. Für die Dämmung bieten sich ganz viele unterschiedliche Materialien an. Oftmals ist das Ganze natürlich auch eine Frage des Budgets, hier scheiden sich nämlich ganz klar die Geister. Verkleidet wurde die Dämmung mit Sechs-Millimeter-Pappel*. Es ist ein leichtes Holz, was zwar vorteilhaft für den Vanausbau ist, jedoch ist es auch sehr weich. Mit einer guten Oberflächenbehandlung kannst du dem etwas entgegenwirken."

Einfach, günstig, schnell...

4. Jerrys Vater war es neben der Dämmung wichtig, eine kleine Küchenzeile sowie ein klappbares Bett zu haben. Seine Idee dabei ist, dass er mit dem Van als Aussteller zu verschiedenen Motorcrossveranstaltungen fährt und dann natürlich erst mal den ganzen Innenraum für die Kisten braucht. Abends, wenn hoffentlich alles verkauft wurde, kann er so den freien Raum nutzen und das Bett einfach herunterklappen.

Für die Klappfunktion des Bettes wurden Winkel an der Wand und Klappfüße an dessen Unterseite angebracht, um zusätzliche Stabilität zu schaffen, wenn es aufgestellt ist.

Für die Küchenzeile wurde Fichtenholz verwendet. Hier wurde ein Korpus aus Fichtenlatten gebaut, der dann mit Kiefersperrholzplatten verkleidet wurde. Scharniere und Magnetschnapper wurden angebracht, Einlegebogen eingesetzt, eine Arbeitsplatte integriert und der Ausschnitt für das Waschbecken freigeschnitten. Ein solches Waschbeckenset mit Pumpe sowie Abwasser- und Zuwasserkanister ist auf amazon.de schon für ca. 100 € erhältlich. Strom für den Kühlschrank erhält Jerrys Vater durch eine externe Batterie. Eine externe Batterie kostet zwischen 150 und 500 €.

Wenn du einen einfachen, günstigen und schnell ausgebauten Van haben möchtest, ist dies ein gutes Beispielprojekt, an dem du dich orientieren kannst.

Hieran siehst du, wie unterschiedlich der Ausbau sein kann, es kommt einzig und allein auf deine Ansprüche an. Natürlich wurden nach und nach Einzelheiten optimiert und neue Dinge hinzugefügt, jedoch wurden aktuell nur 2.500 € für den gesamten Umbau ausgegeben.

Folgende Dinge wurden nachträglich hinzugefügt: elektrische Heizung, Fernseher, Playstation, zwei elektrische Kochplatten, Deko, Lichter, Chemietoilette, Kühlschrank, Außendusche, Rückfahrkamera.

---

* *Samenfasern der Pappelfrüchte. Die Samen dieser Früchte bestehen aus extrem feinen Hohlfasern, sie weisen eine hohe Wärmeisolation sowie sehr gute Fähigkeiten zur Wasserdampfaufnahme und -abgabe auf. Man sagt, dass der Pappelflaum die feinste Naturfaser der Welt sei.* **Quelle: blog.gruuna.com**

1.

2.

3.

4.

5.

13. Einrichtung
und sinnvolle Gebrauchsgegenstände

Welche Bedürfnisse hast du, wie viel Platz brauchst du und auf welchen Luxus kannst du verzichten? Innen kann dein Van zwar gemütlich sein, zu eng oder stickig darf es aber nicht werden. Möchtest du Platz sparen und eine ausziehbare Küche bauen, solltest du dir im Klaren darüber sein, dass es auch mal etwas kalt und windig beim Kochen werden kann. Und eine Liegestätte sollte auf jeden Fall schnell aufzubauen, umzubauen oder wegzuklappen sein, da sie natürlich täglich in Gebrauch ist. Außerdem finden wir es wichtig, im Bett genug Platz zu haben, um sich auch mal strecken zu können. LED-Beleuchtung außen ist praktisch ebenso wie Leuchten, die du mit Sonnenlicht oder mit Batterien wiederaufladen kannst.

Ein **Waschbecken mit Pumpe** bietet einen größeren Komfort. Ausrüstungen sind in Kisten oder Wandschränken gut zu verstauen. Achte darauf, dass sich alles mit wenigen Handgriffen öffnen und wieder fixieren lässt, denn das spart Zeit und Nerven. Finde für all deine Sachen einen eigenen Platz, damit du wenig Zeit mit der Suche danach verbringst. Einen **Safe** haben wir zur Sicherheit unter dem Beifahrersitz befestigt, ebenso **zusätzliche Schlösser für das Lenkrad.** Das gibt dir ein besseres Gefühl, wenn du dein fahrbares Zuhause mal irgendwo abstellen und verlassen musst.

Schließe beim Verlassen des Vans alle Fenster und die Vorhänge, denn es ist besser, wenn niemand in das Gefährt reinschauen kann. Werkzeuge und Ersatzteile können sicher deponiert werden, die Dinge des täglichen Bedarfs hingegen solltest du immer griffbereit haben. Bevor es losgeht, ist es günstig, eine **Testreise** einzuplanen, damit du nicht über Kleinigkeiten stolperst, die in anderen Ländern schwerer zu beheben oder zu besorgen sind. Den perfekten Van oder die perfekte Größe gibt es nicht. Lass dich nicht von „weniger touristischen Ländern" oder auch negativen Geschichten anderer täuschen, mache immer deine eigenen Erfahrungen. Um angenehm zu reisen, achte unbedingt darauf, dass all deine Bedürfnisse auch im Van befriedigt werden können, ansonsten kann sehr schnell alles stressig werden und deine Laune sinkt in den Keller. Ich spreche da aus eigener Erfahrung.

Fazit: Mache dir lieber mehr Gedanken im Vorhinein, statt auf der Tour schlechte Laune zu verbreiten.

Klimaanlage

Wir haben keine Klimaanlage im Van und schwitzen trotz des Fahrtwindes zeitweise sehr.
Sobald die Sonne morgens auf unseren Van scheint, ist es an der Zeit, aufzustehen. Manchmal kommen wir zu einer kleinen Erfrischung, indem wir Türen und Fenster öffnen, aber wenn es absolut windstill ist, bringt eine Abkühlung nur noch ein kalter Waschlappen auf den Füßen oder auf dem Kopf. In Italien in der Toskana hatten wir mit der Hitze ganz besonders zu kämpfen, da wir dort nicht einmal die Möglichkeit hatten, uns im Meer zu erfrischen. In der Nähe waren nämlich nur heiße Quellen zu finden, die wir bei den Temperaturen wirklich nicht genießen konnten. Das Nachrüsten einer Klimaanlage oder Standheizung ist natürlich machbar, jedoch leider auch relativ teuer (ab 500 € aufwärts). Daher empfehlen wir jedem, beim Kauf eines neuen Fahrzeugs auf gewisse Standards zu achten. Für uns sind gerade die Temperaturen ein entscheidender Grund, die Hochsaison im Sommer zu meiden, da wir uns bei dem heißen Klima oftmals auch nachts nicht ausreichend erholen würden.

Heizen

Wer beim Kauf des Fahrzeugs auf eine Standheizung geachtet hat, lag richtig! Wir haben leider weder eine Klimaanlage noch eine Standheizung, jedoch gibt es hierzu einige Alternativen:

Für kalte Abende schwören wir auf den **Gasheizstrahler Mr. Heater Portable Buddy.** Dieser bietet die perfekte Lösung für den mobilen Einsatz im Outdoorbereich und in geschlossenen Räumen bis zu 21 Quadratmetern. Er lässt sich mit einem Schlauch mit handelsüblichen Propangasflaschen verbinden und heizt bis zu sechs Stunden mit einer 450-Gramm-Gaskartusche. Mr. Heater besitzt eine Niedrig-Sauerstoff-Sicherheitsabschaltung (ODS), die sich aktiviert, wenn der Sauerstoff im Raum zu niedrig sein sollte. Zudem lässt sich die Temperatur mit einem Drehschalter regeln. Oder du baust dir einen Holzofen in den Van, so wie wir es für die Norwegentour gemacht haben. Die genaue Anleitung findest du im Kapitel über die DIYs.

Ansonsten merken wir auch schon nach einiger Zeit die Wärme von Kerzen im Van oder wir lassen kurz Gas über die Herdplatten laufen, um es wärmer zu bekommen.

Jerry ist wirklich kälteresistent, er friert so gut wie nie, ich dagegen oft. Mir hilft dann meistens eine **Wärmflasche.** Wir haben außerdem so gut wie immer eine **Lammfelldecke** im Auto, die ebenfalls richtig gut vor Kälte schützt.

Die Wärmflasche dient auch sehr gut als „Kühlflasche" und sorgt bei heißen Tagen für eine willkommene Abkühlung. Einfach mit Wasser auffüllen und diese in den Kühlschrank legen. Nachts wirst du damit ganz sicher besser schlafen können.

Abkühlung
an heißen Tagen:

1. **nasses Handtuch auf die Füße legen**
2. **warm duschen** – hilft besser als eine kalte Dusche
3. **Coolpads** – mit ins Bettzeug einwickeln
4. **kaltes Fußbad** – am besten mit ein paar Tropfen Minzöl
5. **Baumwollbettwäsche** – nimmt gut den Schweiß auf
6. **Schlafkleidung aus Baumwolle** – nackt schlafen ist da nicht unbedingt vorteilhafter

Kühlschrank

Unser Kompressorkühlschrank (Engel CK 47, Preis: ca. 600 €) schafft es, sogar dann kalt zu bleiben, wenn es draußen 40 °C sind. Er verbraucht bei hohen Außentemperaturen um einiges mehr als bei normalen, daher musst du auf jeden Fall genug Solarenergie einplanen.

Anfangs hatten wir noch kein Solarsystem, worüber der Kühlschrank Energie beziehen konnte, ein Anschluss zum Gas war nicht gegeben. So gab es Schwierigkeiten, Lebensmittel und Getränke mit Eiswürfeln kalt zu halten. Wir hatten in dieser Zeit alternativ eine Kühlbox dabei, die während der Fahrt über den Zigarettenanzünder aktiviert werden konnte – für uns nicht gerade die optimale Lösung. Ich brauche nicht viel, aber ab und zu ein kaltes Getränk ist für meine gute Laune absolut notwendig.

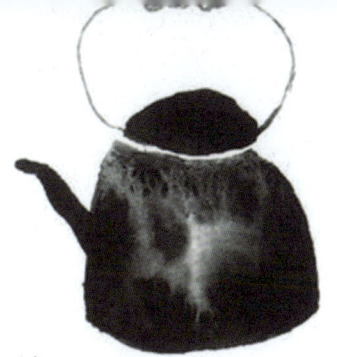

Achte beim Kauf deines Kühlschrankes auf die Anschlüsse, damit er mehr oder weniger rund um die Uhr laufen kann. Unserer hat ca. 600 € gekostet und ist von der Firma Engel. Obwohl das für uns eine äußerst teure Investition war, sind wir zufrieden damit. Mit diesem Kühlschrank können wir sogar Dinge einfrieren.

Der Vorteil einer Kühlbox ist, dass beim Öffnen die Kälte nicht so einfach entfliehen kann wie beim Öffnen eines Großgeräts.

Die Kühlbox von Dometic ist zwar auch nicht billig, dafür aber leise und ebenfalls sehr hochwertig.

Kochen

Wir kochen mit einem Gasherd und kommen mit einer Gasflasche bei täglicher Verwendung (morgens, mittags, abends) gute anderthalb Monate aus.

Hinweis: Länder haben verschiedene Gasverschlüsse. Achte hierbei darauf, dass du für sie stets **die richtigen Aufsätze** im Gepäck hast. Die Suche danach kann sich nämlich recht aufwendig gestalten.

Wir benutzen einen **Gaskocher mit zwei Flammen von Phönix Germany,** dieser kostet ca. 150 €. Und unsere Gasflasche ist mit fünf Kilogramm Propan gefüllt; eine neue kostet etwa 30 €, das Nachfüllen mit Gas um die 6 €. Die Gasflaschen kann man an Tankstellen austauschen oder in Baumärkten neu befüllen lassen.

Gasprüfung/TÜV

Ein neues Gesetz, das Ende 2019 in Kraft getreten ist, besagt, dass wir bis Januar 2023 ohne die gelbe Prüfbescheinigung zur HU beim TÜV oder bei anderen Prüfstellen vorfahren dürfen.

Schon zu deiner eigenen Sicherheit und der deiner Familie solltest du trotzdem **regelmäßig eine Gasprüfung wiederholen lassen,** damit sichergestellt ist, dass deine Gasanlage auch wirklich in ordnungsgemäßem Zustand ist. Austretendes Gas kann zur Erstickungsgefahr werden oder zu Explosionen führen!

Weitere Varianten
Alternativ kannst du mit einem **Benzinkocher von Coleman** oder einem **Spirituskocher von Origo** (Preis: 200 €) arbeiten. Spiritus findest du zwar nicht in allen Ländern, aber es besteht die Möglichkeit, einen großen Vorrat für die Reise zu kaufen. Eine Flasche reicht ca. anderthalb bis zwei Wochen, wenn du zweimal am Tag damit kochst.

Branderfahrung

In unserem Van haben wir bislang immer mit Gas gekocht und uns mit dieser Variante nie so hundert Prozent sicher gefühlt. Auf unserer Tour im Sommer 2020 durch Frankreich gab es dann in unserem Van das erste Mal einen Brand.

Wie genau das Feuer entstanden ist, wissen wir nicht, wahrscheinlich war der Schlauch, der von der Gasflasche zur Herdplatte führt, zu alt. **Wir empfehlen** daher, **alle Anschlüsse regelmäßig zu überprüfen** und gegebenenfalls zu erneuern. Wir haben die offene Flamme zum Glück schnell entdeckt und konnten sie sofort löschen, sodass wir am Ende Glück im Unglück hatten.

Ich appelliere an jeden, auf Reisen einen **Feuerlöscher an einer schnell zugänglichen Stelle** bereitzustellen und einen **Rauchmelder im Van** zu **installieren.** Aus eigener Erfahrung macht ein Schaumfeuerlöscher Sinn, da ein Pulverfeuerlöscher einen größeren Schaden als der eigentliche Brand anrichten kann. Ebenso haben wir im Nachhinein erfahren, dass ein **Gasschlauch aus Metall** wesentlich sicherer und zuverlässiger ist. Zum Vergleich: wir hatten einen Gasschlauch aus Kunststoff mit Gummi-Außenmantel.

Tipp

Campingzubehör finden wir im Internet unter www.fritz-berger.de

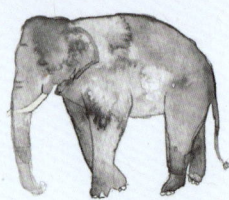

Strom

UM STROM ZU ERZEUGEN, BIETET UNSER VAN DIESE FÜNF VARIANTEN:

1. **zwei Solarpanels, 60 x 120 cm:** Hier erhalten wir unseren Strom für die Wasserpumpe, für den Kühlschrank und um unsere Akkus zu laden. Preis: ca. 730 € – für das komplette System.

Zweites Solarpanel:
Wir haben im Sommer 2020 ein zweites Solarpanel nachgerüstet, da wir überdurchschnittlich viel Strom zum Laden des ganzen Kameraequipments benötigen. Dieses zweite Solarpanel wirkt sich wirklich sehr positiv auf die Ladekapazität aus und war die Investitionen wert. Wer weniger Strom benötigt, sollte also auch mit nur einem Solarpanel auskommen.

2. **Stromgenerator Honda eu 20i** (für den Notall): Dieser Generator läuft mit Benzin und ist der leichteste in der 2.000-VA-Klasse. Er wiegt 21 Kilo (und hat eben eine Leistung von 2.000 kVA). Preis: ca. 1.200 €

3. **CEE-Außensteckdose für den normalen 230-V-Netzstrom:** Wenn du auf Campingplätzen stehst, kannst du so die Wohnraumbatterie aufladen und den Strom vom Campingplatz nutzen, unabhängig von der Restkapazität der eigenen Batterie. Preis: 25 €

4. **Externe Autobatterie – automatisches Schaltrelais:** wenn wir keine Sonne haben und das Solarpanel nicht genug Strom erzeugt. Die Batterie haben wir uns für die Reise nach Norwegen im Dezember angeschafft. Die externe Autobatterie lädt sich während der Fahrt auf und wir können damit ebenfalls Handys und unser Kameraequipment aufladen. Preis: ca. 400 €

Tipp: Die hochwertige Variante – eine **Super-B-Batterie**
Eine Lithiumbatterie, die eine enorme Energiemenge in einem kleinen, leichten und wartungsfreien Gehäuse speichert. Die Batterie ist sehr robust, sicher und zuverlässig. Preis: ca. 1.800 €

5. **Tragbare Powerstation (Modell Tacklife P50 500Wh):** ist wie eine riesige Powerbank und versorgt dich für mehrere Tage mit Strom. Beispielsweise an Campingplätzen kannst du die Batterie dann in ca. vier Stunden wiederaufladen. Preis: ca. 560 €

Duschen/Abwaschen

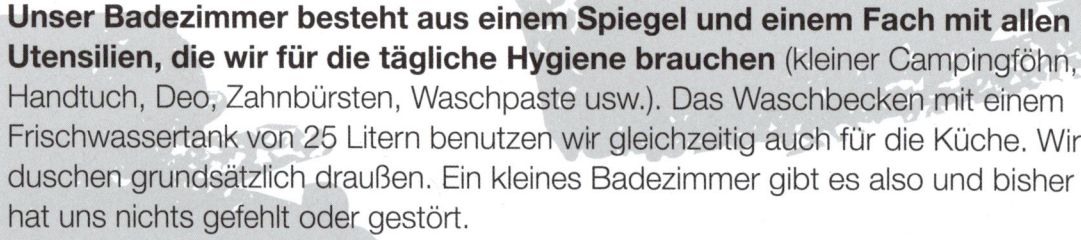

Unser Badezimmer besteht aus einem Spiegel und einem Fach mit allen Utensilien, die wir für die tägliche Hygiene brauchen (kleiner Campingföhn, Handtuch, Deo, Zahnbürsten, Waschpaste usw.). Das Waschbecken mit einem Frischwassertank von 25 Litern benutzen wir gleichzeitig auch für die Küche. Wir duschen grundsätzlich draußen. Ein kleines Badezimmer gibt es also und bisher hat uns nichts gefehlt oder gestört.

Hinweis: Mit dem 25-Liter-Frischwassertank kommen wir aktuell ca. drei Tage aus bei täglicher Nutzung, beispielsweise beim Händewaschen, Zähneputzen, Geschirrabwaschen. Zudem ist das Wasser auch für unsere morgendlichen Heißgetränke.

Duschen/Abwaschen:
Jerry hat einen Kanister mit Wassermengenregler unter unseren Van verbaut, er fasst 65 Liter. Damit können wir entspannt ca. viermal draußen duschen. Eine Pumpe sorgt dafür, dass das Wasser auf Knopfdruck aus dem Duschkopf kommt. Mehr dazu im Kapitel über die bei DIYs.

TIPP

Du solltest immer einen Schlauch und Trichter dabeihaben. Das erleichtert das Befüllen der Wassertanks an der Tankstelle.

Im Van solltest du die Körperhygiene nicht so streng nehmen. Rasieren beispielsweise geht in der Regel nur auf Campingplätzen, Raststätten o. Ä. Wir haben Gefallen an dem natürlichen Lebensstil gefunden: Wir duschen im Van ehrlich gesagt wenig, durchschnittlich alle drei Tage. Natürlich waschen wir uns täglich mit einem einfachen Lappen, aber zur üblichen Dusche zu Hause gibt es gute Alternativen. Toll ist z. B. ein Sprung in den nahe gelegenen Fluss. Öffentliche Schwimmbäder oder Sanitäranlagen, Campingplätze oder das Baden im Meer bieten sich ebenso an.

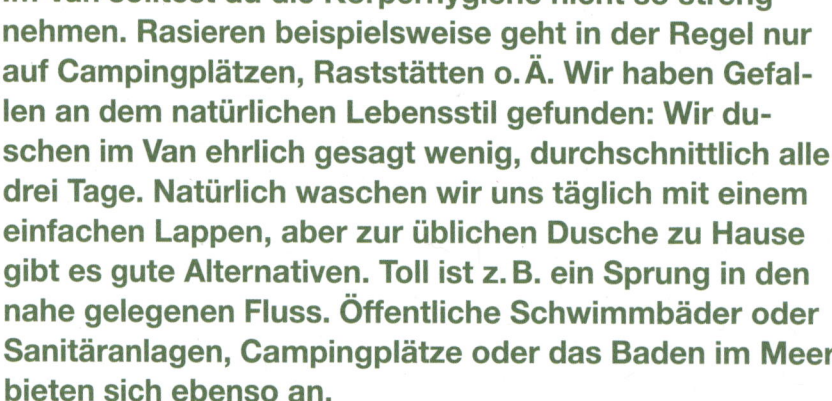

Toilette

Eine der am häufigsten gestellten Fragen an uns ist, wie wir auf die Toilette gehen: Wir benutzen eine **tragbare Campingtoilette** (22 Liter, Preis ca. 20 €). Wir verwenden sie allerdings nur, wenn wir irgendwo stehen, wo es viele Menschen und Häuser gibt. Die Konstruktion besteht aus einem Eimer und einem Toilettenring. Dazu benutzen wir eine (umweltfreundliche) Tüte mit ein paar Sägespänen und dann kann auch schon das kleine oder große Geschäft losgehen. Da das Ganze nicht superhygienisch ist und wir die Tüte meistens schon nach zwei Gängen entsorgen, empfehlen wir diese Lösung wie gesagt nur im Notfall. Auch haben wir keine richtige Halterung für diese Toilette und die Vorstellung, der volle Eimer kippt bei der Fahrt um, das möchte ich nicht weiter vertiefen. Meistens gilt bei uns deswegen das Motto: „Nicht nur ein schöner Rücken, auch ein schöner Po kann entzücken." Beim großen Geschäft hingegen ist das Ganze leichter gesagt als getan.

Bei den ersten Malen ist die Suche nach einem einsamen Örtchen mühsam, mit der Zeit aber gewöhnst du dich daran. Unser Klopapier entsorgen wir zumeist in einem Mülleimer oder im Feuer. Du kannst dir auch mit einer Handschaufel ein kleines Loch graben, dass du danach mit Erde bedeckst. Dann aber bitte das Klopapier wieder mitnehmen.

In den städtischen Gebieten suchen wir ein **öffentliches WC** auf oder benutzen die **Sanitäranlagen auf Raststätten.**

Alternative
Chemietoiletten

Die Chemietoilette ist wohl die bekannteste Form des mobilen Klos. Die Fäkalien werden in einem Behälter aufgefangen, dem chemische Substanzen zugesetzt werden. Diese verhindern, dass sich unangenehme Gerüche bilden, und dienen gleichzeitig der Desinfektion. Außerdem sollen sie dazu beitragen, dass sich die Hinterlassenschaften sowie das Toilettenpapier schneller zersetzen. Das erleichtert später das Entleeren des Tanks.

Wenn du dich für eine Chemietoilette entscheidest, **vermeide Zusätze, die bakterientötende Stoffe enthalten, etwa Formaldehyd oder Glutaraldehyd.** Sie können nicht nur deiner eigenen Gesundheit Schaden zufügen, sondern stellen auch eine Belastung für die Kläranlagen dar. Unter keinen Umständen dürfen solche Zusätze in die Natur gekippt werden, denn sie können für Kleinstlebewesen tödlich sein.
Eine Orientierung für den Kauf von Sanitärzusätzen bietet die Auszeichnung „Blauer Engel". Mit ihm sind strenge Anforderungen und Kriterien verbunden, die an die Inhaltsstoffe der Produkte gestellt werden. Der Preis liegt hier bei ca. 50 bis 100 €. – Diese Variante finden wir nicht gut, sie würde für uns nie infrage kommen!

Einzimmerfahrtwind | Irgendwo immer zu Hause | #VanlifeDiaries

Biotoilette

Biotoilette – die umweltfreundlichere Alternative zur Chemietoilette!
Bei der Trockentoilette werden die Fäkalien in einem Eimer direkt in der Toilette aufgefangen und mit Sägespänen, Rindenmulch, Kaffeesatz oder Asche überdeckt. Der Urin wird dann über einen Schlauch in einen gesonderten Behälter geleitet. Bei vielen Wohnmobilen gelangt er auf diesem Wege direkt nach draußen.

VORTEILE:

1. kein Verbrauch von wertvollen Wasservorräten

2. keine Chemie

3. sehr viel längere Autarkie

4. saubere Entsorgung

5. einfachere Reinigung gegenüber Chemietoiletten

Diese Variante würden wir definitiv für unseren nächsten Van bevorzugen.

TIPP

Kiltwick-EasyLoo-Trenntoilette mit Lüfter 5V – Preis: ca. 540 €

Was ist, wenn frau ihre Periode hat?

Auch eine Frage, die häufig gestellt wird, ist die, was passiert, wenn frau ihre Periode hat. **Nach jedem Toilettengang, auch wenn wir diesen in der Wildnis vollziehen, waschen wir unsere Hände im Van am Waschbecken mit fließendem Wasser und umweltfreundlicher Seife.** Zu empfehlen ist außerdem, immer **Desinfektionsspray** dabeizuhaben. Da wir unser Klopapier eh in unseren Mülleimer werfen (und nicht einfach in der Natur entsorgen), handhabe ich das mit Binden und Tampons ebenso: Sie werden vor dem Wegwerfen nur mit etwas Toilettenpapier umwickelt. Jeglichen Müll entfernen wir übrigens auf Campingplätzen o. Ä., denn dieser gehört **in keinem Falle in den öffentlichen Abfalleimer.** Ob die Hygiene im Van auf der Strecke bleibt, liegt also einzig und allein an dir.

Wäsche waschen

Für kleine Verschmutzungen benutzen wir Waschpaste und Wasser, für größere meistens die Waschmaschinen auf Campingplätzen. (Elastische) Wäscheleine und -klammern gehören selbstverständlich zur Standardausrüstung auf unseren Reisen. Wenn du dringend Wäsche waschen musst, informiere dich vorher, ob eine Waschmaschine und gegebenenfalls ein Trockner vorhanden sind, das ist nämlich nicht selbstverständlich.

Alternative zum Waschmittel

Falls du nach einer umweltfreundlichen Variante suchst, können wir dir das Waschmittel von Claro empfehlen oder die umweltfreundliche Waschseife von Savion: Löse diese Seife in warmem Wasser auf und gib sie direkt in der Waschmaschine über deine Wäsche. Bei uns wurde so alles sauber und der Geruch der Wäsche war auch ohne Weichspüler angenehm.

TiPP

Alternative zum Weichspüler

Hierfür könnt ihr einfachen Essig verwenden. Er entfernt Kalk und beseitigt Gerüche schon bei 30 Grad. Ansonsten empfehle ich euch auch ätherische Öle, beispielsweise Lavendel oder Orange. Einfach ein paar Tropfen zu der Wäsche geben. Ist supernachhaltig und ein vielseitig einsetzbares Naturprodukt.

Wäsche trocknen:
Dafür haben wir immer eine **Wäscheleine** dabei, die wir quer durch den Van spannen. Für die Befestigung sind kleine Haken an der Decke sehr sinnvoll und praktisch.

14. DIY –
einfach selbst gemacht

Hier sind deiner
Kreativität
keine Grenzen gesetzt.

Du kannst aus alten Sachen oder sogar aus Müll günstig und einfach noch etwas Schönes kreieren. Im Folgenden findest du einige Inspirationen.

Bedenke: Im Van muss wirklich alles doppelt gesichert werden, damit während der Fahrt nichts rausfallen, abgehen oder herunterfallen kann.

Hinweis
Es gibt für alles, was du erleben möchtest, **undenkbar viele Möglichkeiten.** Wir führen dir hier ein paar Dinge auf, mit denen wir uns bereits vertraut gemacht haben. Das heißt aber nicht, dass du gegebenenfalls nicht auch andere Varianten oder Materialien, die du bevorzugst, verwenden kannst. Wir haben zudem mit anderen Campern gesprochen, um deren Tipps und Tricks an dich weitergeben zu können (ebenfalls im Buch enthalten). Wie das individuelle Finden deiner Routen, so soll auch der Umbau deines Vans an deine ganz eigenen Bedürfnisse angepasst sein.

Ofen

Den Ofen hat Jerry **aus einer alten Gasflasche** gebaut. Das Feuerschutzglas hat er im Internet bestellt und vom Händler zuschneiden lassen. Außerdem hat er eine feuerfeste Dichtung für die Tür verwendet, damit kein Rauch in den Raum dringen kann.

Alle Verbindungen und der abnehmbare Kamin wurden von Jerry geschweißt und mit hitzebeständiger Farbe, die bis zu 1.000 °C (!) standhält, besprüht. Das Rohr ist ein doppelwandiges 100er-Ofenrohr und geht mit einem Loch durch die Decke nach außen.

Bei unserer Tour durch Norwegen und Schweden konnten sich die Fähigkeiten des Ofens unter Beweis stellen, es hat alles prima funktioniert. Während der Fahrt nehmen wir den Schornstein oben ab und decken das Loch gesondert ab.

Beachte: Bei einem selbst gebauten Ofen muss natürlich alles doppelt gecheckt werden. Nur so ist die Sicherheit des Geräts garantiert. Zudem darfst du nicht vergessen, immer ein Fenster offen zu haben, wenn du mit dem Ofen heizt. **Wir empfehlen dir** zudem, **einen Kohlenmonoxid- und einen Rauchmelder zu besorgen.**

Musst du den Ofen vom TÜV abnehmen lassen?
Wenn der Holzofen als Ladung anerkannt wird, bedarf es keiner Eintragung. Achte darauf, dass er anständig gesichert ist und variabel wieder abgebaut werden kann (verschrauben statt verschweißen). Auch das Ofenrohr sollte abnehmbar sein, sodass nur das Loch im Dach sichtbar bleibt.

Hängestuhl

Das Allerwichtigste, was für die Befestigung benötigt wird, ist ein **hochwertiger Karabinerhaken.** Suche einen Punkt im Van, der möglichst viel Gewicht halten kann. Jerry hat zur Befestigung des Karabinerhakens oben in den Stahl vom Türholm gebohrt und dann ein drei Millimeter starkes Stahlseil durch die beiden Löcher gezogen. Die Konstruktion wird mit einer Quetschklammer geschlossen. In der Schlaufe kann der Karabinerhaken befestigt werden, an dem der Stuhl eingehängt wird. Einen **Boho-Hängestuhl** kannst du dir natürlich auch **ganz einfach selbst machen.** Die Anleitung dazu findest du auf **Youtube unter „DIY a Gorgeous Boho Macrame Chair".**

Tisch

Der Tisch basiert auf einem einfachen Stecksystem, bestehend aus einem Rohr und zwei Steckhülsen. Die eine Hülse wird unter der Tischplatte angebracht, die andere im Fußboden. Zur Konstruktion gibt es viele Varianten – sie gibt es auch hydraulisch; hierfür zahlst du dann aber schnell bis zu 600 €.

Links und rechts haben wir Scharniere angebracht, womit wir die Seiten im Handumdrehen hoch- und runterklappen können.

Wenn wir die Sitzecke zum Bett umbauen, nehmen wir den Tisch von dem Rohr ab und benutzen die Tischplatte als Einlegeboden. Daher achte darauf, dass du hochwertiges Holz benutzt, das einer höheren Belastung standhält.

Tischplatte aus Müll kreieren
Auf die Idee sind wir spontan in Marokko gekommen, als wir häufig zerbrochene Fliesen sahen.

Finde als Erstes einen Untergrund für die Tischplatte und lege die Größe fest. Unser Material war eine weggeworfene **Polycarbonat-Stegplatte.** Um die Zwischenräume der Fugen zu füllen, benötigten wir **Zement,** den wir netterweise von einem Campingplatzbesitzer bekamen. Nach der Verfüllung wurde die Oberfläche der Fliesen wieder vom Zement befreit und die Konstruktion zwei Tage in der Sonne getrocknet. – Die Tischplatte steht heute noch als Dekoration bei uns im Wohnzimmer (:

Podest
und Stauraum

Wir wollten im Van jeden zur Verfügung stehenden Platz nutzen. Die Erhöhung wurde zum einen für den Tisch gebaut, um ihn dort einzulassen, zum anderen haben wir uns damit zusätzliche Staufläche geschaffen. Das Holz besteht aus einer einfachen Holzunterkonstruktion aus Vierkanthölzern. Auf diese Konstruktion schraubten wir eine zehn Millimeter starke Sperrholzplatte, auf der wiederum in einem nächsten Schritt das Laminat verlegt wurde. Die Blende wird mit zwei Schieberiegeln gesichert, die links zur Seite und rechts in den Boden gehen.

INFO

Nur umweltfreundliche Produkte beim Duschen in der Natur verwenden! Hier empfehle ich die Seifen von Savion.

Diese bitte nicht auf Dauer in der Natur vewenden.

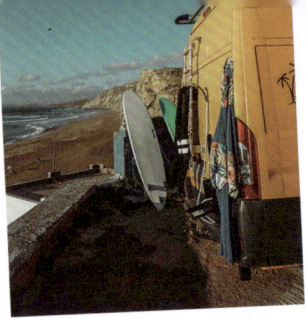

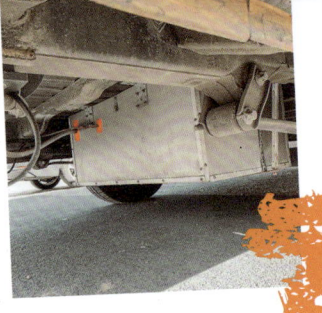

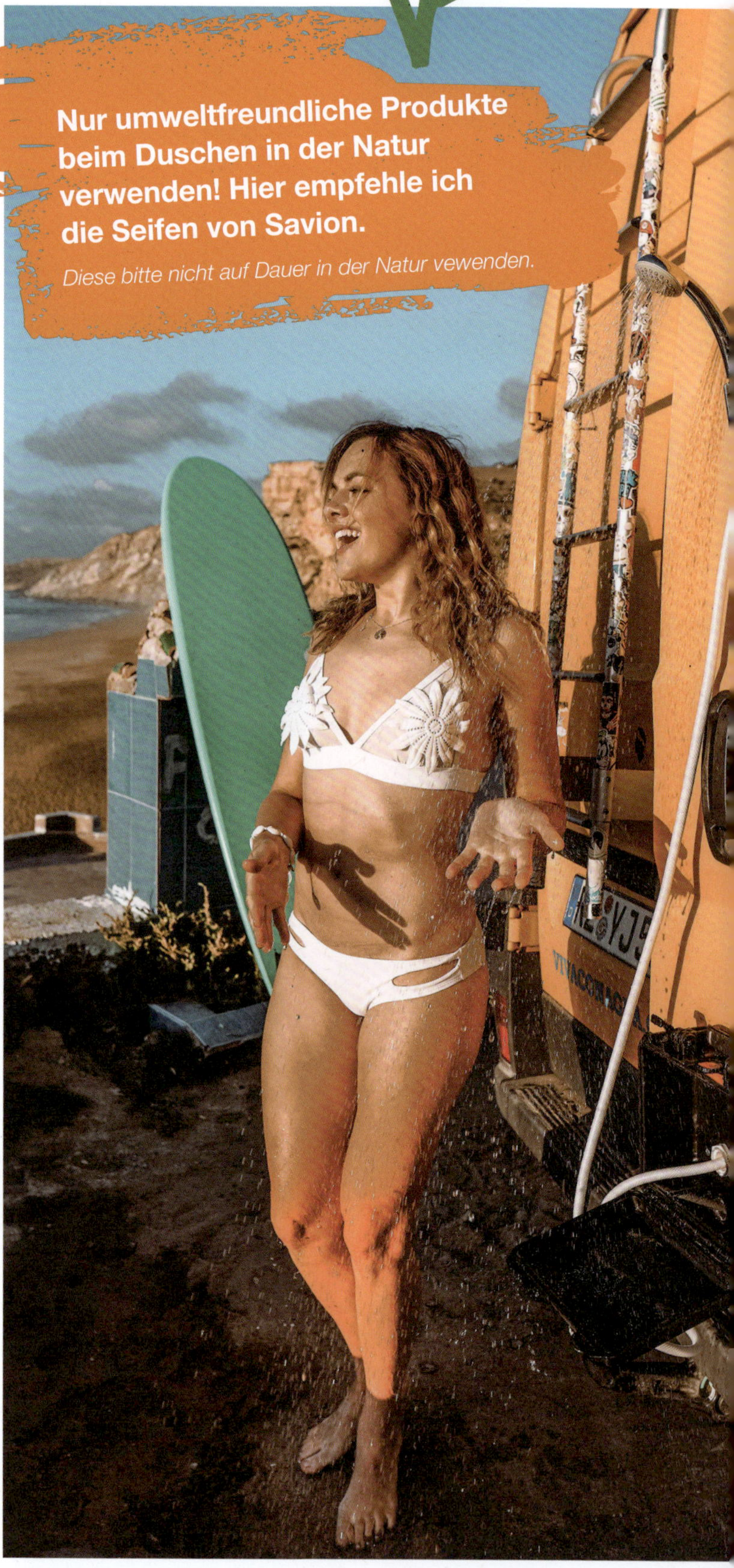

Außendusche

Unter dem Van, wo sich normalerweise das Ersatzrad befindet, haben wir einen **65-Liter-Wassertank** installiert. Für diesen Kunststofftank **mit einer integrierten Tauchpumpe** bauten wir zuerst ein Schutzgehäuse.

Beim Einkauf ist darauf zu achten, **rostfreien Stahl** zu nutzen. **Das Gehäuse ist von innen mit Styropor ausgedämmt,** um den Kunststofftank zu schützen und ihn im Winter vor dem Einfrieren zu bewahren. Auf zwei Vierkantstahlrohren haben wir jeweils ein Stück Gewindestange anschweißen lassen, so konnten wir von unten ein Flacheisen auflegen und festschrauben, wodurch der Tank von unten ebenfalls gesichert wurde.

Die Dusche kann durch einen Schalter auf der Innenseite der Tür betätigt werden. Dieser Schalter und damit **die Elektronik der Pumpe ist an unser Solarsystem gekoppelt,** wodurch die Dusche jederzeit einsatzbereit ist. Mit dem verbauten Regler im Schlauch lässt sich die Wassermenge regulieren.

Dachterrasse

Auf dem Dach haben wir **Kunststoffdielen** angebracht, die mit Stahlschrauben und selbst gesicherten Muttern auf unserem Dachgepäckträger befestigt wurden. Jetzt können wir dort bedenkenlos umherlaufen.

Vielleicht fragst du dich, warum wir Kunststoff verwendet haben: Durch die UV-Einstrahlung würden die Holzdielen zu stark beansprucht werden und schnell ausbleichen, auch brauchen sie viel Pflege. Kunststoffdielen dagegen sind **äußerst wetterbeständig,** überdies schützen sie uns vor der Sonne. Dadurch hält der Van länger seine angenehme Innentemperatur, heizt sich also nicht so schnell auf.

Kleiderschrank

Der selbst gebaute Kleiderschrank besteht **aus Pappel- und Fichtenholz.** Diese beiden Holzarten sind **sehr leicht** und bieten sich damit perfekt zur Gewichtsreduzierung im Van an. Um Platz zu sparen, haben wir uns eine **Tür** konstruiert, **die sich mit drei Scharnieren falten lässt.** Sie wird durch Magnete und zusätzlich mit einer Kordel am Türgriff gesichert. Die Kordel haben wir nachträglich hinzugefügt, weil der Magnet während der Fahrt leider nicht gehalten hat, die Tür also ständig auf- und zugegangen ist.

Makramee– Pflanzenampel

Dieser Hängekorb dient als reine Dekoration und ist **einfach und günstig selbst gemacht.** Auf Youtube findest du super Tutorials dazu.

Gewürzehalterung

Um die unverzichtbaren Gewürze beim Kochen schnell zur Hand zu haben, haben wir deren Halterung (wie auch die für unsere Schränke) mit einem Juteseil doppelt gesichert.

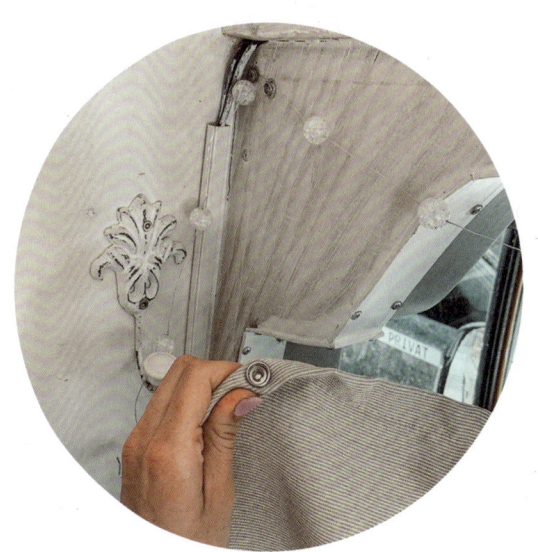

Vorhänge

Unsere **Fenstervorhänge** wurden **aus einem sehr dicken, robusten und abwaschbaren Stoff** selbst genäht. Den Stoff ließen wir uns in einem kleinen Laden zuschneiden. **Zusätzlich** fertigten wir uns **einen zweiten, leicht abnehmbaren Vorhang** an, **der uns optisch von der Fahrerkabine trennt.** Das dient zum einen als Sicht-, zum anderen als Kälte- und Hitzeschutz. Fixiert werden die Vorhänge durch einfache Druckknöpfe. Diese bestehen aus Schrauben, die an der Wand befestigt werden, und aus einer Zange am Stoff. Solche Sets findest du im Baumarkt oder im Internet, meist unterteilt nach Druckknöpfen und Nieten. Unsere **Vorhänge an den Hintertüren** hängen durch die Schlaufe an einem einfachen Kupferrohr, rechts und links wieder mit Druckknöpfen befestigt.

Surfbrett

Wenn du Lust hast, dein eigenes Holzsurfbrett zu bauen: Es gibt in ganz Deutschland **Workshops** dafür, **in denen du innerhalb von nur einem Wochenende ein Surfboard kreieren kannst.** Es ist ein unbeschreibliches Gefühl, sein selbst gemachtes Board in den Händen zu halten und sich damit das erste Mal in den Ozean zu stürzen. Für die Erstellung brauchst du **keine handwerklichen Vorkenntnisse!**

Der Preis ist abhängig von Größe und Art des Boards. Jerrys Board hat ca. 450 € gekostet, im Laden würdest du für ein vergleichbares bestimmt das Doppelte zahlen.

In dem von uns besuchten Workshop, den Jerry bei **Backwood in Aachen** gebucht hat, arbeitest du mit einer kleinen Gruppe von Leuten zusammen, die alle das gleiche Ziel verfolgen, das eigene Board zu kreieren. Alle unterstützen und helfen einander. Das Wochenende ist also auf jeden Fall eine Erfahrung wert.

Achtung: Da es den Rahmen sprengen würde, hier den Vorgang des Baus in seinen Details wiederzugeben, sind in den Abbildungen nicht alle Schritte dargestellt.

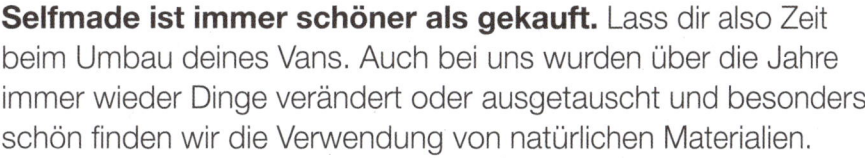

Holzspiegel

Selfmade ist immer schöner als gekauft. Lass dir also Zeit beim Umbau deines Vans. Auch bei uns wurden über die Jahre immer wieder Dinge verändert oder ausgetauscht und besonders schön finden wir die Verwendung von natürlichen Materialien.

Hier habe ich einen runden Spiegel **mit Treibholz verkleidet;** geht superschnell und hat einen außergewöhnlichen Effekt: Du brauchst dafür eine runde Holzplatte, deren Radius größer ist als der Spiegel, damit du das Treibholz und die Glasfläche darauf befestigen kannst. Ich habe alles mit einer Heißklebepistole fixiert und war erstaunt über die hohe Stabilität. Der fertige Spiegel hängt nun mit zwei Schrauben befestigt in unserem Van.

Klapptisch

Viele Dinge lassen sich zwar selbst bauen, aber **praktische klappbare Einrichtungsstücke** finden sich besser preiswert im Campingzubehör oder gebraucht auf eBay Kleinanzeigen. Im Van hast du nur begrenzte Staufläche, daher sollte jeder Platz bestmöglich genutzt werden. Achte also unbedingt auf die **Multifunktionalität deiner Gebrauchsgegenstände.**

15. Digitale Nomaden

Wir über uns

Auch wir arbeiten auf jeder Reise vom Van aus. Bevor ich näher auf unsere Tätigkeiten eingehe, möchte ich hier noch mal unsere beruflichen Lebensläufe darstellen:

Jerry hat nach dem Schulabschluss seine **Ausbildung zum Bau- und Möbeltischler** erfolgreich abgeschlossen. Ich habe nach der Realschule mein Fachabitur in Wirtschaft und Verwaltung begonnen und dieses wegen der Anfrage der TV-Serie „Köln 50667" nach dem ersten Jahr abgebrochen. Zu diesem Zeitraum wusste ich, dass ich jederzeit (im zweiten Jahr) wieder einsteigen kann. Mit gerade mal 18 Jahren verließ ich mein „normales" Leben und begann, täglich für die Serie zu drehen. Nach einem Jahr habe ich Jerry im Castingraum kennengelernt. Ab diesem Tag haben wir dort ein Pärchen gespielt und uns auch im realen Leben ineinander verliebt. Ein echtes Paar sind wir seit Anfang 2014, die Serie haben wir gemeinsam im Jahr 2016 verlassen.

Mir war es sehr wichtig, mein **Fachabitur** zu Ende zu bringen, damit ich eine Chance auf dem Arbeitsmarkt habe. Glücklicherweise konnte ich meinen Abschluss auf einer Schule in Köln **im Bereich Gestaltung** machen (mit Einserschnitt). Seitdem erhielt ich einige weitere Rollenangebote und arbeitete immer an mir selbst. Dennoch habe ich weiterhin stets das getan, was ich liebe und hinter dem ich hundertprozentig stehen kann. Da ich bis vor ein paar Jahren noch nicht genau wusste, was mich interessiert, habe ich trotz meiner Möglichkeiten nie ein Studium angefangen.

In der Zeit meines Abiturs haben sich viele Jobs von allein ergeben und so konnte ich mich auch nach dem Abschluss weiter gut über Wasser halten und bin ich bisher der kreativen Arbeit treu geblieben. Jerry hat ebenfalls einige Schauspielangebote bekommen, möchte sich aber aktuell mehr auf seine Musik konzentrieren. **Wir haben schon immer gerne für unsere Träume gekämpft und hart für die Erfüllung dieser gearbeitet,** auch wenn für unsere Follower und Fans alles locker und entspannt aussehen mag. Hier ein paar unserer Arbeiten, die wir auch im Van weiterverfolgen.

yveSHOP

Meine eigene Kollektion

Neben meinem Onlineshop sammle ich weiter neue Inspirationen oder shoote unterwegs für meine neue Kollektion. **2017 habe ich meine erste Travelkollektion veröffentlicht** und es hat mir viel Freude bereitet, mich damit kreativ verwirklichen zu können. Schau doch mal vorbei: **www.yve-shop.de**

Meine Presets   YVE pictures

Schon immer habe ich gerne und viele Fotos gemacht. Natürlich ist mit der Zeit der eigene Anspruch gestiegen und meine Bilder wurden qualitativ hochwertiger. **Ich bin immer auf der Suche nach dem einen perfekten Foto.** Ich liebe es, die Momente, die wir erleben dürfen, festzuhalten und damit zeigen zu können, wie schön unsere Erde ist, dass wir auf sie achtgeben sollen und mit offenen Augen ganz viel Großartiges erleben können.

Mit der Zeit habe ich bei der Bearbeitung meiner Bilder meinen eigenen Style gefunden und deswegen meine eigene Filter zum Kauf entworfen: **www.yve-pictures.de**

Aktion:
exklusiver Rabatt auf meine Presets nur in diesem Buch – jetzt **5 € Rabatt** **mit dem Rabattcode „Einzimmerfahrtwind"**

YVES *book*

Unsere Bücher

Auch unsere Bücher sind **hauptsächlich unterwegs entstanden.** Jerry hat 2019 an seinem **Taschenkochbuch** gearbeitet. Dieses beinhaltet einfache Gerichte für unterwegs. Alle Leckereien habe ich vorher persönlich getestet und für gut befunden.

„Was mich happy macht" und
„Was mich stark macht"

Simple Ausfüllbücher mit inspirierenden Sprüchen und Texten sollen ihre Leser wieder etwas näher zu sich selbst bringen. Auch auf Reisen habe ich gelernt, wie gut es tut und vor allem, wie wichtig es ist, Zeit für sich allein zu haben. Im Van lernst du dich selbst besser kennen, um gewisse Entscheidungen auf den Reisen treffen zu können, und natürlich würde es auch dieses Buch ohne unseren Van und ohne die Reisen nicht geben. Wir wären nicht mal ansatzweise die Menschen, die wir heute sind.

Wir sind offen für alle Kulturen und bereit, uns jeden Tag auf ganz neue Bedingungen einzustellen. Wir teilen all unsere Erfahrungen, egal ob diese gut oder schlecht sind, in den sozialen Medien und wollen damit etwas Positives hinterlassen.

WAS mich happy macht

Dein kreatives Erinnerungsalbum zum Ausfüllen

Social Media

Facebook, Youtube, Instagram, TikTok und Co.

Wir haben 2013 mit Facebook-Beiträgen angefangen. Nach und nach kamen die unterschiedlichsten Netzwerke dazu, die wir heute alle mit Content füllen. Als wir begonnen haben, wusste noch niemand, dass sich das Betreiben von Social Media zu einem Job entwickeln könnte. Das neue Berufsfeld ist für viele Menschen bis heute nicht ganz greifbar.

Wir werden oft gefragt, wie wir uns finanzieren, weshalb ich hier ganz offen sein möchte, um euch einen kleinen Einblick in unsere Tätigkeit geben zu können:

Mit Social Media ist es möglich, Geld zu verdienen, indem Marken auf unseren Profilen Werbung einkaufen. Die Unternehmen kommen also auf uns zu und fragen, ob wir Interesse haben, deren Produkte zu testen. Wenn die Produkte uns gefallen, teilen wir unsere Erfahrungen mit der Community.

Der Kunde zahlt dafür, dass viele Menschen die Produktintegration sehen. **Wir zeigen euch täglich Dinge, die uns gefallen oder die wir benutzen und für die wir kein Geld bekommen, doch wenn es einen Partner gibt, der uns gefällt, finde ich diese Art von Werbung absolut in Ordnung.** Die Resonanz dabei ist oft positiv, weil die Produktplatzierung vielen Usern entweder eine gute Inspiration bietet oder weil wir eine preisliche Vergünstigung, beispielsweise durch einen Rabattcode, anbieten können. Nach wie vor wählen wir unsere Kooperationspartner mit Bedacht aus, um nur das zu bewerben, was auch wirklich zu uns passt und womit wir uns gut fühlen.

Wir erstellen täglich neuen Content und machen uns Gedanken zu dessen Umsetzung und Aufbereitung. Auf unseren Reisen entstehen die allerschönsten Momente von ganz allein und wie bereits erwähnt sind das Filmen und Fotografieren große Leidenschaften von uns geworden. Wir sitzen oft bis spät in die Nacht im Van und bearbeiten Fotos und Videos. **Wir stecken Mühe, Liebe und Leidenschaft in unsere Accounts** und hätten uns wirklich niemals erträumen lassen, dass sich so viele Menschen von uns inspirieren lassen. Der Kreativität sind keine Grenzen gesetzt, es gibt keine festen Arbeitszeiten, somit gibt es für uns auch keinen richtigen „Feierabend". Das Kreative in uns schläft nie und es ist das, was uns zu hundert Prozent erfüllt.

Musik

Jerry arbeitet unterwegs an seinen Songs. Meistens entstehen seine Texte beim stundenlangen Fahren im Van. Die Beats oder Melodien sammelt er sich häufig aus der Natur oder auch durch Müll, den er unterwegs findet, um damit neue Sounds zu erzeugen. Selbst das Gezwitscher der Vögel verarbeitet er in seinen Songs. Auch dieser Prozess nimmt nie ein Ende. Selbst wenn wir wollten, könnten wir nicht einfach mit alldem aufhören. Die kreative Arbeit ist unsere große Leidenschaft und mit den Jahren haben wir gelernt, alle unsere Interessen miteinander zu verknüpfen.

„Einzimmerfahrtwind" ist der Titel von JERY.s erstem Song. Wenn ihr in seine Vanlife-Musik reinhören wollt, geht unbedingt auf Spotify.

Schauspiel

Jerrys Musikleidenschaft ist vergleichbar mit meiner Schauspielleidenschaft. **Vier Jahre habe ich bei „Köln 50667" mitgespielt,** anschließend in einem Jahr mein Fachabi nachgeholt. Danach folgte ein Jahr, in dem ich nur gereist bin und mich darauf konzentrierte, meinen Onlineshop und meine eigenen Accounts weiter aufzubauen. **2018 habe ich für mehrere Monate die Rolle der Danni in der RTL-Serie „Freundinnen – Jetzt erst recht" gespielt und seit 2019 bin ich Betty in „Der Lehrer".** Es war mir immer sehr wichtig, dass ich nach meiner ersten Serienerfahrung weitere Erfahrungen im Schauspiel sammeln kann. Meistens habe ich die Castingtexte auf unseren Reisen gelernt und wir sind frühzeitig zurückgereist, wenn ein Dreh angekündigt wurde. Natürlich stehen auch mal Events an, zu denen wir eingeladen werden – die meisten finden allerdings ohne uns statt, da uns das „Schickimickigehabe" nicht gefällt.

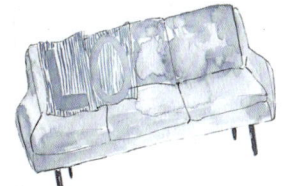

Corona-Schock

In der Regel sind wir nach unseren Reisen nur wenige Tage oder Wochen zu Hause. In dieser Zeit laden wir unseren Akku auf, versuchen Freunde und Familie zu treffen, waschen unsere Wäsche und den gesamten Van, kümmern uns um Termine, die wir unbedingt wahrnehmen müssen, und sobald alles erledigt und wieder frisch ist, starten wir auch schon in das nächste Abenteuer.

Durch die Corona-Krise war das dieses Jahr leider nicht möglich. Die ersten Wochen hat sich das alles gut angefühlt. Unsere innere Ruhe hat dafür gesorgt, dass wir uns „daheim" ebenso wohlgefühlt haben wie auf Reisen. Wir genossen die ruhige Zeit und konnten beispielsweise einfach mal länger schlafen, ohne dass ein unerwarteter Job anstand oder wir spontan für einen Auftrag verreisen mussten.

Ich hatte dieses Buch beispielsweise zwar schon länger geplant, jedoch vollkommen unterschätzt, wie viel Arbeit das eigentlich ist. Die Corona-Auszeit konnte ich gut nutzen, um daran zu schreiben, jedoch fiel es mir nach und nach deutlich schwerer, mich dazu aufzuraffen. Jeder Tag war gleich und es gab kein Abenteuer, das uns aus unserer Komfortzone holen konnte und uns wach- und aktiv gehalten hat. Ich als „Reise-Influencerin" konnte mich anfangs wirklich gut in der ungewohnten Umgebung unseres Zuhauses motivieren und mich mit alten Reisebildern aufmuntern, langsam wurde ich einfach nur wehmütig und ungeduldig. Ich wollte wieder los, meine Entdeckerlust war kaum zu bremsen.

Wir haben es dann auch geschafft, ein paar Tage mit dem Van in die Eifel zu fahren, das hat wahnsinnig gutgetan. Auch diese Zeilen schreibe ich ein paar Meter von unserer Wohnung entfernt sitzend in unserem fahrbaren zweiten Zuhause. Ein Van vor der Tür stehen zu haben ist also immer von Vorteil und bringt einen auf andere Gedanken. Das Leben im Van macht uns einfach glücklich und zufrieden.

WELCOME TO
YVE pictures

Podcast oder Blog?

Wenn du auch viel unterwegs bist oder Ansichten hast, die du mit vielen anderen Menschen teilen möchtest, dann lege sofort los. **Melde dich auf deiner favorisierten Plattform an und berichte allen von den Dingen, die dich bewegen.** Wenn du gerne Tagebuch führst, wäre beispielsweise ein Blog für dich das passende Kommunikationsmedium. Sprichst du dagegen lieber frei, kannst du es mal mit einem Podcast versuchen.

Ich empfehle dir das Thema Social Media jedoch nicht, wenn du nur die Absicht hast, dir Geld dazuzuverdienen. **Ich bin der Meinung, dass etwas nur gut werden kann, wenn du die absolute Leidenschaft für das hast, was du tust.** Starte erst einmal und schau, was auf dich zukommt.

Auf meinem Podcast **„Memo an mich selbst"** teile ich meine ganz persönlichen Gedanken zu den normalsten, aber auch skurrilsten Situationen. Höre gerne mal rein.

Reisen und Arbeiten:

Reisen bedeutet schon lange nicht mehr einfach nur Urlaub machen! Ich mag es gar nicht, wenn Bekannte zu uns Sätze sagen wie „Na, geht's schon wieder in den Urlaub?". Urlaub bedeutet für mich, Kamera, Handy und Laptop zu Hause lassen und nichts zu machen, was mit dem gewöhnlichen Alltag zu tun hat. Im Urlaub möchte ich mich somit nicht mit dem beschäftigen, was mich im Alltag beschäftigt.

Auf Reisen kannst du dagegen viel produktiver sein. Du brauchst **Visionen,** die du verfolgen kannst, und die nötige **Selbstdisziplin,** um dich auch von glasklarem Meerwasser, Palmen und Sonne nicht ablenken zu lassen. Nach getaner Arbeit kannst du nämlich all das noch mehr genießen.

DIE VORTEILE

1. **Dinge selbst zu erschaffen und zu kreieren,** anstatt nur zu konsumieren, **macht zufrieden.**

2. **Herausforderungen zu meistern** und seine Komfortzone zu verlassen **macht glücklich.**

3. Es ist ein tolles Gefühl, **sich mit Dingen anzutreiben und sich zu motivieren,** weil du es nur für dich selber tust.

4. **Es gibt niemanden, der dir sagt, wann und wo du arbeiten musst.**

5. Durch das Reisen wirst du **optimistischer** und fühlst dich lebendig.

6. Wer eine **positive Ausstrahlung** hat, bekommt auch oft Positives zurück.

7. Du lernst dich selbst besser kennen und wirst **selbstbewusster.**

8. **Du lernst, auf dein Herz zu hören** und ganz allein Entscheidungen zu treffen.

9. **Du lernst, das Leben nicht zu schwer zu nehmen.**

10. Du kannst deine **Leidenschaft zur Berufung machen.**

11. **Du lernst, offen für Neues zu sein.**

12. Du kannst **noch häufiger unterwegs** sein.

Mehr innere Zufriedenheit

Das alles führt oft zu mehr innerer Zufriedenheit und oft hängen die inneren Einstellungen nicht mit den äußeren Umständen zusammen. **Setze dir Träume und Ziele und warte nicht mit der Umsetzung.** Fokussiere dich und sei jeden Tag dankbar für das, was du lernst. Jerry und mir hilft es, über unsere neuen Erkenntnisse und Wahrnehmungen zu sprechen. Ebenfalls hilft uns das Meditieren nach dem Aufstehen und vor dem Schlafengehen. Ich könnte mir aktuell nichts Schöneres vorstellen, als zu arbeiten und gleichzeitig die Welt zu sehen.

Natürlich lohnt sich der Umbau eines Vans auch für kurze Trips in Deutschland und Umgebung, für Städtetrips in Nachbarländer, für Besuche bei Freunden oder der Familie. Nach Konzerten oder Festivals kannst du ganz angenehm im Van schlafen und natürlich jeden Urlaub mit dem Van planen. Nebenbei kannst du ihn auch benutzen, um größere Gegenstände zu transportieren oder Freunden damit beim Umzug zu helfen. Bei uns kommt „Trie" auf jeden Fall immer zum Einsatz, um Dinge leichter zu gestalten.

DEINE TO-DO-LISTE
FÜR DIE NÄCHSTEN FÜNF JAHRE

Was möchtest du in den nächsten fünf Jahren schaffen und erreichen? Natürlich zählt hierbei auch die Zeit, in der du dich vielleicht mal allem entziehen möchtest. Egal wie deine Träume und Wünsche aussehen, schreibe sie auf und versuche ihnen Tag für Tag etwas näher zu kommen. In fünf Jahren kannst du schauen, was von deiner Liste erledigt ist und ob sich vielleicht deine Einstellung zu gewissen Dingen verändert hat.

16. Fazit
und Impressum

Time to say goodby

Ich habe mir große Mühe dabei gegeben, dieses Werk möglichst fehlerfrei umzusetzen. Falls du trotzdem Verbesserungsvorschläge hast, kannst du mich sehr gerne per E-Mail kontaktieren.

Schreib mir bitte deine Verbesserungsvorschläge an:
management@yvonne-pferrer.de

Mit Hunderten von Fotos haben wir dich mit auf unsere ganz persönliche Bilderreise zu unseren Lieblingsorten in Europa und Marokko genommen. Wichtig sind uns dabei nicht die Fotos allein, sondern, was sie bei euch für Emotionen auslösen: Im besten Fall verspürt ihr große Abenteuerlust. Also: Los geht's!

Impressum

© Yvonne Pferrer 2021
ISBN: 978-3-00-066525-7
3. Auflage 2021

Idee, Inhalt und Konzeption: Yvonne Pferrer
In enger Zusammenarbeit mit weiteren Mitwirkenden:

Lektorat/Korrektorat: Kai Decker
Illustration: Waldemar Eisenbeis
Grafik/Layout: Jörg Meinhardt
Druck: Druckstudio GmbH, Düsseldorf
Weitere Mitwirkende: Jessi Faust, Christine Stang und Mara Weiß
Umschlag: Lukas Zischke

Ohne Verlag:

Dieses Buch wurde ohne Verlag erstellt, da ich in allem, was ich mache, so frei und unabhängig wie möglich sein möchte. Das Werk bedeutet mir sehr viel, es lebt von unseren persönlichen Eindrücken, Erfahrungen und Erlebnissen.

Druck:

Mein Buch wird bei der aktuell umweltfreundlichsten Druckerei nach den höchsten Nachhaltigkeitsstandards des Blauen Engel produziert. Die verwendete mineralölfreie Biofarbe regagiert beim Trocknungsprozess nach dem Druck mit dem 100%-igen Recyclingpapier. Hierbei kann es unter bestimmten Umständen zu einer Geruchsentwicklung kommen, die aber vollkommen unbedenklich, weil völlig natürlich und chemiefrei ist. Der Geruch sollte sich zeitnah nach dem auspacken des Buches aber verflüchtigen.

§ 8
Impressum
(1) Auf jedem im Geltungsbereich dieses Gesetzes erscheinenden Druckwerk müssen Name oder Firma und Anschrift des Druckers und des Verlegers, beim Selbstverlag des Verfassers oder des Herausgebers genannt sein.

(2) Auf den periodischen Druckwerken sind ferner der Name und die Anschrift des verantwortlichen Redakteurs anzugeben. Sind mehrere Redakteure verantwortlich, so muss das Impressum die in Satz 1 geforderten Angaben für jeden von ihnen enthalten. Hierbei ist kenntlich zu machen, für welchen Teil oder sachlichen Bereich des Druckwerks jeder Einzelne verantwortlich ist. Für den Anzeigenteil ist ein Verantwortlicher zu benennen; für diesen gelten die Vorschriften über den verantwortlichen Redakteur entsprechend.

(3) Zeitungen und Anschlusszeitungen, die regelmäßig ganze Seiten des redaktionellen Teils fertig übernehmen, haben im Impressum auch den für den übernommenen Teil verantwortlichen Redakteur und den Verleger zu benennen. Neben- oder Unterausgaben einer Hauptzeitung, insbesondere Kopfzeitungen, Bezirks- oder Lokalausgaben, müssen im Impressum auch den Verleger der Hauptzeitung angeben.